2020—2021 年中国工业和信息化发展系列蓝皮书

2020—2021 年中国半导体产业发展蓝皮书

中国电子信息产业发展研究院 编 著

乔 标 主 编

王世江 副主编

電子工業出版社
Publishing House of Electronics Industry
北京 · BEIJING

内容简介

本书从分析产业发展全貌的角度出发，面向集成电路产业以及光伏、新型显示、LED、电子元器件等泛半导体产业，系统剖析了全球和我国产业发展的现状、特点与趋势，并根据产业发展情况，从产业运行、行业特征、重点区域和企业情况等维度进行全面阐述和分析。全书围绕集成电路产业，分为综合篇、行业篇、区域篇、企业篇、展望篇；围绕泛半导体领域，分为光伏篇、新型显示篇、LED 篇、电子元器件篇。

图书在版编目（CIP）数据

2020—2021 年中国半导体产业发展蓝皮书 / 中国电子信息产业发展研究院编著；乔标主编. —北京：电子工业出版社，2021.12
（2020—2021 年中国工业和信息化发展系列蓝皮书）
ISBN 978-7-121-42410-6

Ⅰ. ①2… Ⅱ. ①中… ②乔… Ⅲ. ①半导体工业－产业发展－研究报告－中国－2020-2021 Ⅳ. ①F426.63

中国版本图书馆 CIP 数据核字（2021）第 239226 号

责任编辑：管晓伟　　文字编辑：靳　平
印　　刷：中煤（北京）印务有限公司
装　　订：中煤（北京）印务有限公司
出版发行：电子工业出版社
　　　　　北京市海淀区万寿路 173 信箱　　邮编：100036
开　　本：720×1 000　1/16　印张：16　字数：302.3 千字　彩插：1
版　　次：2021 年 12 月第 1 版
印　　次：2021 年 12 月第 1 次印刷
定　　价：248.00 元

凡所购买电子工业出版社图书有缺损问题，请向购买书店调换。若书店售缺，请与本社发行部联系，联系及邮购电话：（010）88254888，88258888。
质量投诉请发邮件至 zlts@phei.com.cn，盗版侵权举报请发邮件至 dbqq@phei.com.cn。
本书咨询联系方式：（010）88254460，guanxw@phei.com.cn。

前言

集成电路作为关键的战略性、基础性和先导性产业，是现代工业和信息社会发展的基石，全球各主要经济体均对以集成电路技术为基础的科技创新高度关注。自 2014 年国务院发布《国家集成电路产业发展推进纲要》以来，我国坚持创新驱动发展战略，充分发挥国内市场优势，产业整体实力显著提升，与国际先进水平的差距不断缩小，正在推动产业从高速发展转向高质量发展。当前，全球正面临新一轮科技革命和产业变革的历史转型期，集成电路产业的发展效益进一步凸显，技术创新和产品变革不断加快，新一轮全球集成电路产业分工和竞争格局正在加速形成，我国集成电路产业发展面临难得的历史机遇。

2020 年，突如其来的新冠肺炎疫情虽然让全球经济发展遭受巨大不确定性挑战，但是加速了数字经济的发展，刺激了集成电路产品的市场应用。根据全球半导体贸易协会（简称 WSTS）统计数据，2020 年全球半导体市场规模为 4 404 亿美元，同比上涨 5.1%。2020 年，我国集成电路产业总销售额达到 8 848 亿元人民币，同比增长 17%。其中，设计业、制造业、封装测试业的销售额分别为 3 778.4 亿元人民币、2 560.1 亿元人民币、2 509.5 亿元人民币。

一

2020年，新冠肺炎疫情加剧了全球供应链风险、为应用市场带来不确定性挑战。但与此同时，新冠肺炎疫情带来的远程办公等场景加速了数字经济发展，让5G网络、云计算等需求增加，为集成电路产业带来新的发展机遇。2020年全球集成电路产业发展呈现出以下特点。

第一，多因素导致芯片产能短缺，涨价趋势延续。2020年，全球集成电路产业出现了罕见的产能不足状况，主要表现为晶圆代工厂产能持续紧缺、大量种类芯片出现缺货涨价与交付期大幅拉长等现象。芯片产能短缺有两方面成因。从需求端看，新冠肺炎疫情驱动个人消费电子需求量上涨、5G等新应用增加电子应用“硅含量”、供应链恐慌推动系统整机企业增加芯片产品备货量是集成电路产品出现市场高景气度的重要原因。从供给端看，先进工艺产能增速未满足市场需求、8in[①]晶圆产能扩产受制于二手设备存货限制，从而造成8in晶圆产能不足。

第二，全球半导体产品和技术创新步伐加快。在极紫外线光刻机等的加持下，摩尔定律公司得以延续发展，台积电公司等头部厂商已经开启3nm工艺的研发工作。在超越摩尔定律公司的集成电路特色工艺领域，Chiplet（芯粒）获得Marvell、AMD、英特尔、台积电等公司的高度关注，相关产品陆续发布。面向Chiplet技术的应用，有望降低大规模芯片设计的门槛、提升IP核质量、降低芯片客户设计成本、增加多芯片模块业务等，促进集成电路技术创新发展。此外，宽禁带半导体生产成本降低、RISC-V等新兴指令集发展为集成电路产业带来更多的创新路径。

第三，各主要经济体政府加大对集成电路产业发展扶持力度，加剧产业竞争。几年来，面对复杂变化的国际关系，集成电路产业的战略性地位被进一步凸显。以美国为例，美国国会发布了《为半导体生产创造有益的激励措施法案（CHIPS）》《2020美国晶圆代工法案（AFA）》两项法案，提出将为美国芯片制造项目提供至少350亿美元的援助。对于欧洲，欧盟发布了《欧

① 1in=0.025 4m。

洲处理器和半导体科技计划联合声明》，推动在先进工艺、处理器、生态系统等方面的协同合作，面向主要经济体政府集中体现出支持集成电路产业发展的积极态度，以先进制造产能为代表的产业资源正在成为主要经济体政府的争取对象。

二

在复杂多变的国际形势及新冠肺炎疫情带来的不利影响下，我国集成电路产业在 2020 年继续实现销售规模大幅度正增长，产业发展韧性进一步显现。在产业政策条件进一步向好、产业发展信心不断增强的背景下，我国集成电路产业发展呈现出以下特点。

第一，国内产业发展环境持续优化。在政策层面，2020 年 8 月，国务院发布《新时期促进集成电路产业和软件产业高质量发展的若干意见》(国发〔2020〕8 号)(以下简称 8 号文件)，从财税、投融资、研究开发、市场应用、知识产权等方面，进一步加大政策支持力度，对集成电路企业所得税、进口关税、进口增值税给予更大力度、更大范围的支持，成为推动集成电路产业高质量发展的重要政策文件。在企业融资环境上，多层次资本市场建设对产业发展的支撑作用进一步体现。2020 年，我国集成电路创业和投资热情持续高涨，互联网产业相关基金进入集成电路领域成为产业投融资新特征，企业总融资额不断提升。

第二，产业升级为芯片发展提供广阔市场空间。新冠肺炎疫情在影响宏观经济发展的同时，刺激了远程办公与教学、自动化、安防、在线医疗等相关应用需求，带来以芯片为底层产品的应用市场需求扩张。此外，集成电路新应用场景不断涌现，我国“新基建”建设工作为集成电路产品应用推广提供巨大市场空间，市场红利将成为驱动我国集成电路产业发展的重要动力源。

第三，企业实力和技术水平持续提升。在技术能力上，我国已具备最先进芯片的设计能力，14nm 芯片实现量产，更先进芯片工艺研发工作有序推进、主流存储器产品持续出货。在企业实力上，国内前十大集成电路设计企业进入门槛从 2012 年的 9 亿元人民币提高到 2020 年的 48 亿元人民币，海思在全球集成电路设计企业中排名从第十一位上升至前五位；中芯国际和华虹集团保持全球第五和第六大芯片代工制造企业排名；长电科技、通富微电、天水华天在集成电路封装测试（简称封测）业排名分列全球第三、六、七位。

三

基于上述思考，中国电子信息产业发展研究院编撰了《2020—2021年中国半导体产业发展蓝皮书》。本书从分析产业发展全貌的角度出发，面向集成电路产业，以及光伏、新型显示、LED、电子元器件等泛半导体产业，系统剖析了全球和我国产业发展的现状、特点与趋势，并根据产业发展情况，从产业运行、行业特征、重点区域和企业情况等维度进行全面阐述和分析。全书围绕集成电路产业，分为综合篇、行业篇、区域篇、企业篇、展望篇；围绕泛半导体领域，分为光伏篇、新型显示篇、LED篇、电子元器件篇。

综合篇：梳理2020年全球和我国集成电路产业发展基本情况，包括产业规模、产业结构、技术发展、投融资情况等方面，总结全球和我国集成电路产业发展特点和趋势。

行业篇：分析集成电路设计、制造、封测、设备、材料产业链各环节，从规模、布局、技术、企业等维度总结各环节国内外的发展情况。

区域篇：根据国内集成电路的产业布局，选取北京市、上海市、深圳市、江苏省、浙江省、陕西省、福建省等我国集成电路产业发展最具代表性的区域，分析各地区的产业总体发展情况和产业结构。

企业篇：在产业链各环节中选取具有代表性的企业展开研究，从企业发展历程、业务情况、技术水平和发展战略等方面进行分析。

展望篇：对2021年全球及我国集成电路产业进行预测和形势展望，对比不同研究机构的预测观点，提出我国产业面临的发展形势、存在的问题和相应的对策建议。

光伏篇：阐述与分析我国光伏产业2020年发展情况与特点，梳理产业链各环节发展情况，整理我国光伏产业重点企业发展现状，提出2021年光伏产业发展趋势。

新型显示篇：分析我国新型显示产业2020年发展情况，总结产业发展特点，讨论产业各环节发展现状，总结我国新型显示产业重点企业发展状况。

LED 篇：分析国内外 LED 产业 2020 年发展现状，梳理产业链各环节发展情况，整理国内重点 LED 企业最新发展情况，提出 2021 年 LED 产业发展趋势。

电子元器件篇：分析 2020 年国内外电子元器件产业发展现状和竞争格局，总结我国重点电子元器件企业发展情况。

"十四五"是我国集成电路产业缩小与国外集成电路产业差距的难得机遇期，我们应在巩固现有优势的基础上，正视产业面临的不足和短板，以开阔的思路和开放的态度面对全球产业分工、技术进步和竞争格局带来的变革与挑战，努力实现我国集成电路产业的跨越式发展，使集成电路产业对国民经济高质量发展的支撑作用更加显著，成为制造强国和网络强国建设的坚实基础。

目 录

综　合　篇

行　业　篇

区　域　篇

企　业　篇

展 望 篇

光 伏 篇

新型显示篇

LED 篇

电子元器件篇

综　合　篇

第一章

2020 年全球半导体产业发展状况

第一节 发展情况

一、产业规模

（一）产业总体规模

WSTS 统计数据显示，2020 年全球半导体销售额为 4 404 亿美元，同比上涨 6.8%，市场规模实现反弹，如图 1-1 所示。从产品类型看，2020 年传感器、集成电路销售额实现增长，同比分别上涨 10.7%和 8.4%；2020 年光电器件和分立器件销售额小幅下跌。

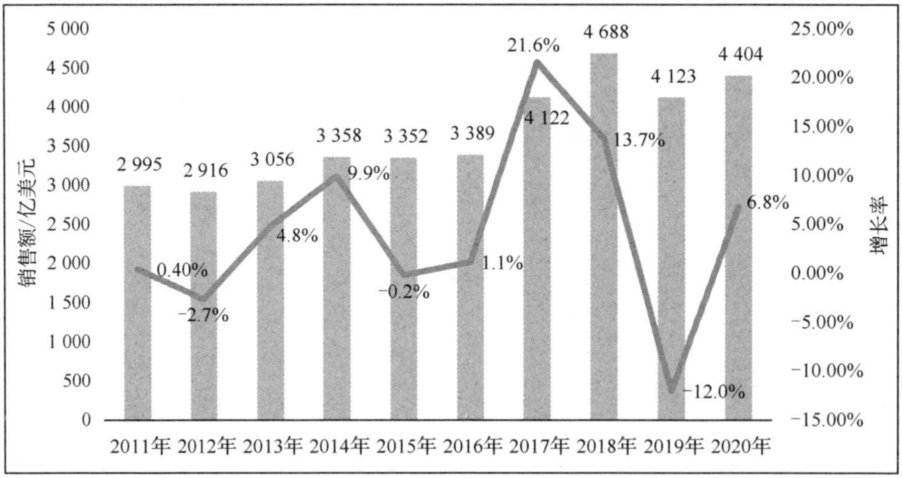

图 1-1　2011—2020 年全球半导体销售情况

数据来源：WSTS，赛迪集成电路所整理，2021.1

从季度数据看，2020 年比 2019 年同期的全球半导体各季度销售额都有所上升，如图 1-2 所示（Q1 代表第一季度，Q2 代表第二季度，Q3 代表第三季度，Q4 代表第四季度）。

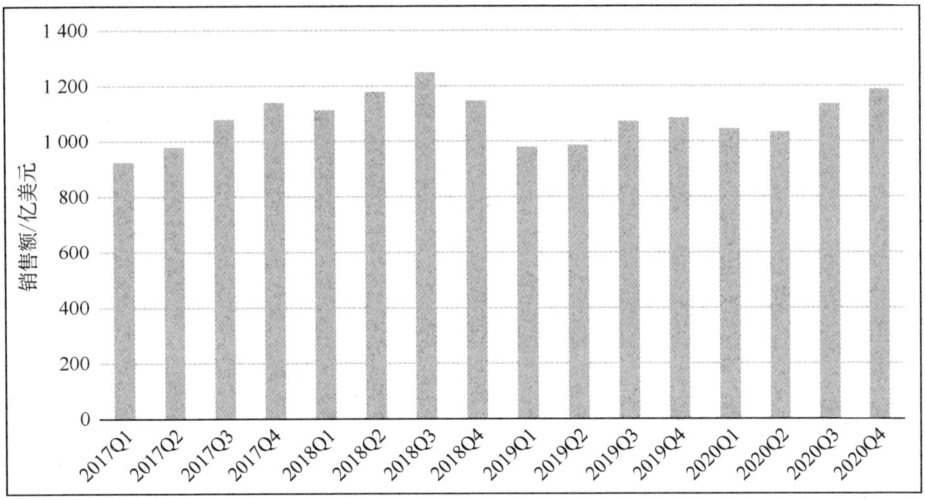

图 1-2 2017—2020 年全球半导体各季度销售额（亿美元）

数据来源：WSTS，赛迪集成电路所整理，2021.1

（二）主要企业销售额

根据信息技术研究和顾问公司 Gartner 的初步统计结果，全球半导体销售额继 2019 年同比下降 12%后，在 2020 年出现反弹。

Gartner 研究副总裁 Andrew Norwood 表示："2020 年，预计新冠肺炎疫情将对所有终端设备市场产生负面影响，但各个市场的实际受影响程度存在细微差别。"汽车、工业和部分消费市场受到企业和消费者支出减少的重创。但隔离①显著增加了居家办公和在线学习活动，使任何推动这些活动的市场受益。

由于 2020 年上半年隔离期间服务器市场的超大规模客户的需求（占 2020 年服务器市场需求的 65%以上）急剧增加，因此服务器市场需求强劲。此外，由于居家办公和在线学习活动的增加，企业和消费者对个人电脑（PC）

① 隔离是指为了控制新冠肺炎疫情，在人群中采取的避免接触的措施。

的需求强劲，引发了 CPU、NAND 闪存和 DRAM 的销量强劲增长。

按照销售额，英特尔在 2020 年继续保持全球第一大半导体供应商的地位，其次分别是三星、海力士和美光，如表 1-1 所示。2020 年英特尔半导体销售额同比增长 3.7%，这主要受核心客户端和服务器 CPU 业务增长的推动。尽管智能手机市场整体销量放缓，但 5G 智能手机的强劲销量推动高通和联发科等企业在 2020 年实现销售额强劲增长。5G 智能手机销量的增长抵消了智能手机市场整体销量增长的疲软。同时，半导体价格提高了，例如，美国提高了 5G 芯片组、附加射频前端组件和电源管理集成电路的销售价格。

2020 年全球十大半导体供应商销售情况如表 1-1 所示。

表 1-1　2020 年全球十大半导体供应商销售情况

排名	企　业	总部所在地	2019 年销售额/亿美元	2020 年销售额/亿美元	份额	增长率
1	Intel（英特尔）	美国	677.54	702.44	15.6%	3.7%
2	Samsung（三星）	韩国	521.91	561.97	12.5%	7.7%
3	SK hynix（海力士）	韩国	222.97	252.71	5.6%	13.3%
4	Micron（美光）	美国	202.54	220.98	4.9%	9.1%
5	Qualcomm（高通）	美国	136.13	179.06	4%	31.5%
6	Broadcom（博通）	美国	153.22	156.95	3.5%	2.4%
7	TI（德州仪器）	美国	133.64	130.74	2.9%	-2.2%
8	MTK（联发科）	中国台湾	79.59	110.08	2.4%	38.3%
9	KIOXIA(凯侠）	日本	78.27	102.08	2.3%	30.4%
10	Nvidia（英伟达）	美国	73.31	100.95	2.2%	37.7%
合计			2 279.12	2 517.96	56%	10.5%

数据来源：Gartner，2021.1

受益于居家办公和在线学习活动的增加，服务器搭建量、PC 和超移动设备需求急剧增加，存储器成为 2020 年市场表现最好的设备类别。2020 年全球存储器销售额同比增长 135 亿美元，占 2020 年整个半导体市场销售额增长的 44%。而在存储器类别中，NAND 闪存的市场表现最好，其销售额增长 23.9%，达到 528 亿美元，同比增长 102 亿美元。尤其是在 2020 年存储器因市场供应量有限而引发上半年价格暴涨，使得 2020 年整个半导体市场的全年价格降幅仅为 2%。虽然超大规模客户和 PC 原厂对半导体的需求强劲，但受新冠肺炎疫情影响，2020 年下半年半导体市场出现了供过于求的情况，从而限制了整个半导体市场年销售额的增长。

二、产业结构

（一）产品结构

根据 WSTS 的统计分类，半导体产品主要包括集成电路、分立器件、光电器件和传感器四大类。2020 年，这四大类产品的销售额分别为 3 612 亿美元、238 亿美元、404 亿美元和 150 亿美元，市场份额分别约为 82%、5.4%、9.2%和 3.4%。其中，集成电路和传感器销售额分别同比上涨 10.7%和 8.4%；光电器件和分立器件销售额窄幅下跌，分别同比下跌 2.8%和 0.3%。2020 年全球半导体产品市场份额如图 1-3 所示。

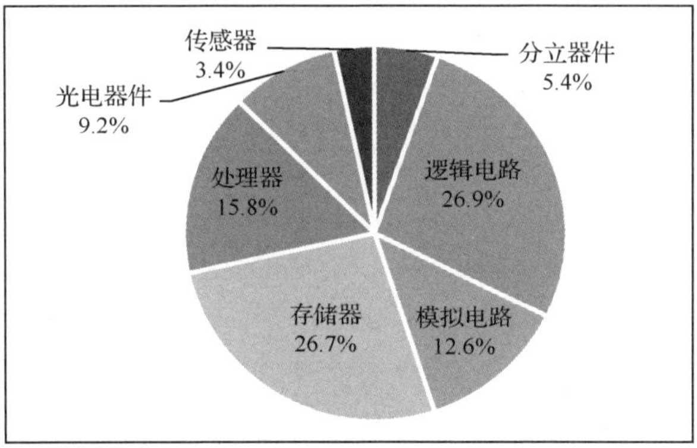

图 1-3　2020 年全球半导体产品市场份额

数据来源：WSTS，2021.1

从集成电路具体产品分类来看，2020 年全球模拟电路、逻辑电路、处理器、存储器的销售额分别为 556.6 亿美元、1 184.1 亿美元、696.8 亿美元和 1 174.8 亿美元，市场份额分别约为 12.6%、26.9%、15.8%和 25.8%，逻辑电路仍为市场份额最大的产品。从增速情况看，2020 年这四类产品市场规模均出现不同程度的增大。模拟电路、逻辑电路、处理器、存储器分别同比上涨 3.2%、11.1%、10.4%、4.9%。2018—2020 年全球集成电路产品销售情况如图 1-4 所示。

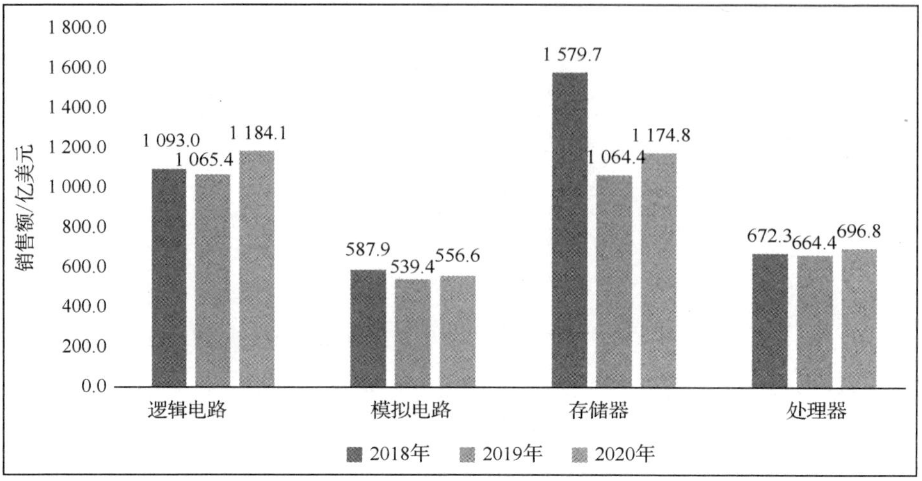

图 1-4　2018—2020 年全球集成电路产品销售情况

数据来源：WSTS，2021.1

（二）产业链环节

从产业链环节看，2020 年除封测这个环节产品外，其他环节的产品销售额均出现上涨。2020 年，全球集成电路设计业产值为 1 279 亿美元，同比增长 20%；集成电路制造业产值为 2 574 亿美元，同比增长 2.2%；纯晶圆销售额为 705 亿美元，同比增长 24%；全球半导体设备销售额为 712 亿美元，同比增长 19%，全球半导体材料销售额达 553 亿美元，同比增长 4.7%。

（三）区域分布

从区域情况看，2020 年除欧洲外，全球各地区半导体销售额均有不同程度的提升。北美洲半导体市场规模涨幅最为明显。2020 年北美洲半导体销售额为 953.7 亿美元，同比上涨 21.2%；中国依然是全球最大的半导体市场，2020 年中国半导体销售额达 1 514.9 亿美元，同比上涨 4.8%。2020 年欧洲半导体销售额达 375.2 亿美元，同比下跌 5.3%；2020 年日本半导体销售额为 364.7 亿美元，同比上涨 1.3%；其他地区半导体销售额达 1 195.4 亿美元，同比上涨 5.4%。2018—2020 年全球半导体区域销售情况如图 1-5 所示。

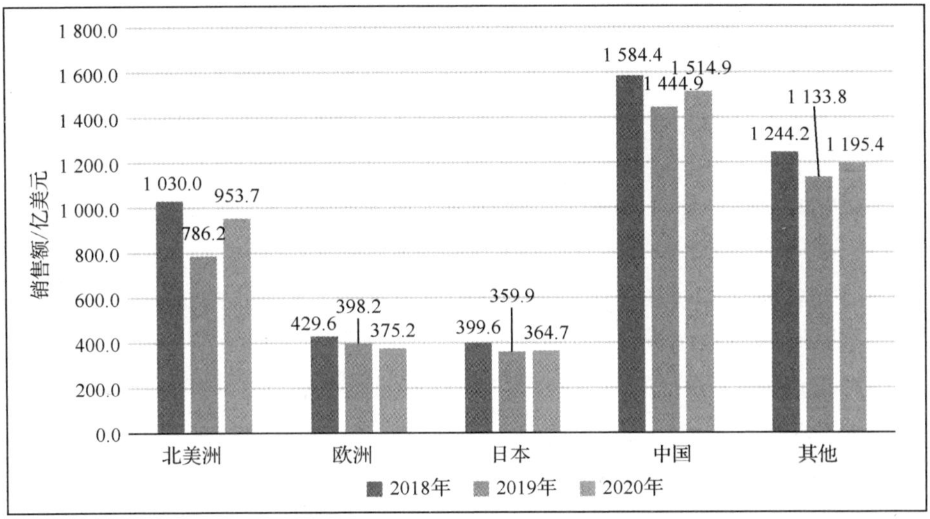

图 1-5　2018—2020 年全球半导体区域销售情况

数据来源：WSTS，2021.1

三、投资情况

（一）半导体企业资本支出

Gartner 的统计数据显示，2020 年全球半导体企业资本支出达到 1 105 亿美元，同比增长 11.2%。这也意味着全球半导体企业资本支出在 2019 年出现下滑后，仅一年时间就恢复了增长势头，并未受到新冠肺炎疫情影响。前二十大半导体企业资本支出为 994 亿美元，占比达到 90%。其中，台积电在资本支出方面成功超越英特尔，成为资本支出第二大半导体企业。

三星 2020 年资本支出有较大幅度的提升，依然位列第一。2010 到 2016 年三星年均资本支出为 120 亿美元。在存储器市场需求旺盛的驱动下，2017 年三星资本支出出现成倍增长，高达 242 亿美元；2018 年三星资本支出仍保持在 216 亿美元的较高水平。2019 年三星资本支出跌至 194 亿美元。2020 年三星资本支出大幅增加了 41%，达到 274 亿美元。由于三星正在向更先进的工艺阶段过渡，因此三星 2021 年资本支出水平将保持不低于 2020 年的高水平。

2020 年台积电全年资本支出为 171 亿美元，主要用于 7nm 和 5nm 先进制程产能扩充。根据预测，2021 年台积电将建设 3nm 和 5nm 制程的制造工厂，并进一步加大对 EUV 光刻机的购买投入，其资本支出将进一步提高至 300 亿美元水平。巨额投资也显示出台积电想维持技术领先的意图。

2020 年全球主要半导体企业资本支出情况如表 1-2 所示。2015—2020 年三星资本支出情况如图 1-6 所示。

表 1-2　2020 年全球主要半导体企业资本支出情况

排名	企　业	总部所在地	2020 年资本支出/亿美元	增 长 率	占　比
1	三星	韩国	274	41%	24.8%
2	台积电	中国台湾	171	14.5%	15.4%
3	英特尔	美国	145	-10.9%	13.1%
4	海力士	韩国	86.5	-28%	7.8%
5	美光	美国	90	2.2%	8.2%
前五大企业合计			766.5	7%	69.3%
其他企业合计			339.5	21.2%	30.7%
前五大企业和其他企业总计			1 106	11.2%	100%

数据来源：Gartner，2021.3

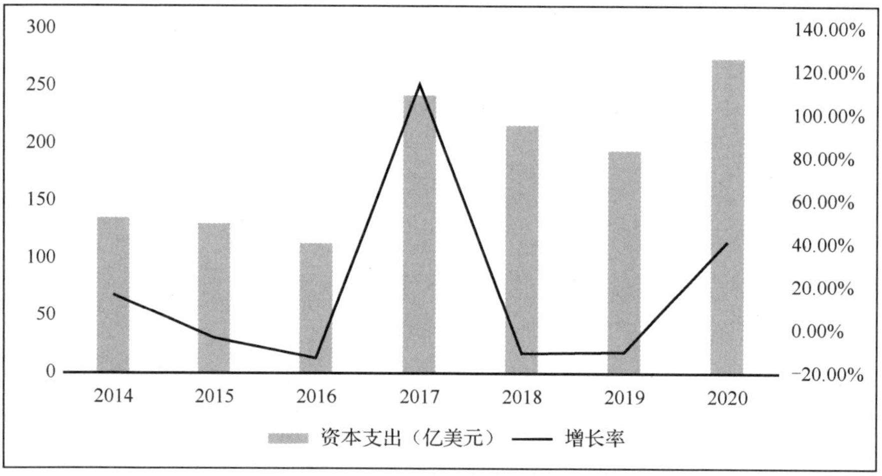

图 1-6　2014—2020 年三星资本支出情况

数据来源：Gartner，2021.3

（二）半导体设备支出

虽然遭受新冠肺炎疫情影响，但全球半导体企业从 2019 年的“阴霾”中慢慢恢复，逐步扩大产能。2020 年全球半导体设备总销售额为 689 亿美元，同比增长 16%。其中，北美洲半导体设备厂商销售额较去年同比增长超过 20%。在新工艺节点的驱动下，三星、台积电等企业均有计划扩大设备支出，预计 2021 年半导体设备销售额将继续维持增长。2019—2020 年 1 月北美洲半导体设备销售额情况如图 1-7 所示。

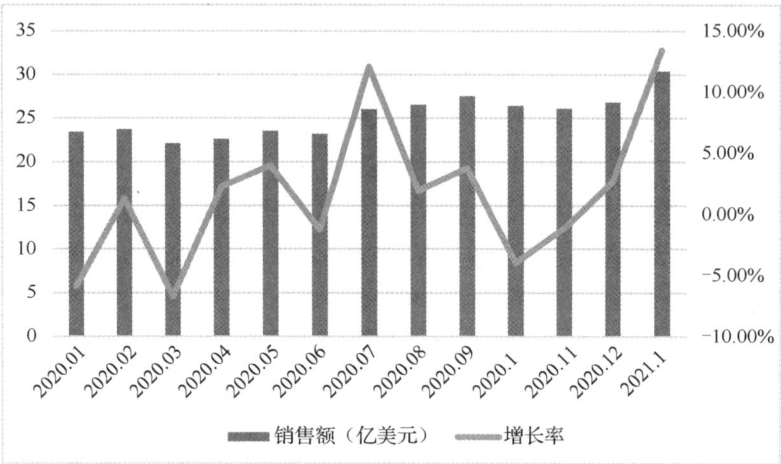

图 1-7 2019—2020 年 1 月北美洲半导体设备销售额情况

数据来源：SEMI，赛迪集成电路所整理，2021.3

（三）半导体企业研发支出

随着制程线宽不断缩小，芯片研发成本不断上升，多数半导体企业的研发支出有所提升。2020 年全球半导体企业研发支出达到 684 亿美元，同比上涨 5%，但半导体企业研发支出占全球半导体行业销售额的占比从 2019 年的 14.6%下降到 2020 年的 14.2%。2020 年研发支出排名前十的半导体企业分别为英特尔、高通、三星、博通、英伟达、台积电、海力士、联发科、美光和超威半导体，合计研发支出达 478.68 亿美元，占半导体行业研发支出的 69.98%。在研发支出排名前十的半导体企业中，美国企业有 6 家，韩国企业有 2 家，中国台湾企业有 2 家。美国的 6 家企业分别为英特尔、高通、博通、英伟达、美光、超威半导体，韩国的 2 家企业为三星和海力士，中国台湾企业分别为台积电和联发科。2019 年位列研发支出前十的我国企业海思则跌出前十。

在研发支出排名前十的半导体企业中，英特尔仍高居榜首。英特尔从 2012 年半导体研发支出突破百亿美元以后，已经连续 7 年保持增长；2018

年研发支出高达 135 亿美元，同比增长 4%；但 2019 年研发支出有所下滑，同比下跌 1%，为 133.6 亿美元；2020 年研发支出小幅回升至 135.56 亿美元，同比增长 1.45%，占半导体行业总研发支出的 17.41%。三星在 2020 年的研发支出同比增长 22.22%，达到 55 亿美元。三星为了和台积电竞争先进制程工艺，所以加大了相应的研发支出。台积电研发支出在 2020 年则增长了 25.72%，达到 37.2 亿美元。2020 年全球半导体企业研发支出情况如表 1-3 所示。

表 1-3　2020 年全球半导体企业研发支出情况

排　名	企　业	研发支出/亿美元	增　长　率	占　比
1	英特尔	135.56	1.45%	17.41%
2	高通	59.77	10.73%	36.70%
3	三星	55	22.22%	8.44%
4	博通	49.68	5.79%	20.80%
5	英伟达	37.8	33.62%	22.95%
6	台积电	37.2	25.72%	8.17%
7	海力士	31	25.35%	10.85%
8	联发科	26.84	30.04%	23.99%
9	美光	26	6.47%	12.13%
10	超微半导体	19.83	28.18%	20.31%
合计		478.68	13.24%	15.14%

数据来源：企业财报，ChipInsights，2021.3

（四）半导体企业并购支出

继 2016 年全球半导体企业并购支出连续三年下跌后，2019 年全球半导体企业并购支出出现回升，其全年涉及的并购支出为 317 亿美元，同比增长 22.4%。由于半导体行业的加速整合，尤其是人工智能、机器学习、物联网等领域的带动下，半导体行业年均并购支出从 2010—2014 年的 126 亿美元增加到 2015—2019 年的 588 亿美元。

2020 年，全球半导体企业并购动作频繁，芯片行业进一步被洗牌整合。2020 年下半年的五宗大型半导体企业并购案将并购协议的总价值攀升至 1 190 亿美金，其中最大的一笔并购支出高达 400 亿美元，超过了 2019 年全年半导体企业并购支出。

2015—2020 年全球半导体企业并购支出如图 1-8 所示。

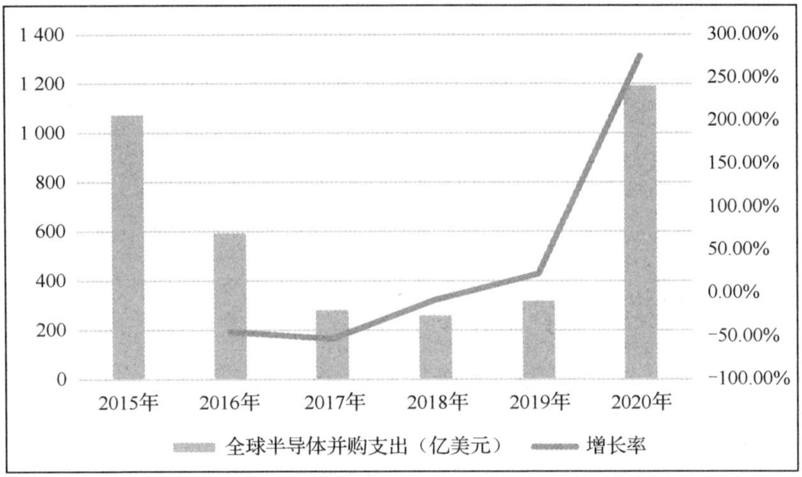

图 1-8　2015—2020 年全球半导体企业并购支出

数据来源：IC Insights，赛迪智库整理，2020.2

2020 年 9 月 13 日，美国英伟达宣布 400 亿美元收购 ARM（Advanced RISC Machines）。这是 2020 年半导体行业规模最大的并购交易案。ARM 是全球领先的半导体知识产权（IP）提供商，全世界超过 95%的智能手机和平板电脑采用 ARM 架构。英伟达表示，此次收购将有助于“打造人工智能时代首屈一指的计算公司”，英伟达将会把其在人工智能方面的领导地位与 ARM 庞大的计算生态系统结合起来，为所有客户推动创新。2020 年 10 月 27 日，超微半导体在官网宣布以 350 亿美元全股票收购赛灵思。作为全球最大的 FPGA 独立供应商，赛灵思在 FPGA 市场占有率达到 50%。超微半导体官方称，最新的这次收购将两个行业领导者聚集在一起，他们的产品和客户优势互补。超微半导体将结合 CPU、GPU、FPGA、自适应 SoC 等，为业界提供最强大的高性能处理器组合，使云、边、端设备获得超微半导体最先进的计算能力。

2020 年下半年全球重大半导体并购案如表 1-4 所示。

表 1-4　2020 年下半年全球重大半导体并购案

序　号	时　间	并购方	被并购方	金额/亿美元
1	2020.9	英伟达	ARM	400
2	2020.10	超微半导体	赛灵思	350
3	2020.7	ADI	Maxim	209

续表

序　　号	时　　间	并　购　方	被 并 购 方	金额/亿美元
4	2020.10	Marvell	Inphi	100
5	2020.10	海力士	英特尔 NAND 闪存和存储业务	90

数据来源：赛迪智库整理，2020.2

四、贸易情况

（一）全球集成电路贸易情况

据统计，2020 年全球集成电路进口额达 9 357 亿美元，出口额达到 8 069 亿美元，是仅次于石油和汽车的全球第三大进出口商品。全球集成电路相关产品贸易较为集中，中国大陆（内地）、中国香港、中国台湾、韩国、新加坡、马来西亚、欧盟、日本、美国占全球集成电路及相关产品贸易的 80%以上。其中，中国大陆作为主要的电子整机产品制造基地，是全球最大的集成电路进口国；韩国、中国台湾、日本、美国、中国大陆、欧盟是全球主要的晶圆制造地区，占全球装机产能的 93%，因此成为主要的芯片出口国；而随着马来西亚、越南、菲律宾等东南亚国家逐步承接电子制造和芯片封测产能，且其在全球集成电路贸易中占比逐步增加。中国香港和新加坡凭借良好的区位优势和自由贸易环境，成为全球主要的集成电路产品中转站。另外，日本、美国、荷兰是半导体设备的主要出口地区；日本、韩国、中国台湾是硅片的重要出口地区。2020 年全球主要国家和地区集成电路进出口情况如表 1-5 所示。

表 1-5　2020 年全球主要国家和地区集成电路进出口情况

地区	进口额/亿美元	出口额/亿美元
中国大陆	3 508.5	1 171
新加坡	717.9	864
美国	319.1	442
中国台湾	626.5	1 231.8
韩国	402.8	829
马来西亚	334.1	494

数据来源：各国/地区海关，2021.3

（二）主要国家/地区贸易情况

美国在半导体领域处于全球领先地位，且在半导体设计、代工、IDM 领域均拥有全球领先的企业。由于美国企业在全球设立工厂或将制造、封测外包，所以大部分集成电路生产不在美国本土进行，以货物原产地为统计口径的美国集成电路进出口额并不大。2020 年美国进口集成电路 319 亿美元，较 2019 年下跌 3%，其中主要进口产品为处理器和控制器，累计进口额为 214 亿美元，同比下跌 2%，占比约为 67%。放大器产品进口额降幅较大，累计进口额为 8 亿美元，同比下跌 30%。从区域看，美国集成电路主要从马来西亚、中国台湾、越南、韩国和中国大陆等地进口。

2020 年美国集成电路产品出口额为 442 亿美元，同比上升约 10%，其中处理器和控制器占比约为 63%。主要出口地为墨西哥、中国大陆（内地）、中国香港、中国台湾等。

2020 年美国集成电路进出口情况如表 1-6 所示。

表 1-6 2020 年美国集成电路进出口情况

产　品	进口额/亿美元	进口额增长率	出口额/亿美元	出口额增长率
处理器和控制器	214	−2%	277.3	18%
存储器	16.9	−6%	29	5.6%
放大器	8	−30%	21.2	−11%
其他芯片	77.3	−4%	104.3	4%
其他部件	2.8	2%	10.4	−22%
合计	319	−3%	442.2	10%

数据来源：美国海关，赛迪集成电路所整理，2021.3

美国在半导体设备领域实力较强。近些年，美国集成电路生产线相继布局于美国本土以外地区，且其国内对半导体设备需求相对较小，其半导体设备以出口为主。2020 年，美国共出口半导体设备 196.1 亿美元，同比上涨 27%，其中半导体制造设备出口额为 130 亿美元，同比上升 30%。2020 年，美国进口半导体设备共计 81.6 亿美元，同比下跌 20%。其中，进口集成电路制造设备 37 亿美元，同比下跌 45%；进口硅片制造设备 1.5 亿美元，同比上涨 7%。2020 年美国半导体设备进出口情况如表 1-7 所示。

表 1-7　2020 年美国半导体设备进出口情况

产　　品	进口额/亿美元	进口额增长率	出口额/亿美元	出口额增长率
半导体硅片制造设备	1.5	7%	1.2	50%
半导体器件或集成电路制造设备	37	-45%	130	30%
零件及附件	38.7	19%	58.3	22%
其他	4.4	-20%	5.9	4%
合计	81.6	-20%	195.4	27%

数据来源：美国海关，赛迪集成电路所理，2021.3

韩国半导体企业在全球市场占有率近 30%。存储器是韩国的优势领域，2020 年存储芯片市场止住颓势，韩国企业在全球半导体市场占有率略有上升。2020 年韩国共出口集成电路 826.02 亿美元，同比上涨 4.8%。其中，出口存储器 523.59 亿美元，下跌 1.5%；进口集成电路 402.3 亿美元，同比上涨 12.9%。2020 年韩国集成电路进出口情况如表 1-8 所示。

表 1-8　2020 年韩国集成电路进出口情况

产　　品	出口额/亿美元	出口额增长率	进口额/亿美元	进口额增长率
处理器和控制器	235.17	13.7%	186.3	18.5%
存储器	523.59	-1.5%	156.4	4.5%
放大器	1.06	29.4%	2.8	24.8%
其他	66.2	35.1%	56.8	19.6%
合计	826.02	4.8%	402.3	12.9%

数据来源：韩国海关，赛迪集成电路所整理，2021.2

在半导体设备方面，韩国主要设备进口额相较于 2019 年均有不同幅度的提升，韩国 2020 年集成电路制造设备进口额为 102.7 亿美元，涨幅高达 101.5%，已接近于 2018 年水平。在出口方面，韩国半导体设备整体出口额上涨 7%，除平板显示器制造设备外，其他主要设备出口额均有 15%左右的上涨。

2020 年韩国半导体设备进出口情况如表 1-9 所示。

表 1-9　2020 年韩国半导体设备进出口情况

产　　品	出口额/亿美元	出口额增长率	进口额/亿美元	进口额增长率
半导体硅片制造设备	1.32	14.8%	0.9	-41.3%
半导体器件或集成电路制造设备	18.77	15.31%	102.7	101.5%
平板显示器制造设备	26.93	-7.07%	8.47	189.1%
其他设备	15.2	16.84%	12.94	27.1%
零件及附件	21.9	15.31%	29.79	20.2%
合计	84.12	7%	154.8	71.1%

数据来源：韩国海关，赛迪集成电路所整理，2021.2

2020 年，日本出口集成电路 288.9 亿美元，同比回升 4%。在具体出口产品方面，处理器及控制器、存储器和放大器出口额占比分别为 10%、42% 和 1%。日本半导体产品出口地区主要集中于中国台湾、中国大陆（内地）、中国香港、越南、韩国、马来西亚等。在进口方面，2020 年，日本累计进口集成电路 187.6 亿美元，同比回升 1.3%。其中，处理器及控制器、存储器进口占比分别为 44%、16.5%，日本进口的处理器及控制器比重相较上年有所增加。日本半导体产品进口地区主要为中国台湾、美国、中国大陆、韩国等地，与前两年基本一致。

近年来，日本在半导体产品市场略显颓势，但其在半导体材料和设备等供应链上游领域仍保持着明显优势。2020 年，日本半导体硅片总出口额约为 40.36 亿美元，且主要出口至中国台湾、韩国、美国、中国大陆和新加坡。日本对这些地区的半导体硅片出口额分别占其总出口额的 29%、22%、16%、15%和 7%。

在半导体设备领域，根据 SEMI 统计，日本企业占据全球新购半导体制造设备市场 30%以上的份额。日本企业在半导体设备的主要领域均有所布局，与美国、欧洲三足鼎立，加之日本国内对半导体设备的需求较小，日本的半导体设备主要以出口为主。2020 年，日本半导体设备及零配件出口额约为 236.15 亿美元；同比增长 5%。其中，集成电路制造设备出口额约为 120.23 亿美元；半导体硅片制造设备出口额约为 9.16 亿美元，与 2019 年基本一致；面板制造设备出口额约为 31.16 亿美元，同比缩减 13.5%。在日本集成电路制造设备的主要出口地区中，中国大陆以 38%的出口额占比成为日本最主要的出口地区，随后依次是中国台湾、韩国和美国，出口额占比分别为 21%、

19%和 13%。

2020 年日本硅片出口地区分布如图 1-9 所示。2020 年日本半导体设备进出口额统计如表 1-10 所示。

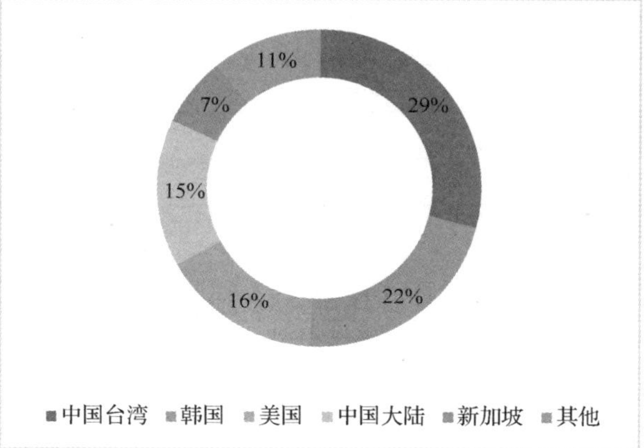

图 1-9　2020 年日本硅片出口地区分布

数据来源：日本海关，赛迪集成电路整理，2021.3

表 1-10　2020 年日本半导体设备进出口额统计

设　　备	出口额/亿美元	进口额/亿美元
单晶柱或晶圆制造设备	9.16	0.51
半导体器件或集成电路制造设备	120.23	27.44
平板显示器制造设备	31.16	0.26
引线键合装置用零件及附件	14.84	4.4
品目 8486 的零件及附件	60.76	15.52
合计	236.15	48.13

数据来源：日本海关，赛迪集成电路所整理，2021.3

近年来，中国台湾集成电路进出口额整体呈现持续增长态势。2017 年中国台湾出口集成电路达 923.1 亿美元，同比上涨 18%，进口集成电路达 435.6 亿美元，同比增长 20%。2018 年，受益于台积电 7nm 先进工艺节点的量产，中国台湾集成电路产品出口额持续上升，达到 959.1 亿美元，同比增长 4%；进口集成电路达 508.1 亿美元，同比增长 17%。2019 年，受益于 5G 带动下处理器芯片出货增加，中国台湾集成电路产品出口额达到 1 002.5 亿美元，同比增长 4.5%；进口集成电路达 534 亿美元，同比增长 5%。2020 年，集成电路进出口额均大幅增长，出口额达到 1 231.8 亿美元，进口额达到 626.6 亿美元，均创下历年新高。中国台湾集成电路进出口情况如表 1-11 所示。

表 1-11　中国台湾集成电路进出口情况

产　品	进口额/亿美元	进口额增长率	出口额/亿美元	进口额增长率
处理器及控制器	96.8	26%	98.6	61%
存储器	256.4	33%	175.1	48%
放大器	2.1	12%	0.7	30%
其他集成电路	268.1	2%	956.6	16%
集成电路零件	3.2	14%	0.8	2%
合计	626.6	17%	1 231.8	23%

数据来源：中国台湾海关，赛迪集成电路所整理，2021.4

第二节　发展特点

一、多因素导致芯片短缺，芯片涨价趋势将延续

2020 年，晶圆代工产能持续紧张，很多芯片出现缺货、涨价、交期大幅拉长的情况。2020 年第四季度，包括联华电子、格芯和世界先进的纯代工企业将 8in 晶圆代工报价提高了 10%～15%。

从需求端看，对 8in 晶圆代工的强劲需求主要来源于显示驱动集成电路、CMOS 图像传感器（CIS）、电源管理芯片、NOR Flash 等芯片产品。一是新冠肺炎疫情导致的电视、笔记本电脑等产品需求大幅增加，带动显示驱动集成电路、电源管理芯片等需求大幅增长。二是大量新兴应用对芯片需求集中在非先进制程产品，如汽车智能化、安防智能化、智能手机多摄像头等趋势加速带动 CIS 需求上涨，数据中心电源、5G 基站和手机电源、TWS 耳机等拉动对电源管理芯片、NOR Flash 等芯片需求。三是美国对中国制裁扰乱全球供应链，倒逼供应链多元化，带动芯片设计企业数量提升和芯片企业扩充产品线，部分芯片和整机企业担心未来会受到美国出口管制等影响，加大备货量，从而助推市场需求增长。

从供给端看，自 2019 年 8in 晶圆生产线产能一直较为紧张。由于 8in 晶圆生产线生产工艺成熟，且成本较低，所以需求一直较为旺盛。但过去大厂投资主要在 12in 晶圆生产线，导致全球 8in 晶圆生产线工厂近年来一直处于

投资不足状态，产能增长落后于需求，并且 8in 晶圆代工生产线设备供应主要来自二手市场。二手 8in 晶圆代工生产线设备市场资源有限，使得 8in 晶圆代工生产线短期内很难实现产能扩充。

展望 2021 年，预计全球半导体市场将出现两位数以上增速。芯片的短缺已经蔓延到汽车领域，多家车厂进入大面积停产状态，预计芯片的缺货、涨价可能持续到 2021 年年底甚至 2022 年。

二、新冠肺炎疫情拉动电子产品消费需求

2020 年年初，主要机构预测新冠肺炎疫情将对半导体市场带来负面影响。但实际上，不同领域半导体市场出现分化局面，汽车领域半导体市场遭受较大打击。据 Gartner 统计，2020 年，汽车领域半导体销售额下降了 5.6%；工业领域半导体销售额小幅增长 0.2%；消费电子、计算和存储领域半导体销售额均出现显著增长。

随着新冠肺炎疫情全球范围蔓延带动线上办公、娱乐、网课的需求，使传统 PC（包括台式机、笔记本电脑和工作站）游戏机和机顶盒市场销量增长。国际数据公司（IDC）全球季度个人计算设备追踪报告的初步结果显示，2020 年第四季度全球 PC 出货量同比增长 26.1%，达到 9 160 万台。2020 年全年，全球 PC 出货量同比增长 13.1%。PC 市场增长这一趋势有望在 2021 年得到延续，并会带动 CPU、存储等需求的增长。伴随着手机进入存量市场，以及平板、智能穿戴等智能设备的需求兴起，电子产品消费仍能拉动半导体行业的需求。云计算的发展将带动服务器市场增长，并会推动 CPU、存储芯片的需求。2020 年中国信通院在云计算发展白皮书指出，云计算仍将迎来下一个黄金十年，进入普惠发展期。一是随着新基建的推进，云计算将加快应用落地进程，在互联网、政务、金融、交通、物流、教育等不同领域实现快速发展。二是在全球数字经济背景下，云计算成为企业数字化转型的必然选择，企业上云进程将进一步加速。三是新冠肺炎疫情的出现加速了远程办公、在线教育等 SaaS 服务落地，推动云计算产业快速发展。

三、全球半导体产品和技术创新步伐加快

2020 年，集成电路技术继续发展，越来越大的市场需求驱动着半导体技术的快速革新。

在极紫外线光刻机的加持下，摩尔定律得到了持续发展。全球半导体晶

圆厂也在着手布局下一代制程工艺。2020 年 4 月份，台积电首次披露 3nm 晶圆制程工艺（N3）的具体信息。三星在 2021 年初开始进行 3nm 晶圆试生产。考虑到成熟性、功耗和成本问题，台积电表示 N3 仍将采用传统的 FinFET 结构，而三星在 7nm 晶圆制程工艺之后的大迭代上，采用更为激进的晶体管结构 GAAFET。两家全球最先进的晶圆代工厂从 5nm 晶圆制程工艺开始出现了技术演进的较大差异，三星的技术更为激进，而台积电在晶体管密度和实际性能表现上仍有相当优势。

Chiplet（芯粒）也是近期半导体制造商的热门方向。芯粒用多个小芯片来代替单个芯片，并将它们封装集成在一起，这样可以在同样的面积上容纳更多的晶体管，而且可以显著提高芯片生产良品率。目前，Marvell、AMD、英特尔、台积电等半导体公司都相继发布了 Chiplet 产品。Chiplet 将为半导体产业带来新的机会，降低大规模芯片设计的门槛，提升 IP 价值，有效降低芯片客户的设计成本，增加多芯片模块业务等。

宽禁带半导体也在飞速发展。此前阻碍宽禁带半导体技术普及的最大原因是成本过高，但随着产业链对该类器件需求的增加，大尺寸衬底技术的成熟和工艺的提升，宽禁带半导体器件的制造成本已经逼近硅基器件。电动汽车、工业充电、5G 高频器件、可再生能源和储能领域的电源应用都能够从宽禁带半导体的发展中受益。对于中国而言，宽禁带半导体主要使用成熟工艺，在美国半导体技术封锁的大环境下有望成为突破口。中国也在 2030 计划和“十四五”国家研发计划中明确宽禁带半导体是重要发展方向。

在芯片设计方面，RISC-V 掀起了开源硬件和开放芯片设计的热潮，现已得到全球很多大中企业、科研机构和初创公司的支持。围绕 RISC-V 成长起来的生态和社区也发展迅猛。当然，在 RISC-V 快速增长的压力下，ARM 也在迅速推进其向嵌入式系统、物联网、自动驾驶、PC 服务器的渗透，并更为开放地与业界合作伙伴协作。

四、各国加大扶持力度，产业竞争加剧，供应链割裂化趋势显现

2020 年，美国继续加大对中国半导体企业的制裁力度。2020 年 5 月 15 日，美国商务部宣布计划限制华为使用美国技术和软件在海外设计和制造半导体。以保护美国国家安全为由，美国在华为自研芯片的设计及制造环节进一步限制华为，并规定任何厂商使用美国设备或美国软件为华为设计或制造

半导体晶片，都必须额外取得美国政府的出口许可证。2020 年 5 月 22 日，美国国务院发布了《美国国家安全、出口管制与华为：三个框架下的战略背景》报告，限制华为通过设计半导体和使用美国软件的设计工具或设备在海外生产半导体以规避美国出口管制的能力。2020 年 8 月 17 日，38 家华为关联公司被增至实体清单，从实质上进一步加强对华为规避实体清单管控的限制。2020 年 12 月 18 日，美国商务部宣布将中国半导体制造企业中芯国际（SMIC）列入实体清单。中芯国际在先进技术节点（10nm 或以下）生产半导体所需的设备和材料都将被禁运。

在限制中国半导体行业的发展同时，美国也支持本土半导体制造业的发展。美国半导体产业协会在报告中指出，美国在半导体行业的领袖地位是美国拥有最大经济规模和最先进科技的重要因素。虽然美国仍是全球半导体设计和研发的领导者，但芯片制造的最大份额目前在亚洲，并且先进制程（7nm 以下）的芯片完全依赖亚洲工厂代工。因此，美国要促成半导体制造业回流。2020 年 5 月，在美国联邦政府和亚利桑那州政府支持下，台积电拟投资 120 亿美元在该州建设与运营一家 5nm 制程工艺的晶圆厂，月产量约为 2 万片。美国国会提出《为半导体生产创造有益的激励措施法案（CHIPS）》和《2020 美国晶圆代工法案（AFA）》这两项法案，合计将为美国芯片制造项目提供至少 350 亿美元的援助。

第二章

2020 年中国集成电路产业发展状况

第一节　发展情况

一、产业规模

2020 年，虽受新冠肺炎疫情及贸易保护主义的影响，但在线上办公、数据中心和 5G 等因素的驱动下，全球及我国集成电路产业均实现了正增长。自 2014 年 6 月国务院发布实施《国家集成电路产业发展推进纲要》以来，我国集成电路产业政策及投融资环境不断改善，企业实力显著增强，产业规模不断增长。2010—2020 年我国集成电路产业销售情况如图 2-1 所示。其中，据中国半导体行业协会统计，2018 年我国集成电路产业销售额为 6 532 亿元

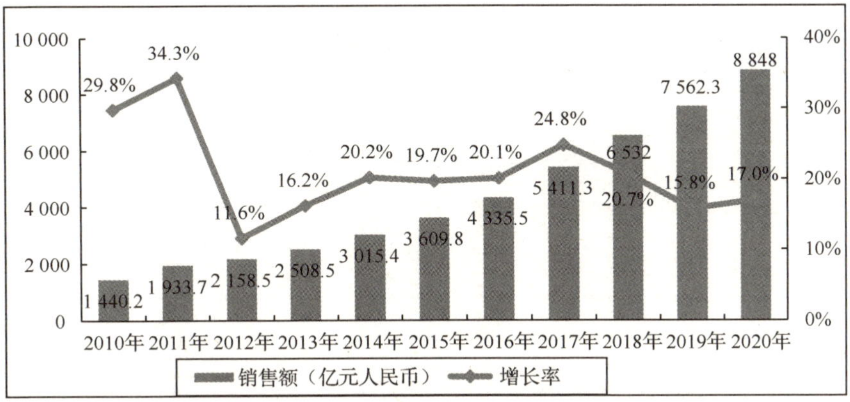

图 2-1　2010—2020 年我国集成电路产业销售情况

数据来源：中国半导体行业协会，2021.3

人民币，同比增长 20.7%；2019 年我国集成电路产业销售额为 7 562.3 亿元人民币，同比增长 15.8%；2020 年我国集成电路产业销售额为 8 848 亿元人民币，同比增长 17%。

如图 2-2 所示，按照季度销售情况分析，我国集成电路产业各季度销售额同比增速较为平稳。

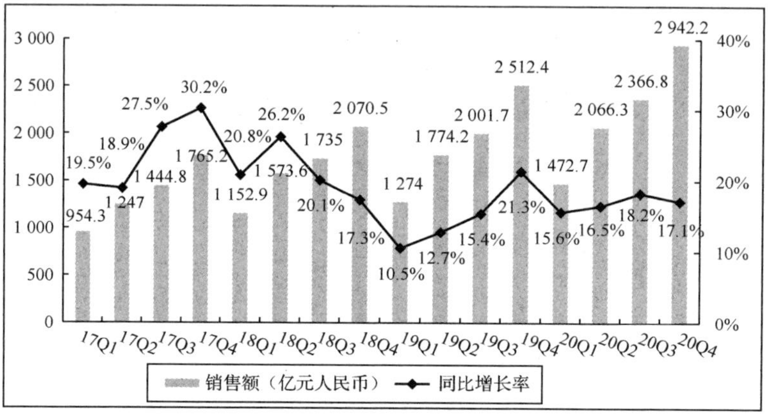

图 2-2　2017—2020 年我国集成电路产业各季度销售情况

数据来源：中国半导体行业协会，2021.3

二、产业结构

（一）产业链结构

2017—2020 年，我国集成电路设计业、制造业和封测业均保持了增长的态势。2017—2020 年我国集成电路产业结构情况如图 2-3 所示。2020 年我国

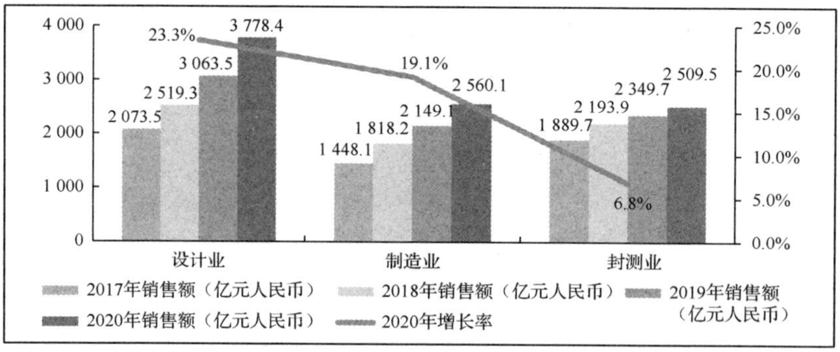

图 2-3　2017—2020 年我国集成电路产业结构情况

数据来源：中国半导体行业协会，2021.3

集成电路产业销售额为 8 848 亿元人民币，同比增长 17%。其中，设计业销售额为 3 778.4 亿元人民币，同比增长 23.3%；制造业销售额为 2 560.1 亿元人民币，同比增长 19.1%；封测业销售额为 2 509.5 亿元人民币，同比增长 6.8%。

2020 年我国集成电路产业链各环节季度销售情况如表 2-1 所示。整体来看，芯片设计业销售额增速显著。由于芯片设计具有轻资产的特性，结合美国对我国打压造成国产芯片供应链内循环加速形成，助推了国产芯片设计业销售额呈现高增长态势。

表 2-1　2020 年我国集成电路产业链各环节季度销售情况

		季　度			
		Q1	Q2	Q3	Q4
设计业	销售额/亿元人民币	574.4	916.2	1 143.6	1 144.2
	增长率	25.20%	22.60%	13.60%	34.50%
制造业	销售额/亿元人民币	451.4	514.6	594.6	999.5
	增长率	15.09%	20.29%	18.80%	20.63%
封测业	销售额/亿元人民币	446.9	635.5	628.6	798.5
	增长率	5.65%	6.08%	7.54%	7.46%
合计销售额/亿元人民币		1 472.7	2 066.3	2 366.8	2 942.2

数据来源：中国半导体行业协会，2021.3

2012—2020 年我国集成电路设计业、制造业和封测业销售情况如表 2-2 所示。2020 年我国集成电路产业链结构如图 2-4 所示。其中设计业销售额占集成电路产业链销售额的比重自 2012 年稳步增加，销售额占比从 2012 年的 28.80%增加到 2020 年的 42.7%；制造业由于生产线陆续投产，销售额占比增长至 28.9%；封测业集成电路占比持续下降到 28.4%。总体看来，我国集成电路产业链结构得到进一步优化，并更加趋于合理。

表 2-2　2012—2020 年我国集成电路设计业、制造业和封测业销售情况

		2012 年	2013 年	2014 年	2015 年	2016 年	2017 年	2018 年	2019 年	2020 年
设计业	销售额/亿元人民币	621.7	808.8	1 047.4	1 325	1 644.3	2 073.5	2 519.3	3 063.5	3 778.4
	占比	28.80%	32.20%	34.70%	38.30%	37.90%	38.30%	38.60%	40.51%	42.7%

续表

		2012年	2013年	2014年	2015年	2016年	2017年	2018年	2019年	2020年
制造业	销售额/亿元人民币	501.1	600.9	712.1	900.8	1 126.9	1 448.1	1 818.2	2 149.1	2 560.1
	占比	23.20%	24.00%	23.60%	25.00%	26.00%	26.80%	27.80%	28.42%	28.9%
封测业	销售额/亿元人民币	1 035.7	1 098.8	1 255.9	1 384	1 564.3	1 889.7	2 193.9	2 349.7	2 509.5
	占比	48.00%	43.80%	41.70%	36.70%	36.10%	34.90%	33.60%	31.07%	28.4%
合计销售额/亿元人民币		2 158.5	2 508.5	3 015.4	3 609.8	4 335.5	5 411.3	6 531.4	7 562.3	8 848

数据来源：中国半导体行业协会，赛迪智库整理，2021.3

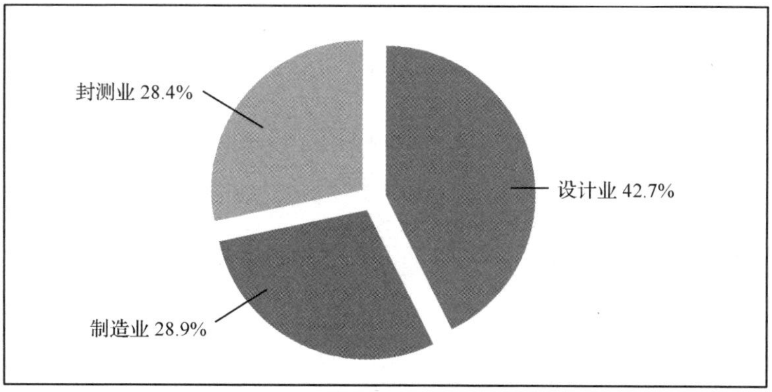

图 2-4　2020 年我国集成电路产业链结构

数据来源：中国半导体行业协会，2021.3

（二）区域分布

近年来，我国集成电路产业规模不断壮大，呈现集群式“一轴一带”分布，已经形成长江三角洲地区、环渤海地区、珠江三角洲地区和以西安、成都、武汉等为代表的中西部地区的四个产业集聚区。此外，在福建发展集成电路位置优势和近年来不断出台多项集成电路产业政策等因素的作用下，福州、厦门、泉州兴建或引进了多条极具特色的生产线，逐步从珠江三角洲产业聚集区独立出来，形成了新的福厦泉产业集聚区。从整体发展情况来看，长江三角洲地区集成电路产业销售规模占全国的 6 成以上，是国内集成电路产业链最完整、综合技术水平最高的地区。其次是珠江三角洲地区，以深圳市为代表的集成电路设计业发展迅速。环渤海地区以北京市为代表，现已形成以中芯国际、北方华创为龙头，包括设计、晶圆制造、封测、装备、零部件及材料等环节的完整集成电路产业链。近年来以武汉、西安、成都等中心城市为主的中西部地区在武汉长江存储、西安三星等多条生产线建设与扩产的带动下，集成电路产业得到快速发展。

三、进出口情况

（一）半导体产品进出口情况

1. 进口情况

半导体产品包括集成电路、光电器件、传感器和分立器件。从进口额来看，2020 年半导体产品进口额达到 3 767.9 亿美元，同比上升 15.0%。其中，集成电路产品进口额为 3 500.4 亿美元，约占半导体产品进口额的 92.9%；光电器件、传感器、分立器件合计进口额为 267.38 亿美元，约占半导体产品进口额的 7.1%。2010—2020 年中国半导体产品进口额情况如图 2-5 所示。

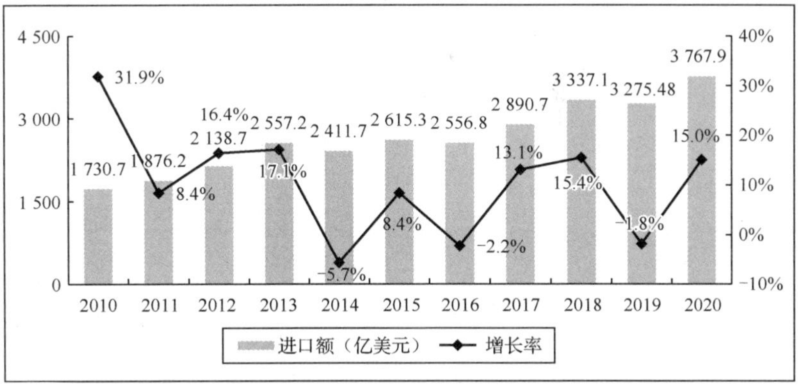

图 2-5 2010—2020 年中国半导体产品进口情况

数据来源：中国海关，2021.3

2. 出口情况

从出口额来看，2020 年半导体产品出口额持续增长，达到 1 522.8 亿美元，同比增长 11.3%。其中，集成电路产品出口额为 1 166 亿美元，约占半导体产品出口额的 76.6%；光电器件、传感器、分立器件合计出口额达到 356.83 亿美元，约占半导体产品进口额的 23.4 %。2010—2020 年中国半导体出口情况如图 2-6 所示。

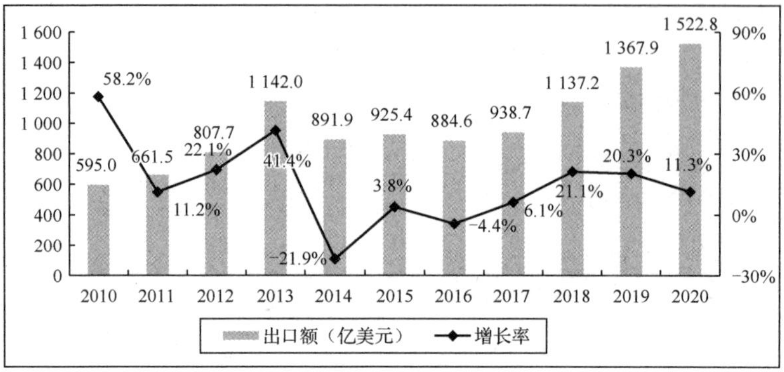

图 2-6　2010—2020 年中国半导体出口情况

数据来源：中国海关，2021.3

（二）集成电路产品进出口情况

1. 进口情况

我国集成电路产品的进口量逐年增长，进口额受产品价格影响呈现出波动增长态势。2018 年集成电路产品进口量和进口额持续增长，进口额达到 3 120.6 亿美元，同比增长 19.6%。2019 年中国进口集成电路 4433 亿块，同比增长 6.6%；其进口额为 3 058.98 亿美元，同比下降 2.1%。2020 年，中国集成电路进口量为 5 435 亿块，同比增长 22.1%；其进口额为 3 500.4 亿美元，同比增长 14.6%。2010—2020 年中国集成电路进口情况如图 2-7 所示。

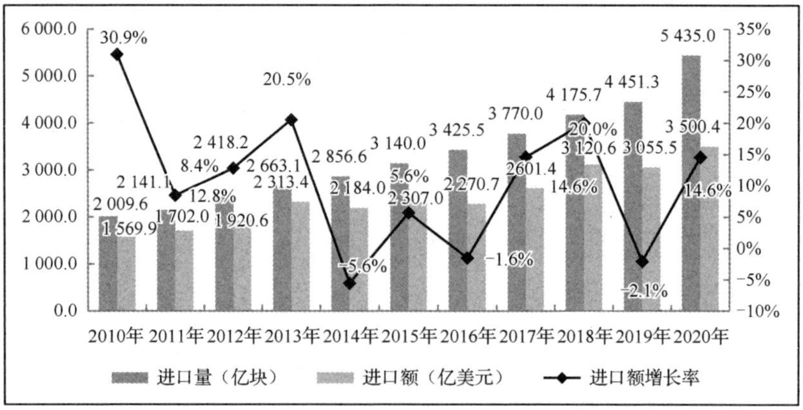

图 2-7　2010—2020 年中国集成电路进口情况

数据来源：中国海关 2021 年 3 月

从进口区域看，中国台湾和韩国依然是主要进口区域，合计进口额占比为 54.96%。中国台湾作为全球最大的晶圆代工基地和重要的封测基地，进口额为 1 240.9 亿美元，贡献了中国大陆集成电路进口额的 35.37%；自韩国共进口集成电路 687.4 亿美元，进口额占比为 19.59%；中国的“国货复进口”的进口额占地为 11.62%；自马来西亚、日本、越南和美国的进口额占比分别为 8.6%、5.8%、5.2%、4.1%。2020 年中国集成电路产品进口区域结构如图 2-8 所示。

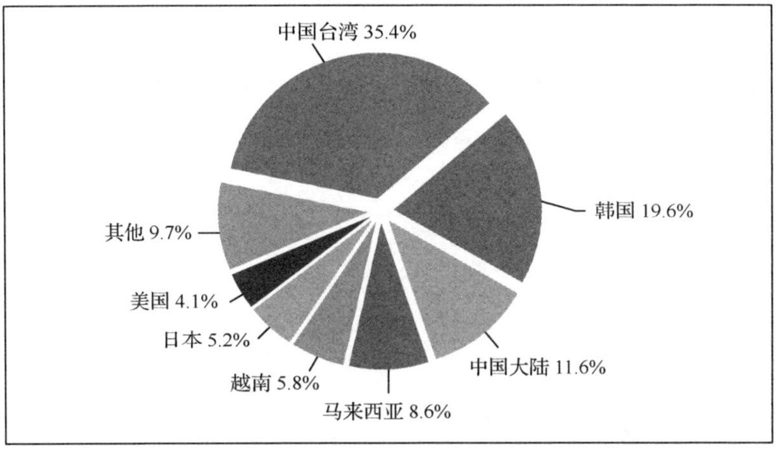

图 2-8 2020 年中国集成电路产品进口区域结构

数据来源：中国海关，2021.3

从进口产品类型来看，处理器及控制器、存储器在数据中心、计算机、移动终端、嵌入式等领域需求量很大，占据我国芯片进口市场近 76%的份额。2020 年处理器及控制器的进口额仍是最大的，达 1 714.3 亿美元，进口额占比为 49%。存储器和放大器分列进口额排名的第二、三位，进口额分别为 952.7 亿美元和 123.4 亿美元，进口额占比分别为 27%和 4%。其他集成电路种类繁多，合计进口额占比为 20%。从进口量来看，2020 年进口集成电路 5 435.0 亿块，其中处理器及控制器、存储器进口量占比分别为 26%和 8%。放大器包括晶体管、电源变压器和其他具有信号放大功能集成电路元器件等，其进口量占比为 7%。2020 年中国集成电路产品进口额结构如图 2-9 所示。2020 年中国集成电路产品进口量结构如图 2-10 所示。

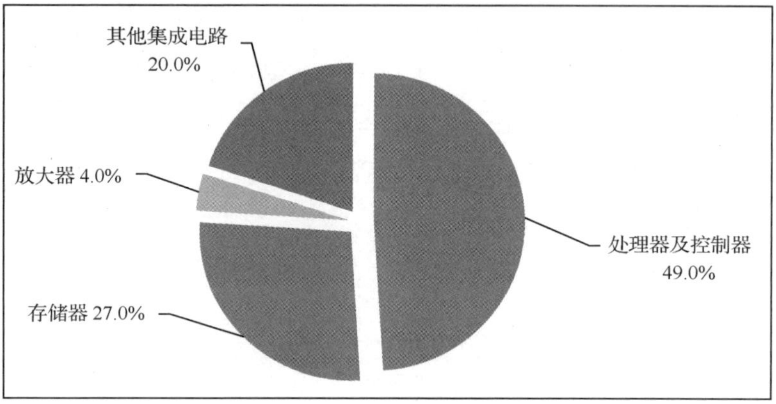

图 2-9　2020 年中国集成电路产品进口额结构

数据来源：中国海关，2021.3

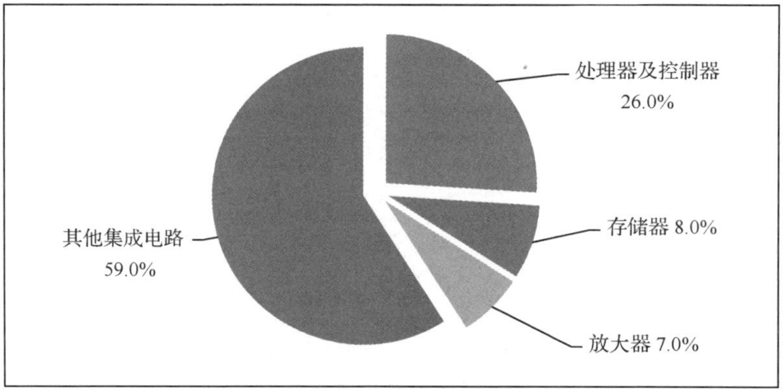

图 2-10　2020 年中国集成电路产品进口量结构

数据来源：中国海关，2021.3

2. 出口情况

2010—2020 年我国集成电路出口规模呈现波动式增长的态势。2016 年我国集成电路出口量略有下降，出口额同比下降 10.8%。2017 年以来，随着国产芯片制造产能的持续增加和国产芯片质量的不断提升，国产芯片出口规模进一步增大。2018 年集成电路出口额达到 846.4 亿美元；2019 年集成电路出口量为 2 144 亿块，出口额为 1 021.9 亿美元，同比增长 20.69%；2020 年集成电路出口量为 2 598 亿块，出口额为 1 166.0 亿美元，同比增长 14.1%。2010—2020 年中国集成电路出口情况如图 2-11 所示。

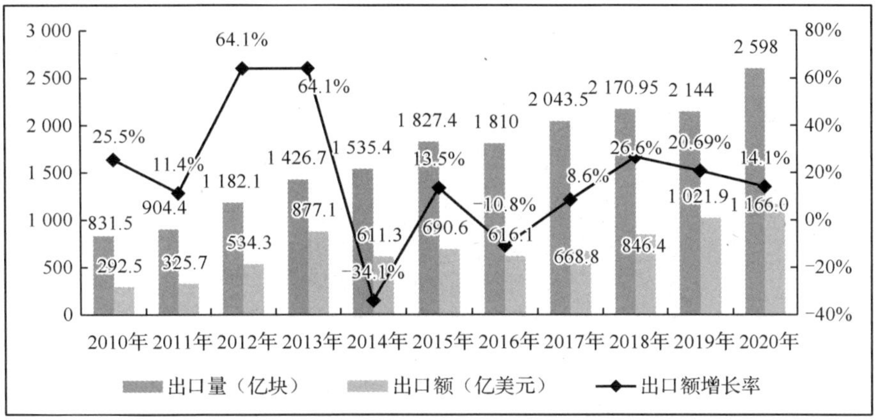

图 2-11 2010—2020 年中国集成电路出口情况

数据来源：中国海关，2021.3

从出口区域看，中国香港作为重要的贸易中转站，是我国集成电路出口规模占比最大的地区，出口额为 489.9 亿美元，出口额占比为 41.80%。其次是中国台湾和韩国，出口额占比分别为 14.08%和 14.06%。越南和马来西亚等东南亚国家作为全球重要的集成电路封测基地和电子产品制造基地，也是我国集成电路产品的重要出口地区。2020 年中国集成电路市场出口区域结构如图 2-12 所示。

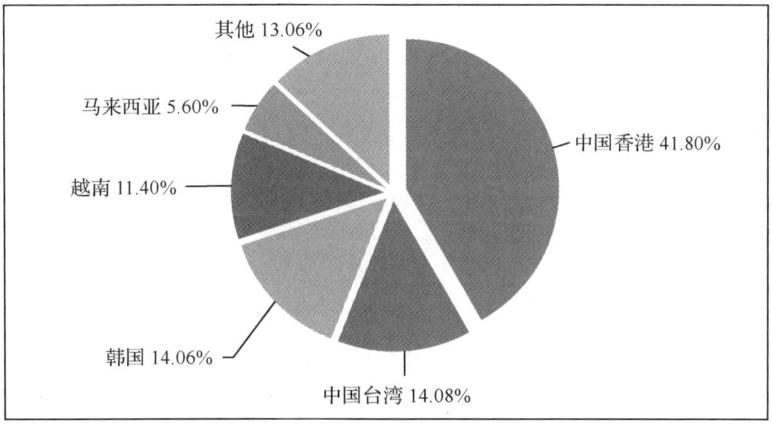

图 2-12 2020 年中国集成电路产品出口区域结构

数据来源：中国海关，2021.3

从产品结构来看，2020 年出口量最大的集成电路产品为处理器及控制器，出口量为 760.0 亿块，出口量占比为 29%，出口额 402.1 亿美元，出口额占比为 34%。然而，随着存储器出口产品单价持续增长，存储器成为我国出口额最高的集成电路产品，2020 年出口额为 558.6 亿美元，出口额占比为 48%。放大器的出口额和出口量分别为 27.9 亿美元和 118.4 亿块，出口额占比分别为 2%和 5%。2020 年中国集成电路市场出口结构如表 2-3 所示。

表 2-3　2020 年中国集成电路产品出口结构

产 品 分 类	出口额/亿美元	出口额占比	出口量/亿	出口量占比
处理器及控制器	402.1	34%	760.0	29%
存储器	558.6	48%	234.0	9%
放大器	27.9	2%	118.4	5%
其他集成电路	177.4	15%	1 485.6	57%
总计	1 166.0	100%	2 598.0	100%

数据来源：中国海关，2021.3

四、技术发展

2020 年，我国在集成电路设计、制造、封测、装备、材料等方面取得了一系列新进展，在技术方面与世界先进水平的差距正逐步缩小。

（一）设计业技术发展情况

目前，我国企业在应用处理器、射频芯片等移动终端芯片、数字电视芯片、智能卡芯片、人工智能芯片等专用器件市场和 CMOS 图像传感器、MEMS 麦克风传感器、指纹传感器等通用器件市场发展较好，整体技术达到或接近世界先进水平。在移动处理器方面，海思发布 5nm 制程工艺的手机 5G SoC 芯片麒麟 9000，采用 8 核心设计，集成多达 153 亿个晶体管，最高主频可达 3.13GHz，产品性能已达全球领先水平。在 5G 通信芯片方面，紫光展锐已发布旗下首款 6nm EUV 5G SoC 芯片 T7520，继海思之后，开始向中高端通信芯片领域迈进。在人工智能芯片方面，寒武纪、地平线和百度不断发力。其中，寒武纪推出的首颗训练芯片思元 290，采用台积电 7nm 制程工艺，集成 460 亿个晶体管，继续缩小与英伟达的差距。在图像传感器方面，韦尔股份（豪威科技）已实现 6 400 万像素 0.7μm 的 CMOS 图像传感器的批量出货，应用于中高端智能手机，正在逐步向第一梯队迈进。我国集成电路设计业重点技术发展情况如表 2-4 所示。

表 2-4　我国集成电路设计业重点技术发展情况

芯片类型	企　业	产品型号	意　义
移动处理器	海思	麒麟 9000	全球首款 5nm 5G SoC 芯片
桌面级处理器	上海兆芯	KX-6000 系列	缩小与国际先进水平差距
嵌入式处理器	阿里平头哥	无剑系列	无剑视觉和语音 AI 平台，广泛应用于智能家电、工业控制和语音识别等领域
5G 通信芯片	海思	巴龙 5000	进入全球 5G 芯片第一梯队
	紫光展锐	T7510，T7520	
人工智能芯片	寒武纪	思元 220	缩小同国际先进水平差距
	地平线	旭日三代	
	百度	昆仑系列	
CMOS 图像传感器	韦尔股份	OV64B，OV64C	缩小与三星和索尼等 IDM 企业差距，逐步向第一梯队迈进

数据来源：赛迪智库整理，2021.3

（二）制造业技术发展情况

目前，三星和台积电是全球唯一两家可以实现 7nm 及以下芯片量产的企业。我国大陆集成电路技术在逻辑工艺方面虽与三星、台积电还存在 3 代的差距，但是也取得了快速突破。中芯南方已实现 14nm 芯片的量产，正在积极争取 12nm 先进制程工艺规模量产；华力微电子 28nm 全套制程工艺（28LP/28HK/28HKC+）已实现量产，22nm 制程工艺的研发正在快速推进，14nm 制程工艺的研发取得重大进展。我国存储器产业发展迅速，已逐渐从技术突破阶段向产能提升阶段跃迁。长江存储基于 Xtacking 架构的 64 层 TLC 3D NAND 闪存正式量产、128 层 TLC/QLC 两款产品（128 层 QLC 3D NAND 闪存 X2-6070、128 层 512Gbit TLC 闪存 X2-9060）已研发成功，两款闪存芯片均可在 1.2V 电压下实现 1.6Gbit/s 的数据传输速率，达到业界最高水平。合肥长鑫已量产 19nm 制程工艺的 DDR4 内存，正在加速 DDR5 内存研发。我国集成电路制造业重点技术发展情况如表 2-5 所示。

表 2-5　我国集成电路制造业重点技术发展情况

企　业	技术发展情况
中芯南方	已实现 14nm 芯片的量产
华力微电子	28nm 全套制程工艺（28LP/28HK/28HKC+）已实现量产，22nm 制程工艺的研发正在快速推进，14nm 制程工艺的研发取得重大进展
长江存储	成功量产 Xtacking 架构的 64 层 TCL 3D NAND 闪存、128 层 TLC/QLC 两款产品已研发成功
合肥长鑫	19nm 制程工艺的 DDR4 内存已量产，DDR5 内存正在加速研发

数据来源：赛迪智库整理，2021.3

（三）封测业技术发展情况

我国企业进入封测业时间较早、技术研发持续性较好、内资龙头企业对国外优质标进行收购等，促使我国封测技术已整体达到世界先进水平，部分技术工艺达到世界领先水平。配合我国在生产成本方面的优势，封测业成为全球集成电路产业中最先向我国进行转移的环节，也是我国集成电路产业链最具优势的领域。当前包括中小封装厂在内的我国企业已经全面掌握传统封装技术，成本、工艺技术差异化是厂商形成市场竞争力的关键。面向先进封装技术，在芯片小型化、高密度化的发展趋势下，先进封装技术是全球主流封测厂商研发的核心。我国先进封装技术由长电科技、通富微电、华天科技、晶方科技等企业掌握，技术覆盖 WLP、Fan-Out、Flip Chip、2.5/3D 等。第十四届中国半导体创新产品和集成电路封测技术如表 2-6 所示。

表 2-6　第十四届中国半导体创新产品和集成电路封测技术

企　业	创新产品和技术名称
华进半导体封装先导技术研发中心	多芯片集成扇出型晶圆级先进封装技术
长电科技	金属基高性能 FC/SiP 封装技术
华天科技	基于硅通孔互联的超薄高可靠性车载晶圆级背光图像传感器封装技术
气派科技	CPC 封装技术产品
晶方科技	智能传感器晶圆级系统封装技术
通富超威半导体	创新型超高导热性能 FCBGA 封装技术
通富微电	QFN SiP 电源模块（5G）封装技术

数据来源：中国 IC 封装测试产业调研报告，2021.3

（四）装备业技术发展情况

集成电路装备业是我国集成电路产业发展的薄弱环节。我国集成电路装备市场占有率不足 5%。在“极大规模集成电路制造装备及成套工艺”重大专项（02 专项）的大力支持下，我国集成电路关键制造设备技术水平取得巨大突破，刻蚀机、物理气相沉积、离子注入机、化学机械抛光等十几种关键设备均已通过生产线验证并实现销售。借助近年来我国晶圆生产线投资热潮，以北方华创、上海微电子装备、中微半导体和中电各研究所为代表的我国集成电路设备企业得以在各生产线实现批量应用并不断完善。当前，我国 12in 设备已经实现了部分突破，总体达到 28nm 制程工艺水平。我国发展较好的集成电路关键设备有刻蚀机、离子注入机和清洗设备。其中，刻蚀机达到世界先进水平，部分刻蚀机产品可满足国际大厂的 7nm 制程工艺生产线要求。北方华创 28nm 刻蚀机落户中芯国际和华力微电子。目前，北方华创刻蚀设备已突破 1000 腔。中微半导体 16nm 介质刻蚀机已上多条生产线，其中 5nm 制程工艺生产线已获得台积电认可。北方华创自主研发的 12in ALD 设备已经通过上海集成电路研发中心工艺验证。此外，北方华创 12in 单片清洗机、氧化炉、退火设备等均已进入 28nm 制程工艺生产线。盛美半导体先后开发出 SPAS、TEBO、Tahoe 等全球领先的半导体清洗技术及设备，已进入海力士、中芯国际、长江存储和华虹集团等国内外半导体制造商的生产线。

（五）材料业技术发展情况

我国集成电路材料业在“02 专项”支持下取得了显著成果。在前道制造材料方面，硅片、靶材、光刻胶、抛光液、高纯化学试剂、电子气体、掩膜版、离子源等材料均实现技术突破，部分材料已应用到 12in 生产线。在后道封装材料方面，引线框架、封装基板、键合丝、粘片胶等材料基本可以实现自给且产量规模不断提升。随着国内先进工艺、特色工艺和存储器生产线的陆续投产，加速了集成电路材料市场需求持续攀升，企业技术研发力度也不断增大。在硅片方面，上海新昇、有研半导体、天津中环等都在积极研发 12in 硅片。其中，上海新昇正片已通过 28nm 逻辑工艺认证和长江存储 3D NAND 闪存认证。河北普兴、上海新傲、南京国盛等企业具备硅外延片的生产能力。在靶材方面，宁波江丰电子靶材已进入海外 5nm 制程工艺生产线，成为全球第二大供应商。在光刻胶方面，我国北京科华、苏州瑞红、上海新阳和南大光电等企业技术研发取得突破。其中，苏州瑞红部分光刻胶产品已经过中电

55所、华润微电子和华虹宏力的工艺验证。

五、市场情况

近年来我国集成电路市场总体呈现稳步增长态势。2014年，移动互联网的爆发式增长带动我国集成电路市场需求首次突破1万亿元人民币。2017年，在存储器价格大幅上涨和人工智能、5G、智能网联汽车、区块链等新兴市场的影响下，集成电路市场规模大幅增长，达到14 250.5亿元人民币，同比增长18.9%。2018年，受计算机和手机市场增长乏力影响，中国集成电路市场规模增速较上年有所回落，同比增长12.5%，市场规模达到16 031.8亿元人民币。2019年，受存储器的大幅降价影响，我国集成电路市场需求下降至15 093.5亿元人民币左右，同比下降5.9%。2020年，在我国新基建的快速布局和汽车电动化、智能化等因素驱动，以及新冠肺炎疫情带动下，显示面板和数据中心等领域对显示驱动芯片、电源管理芯片和存储等芯片的需求剧增，2020年，我国集成电路市场需求保持8.3%的正增长。2010—2020年中国集成电路市场需求情况如图2-13所示。

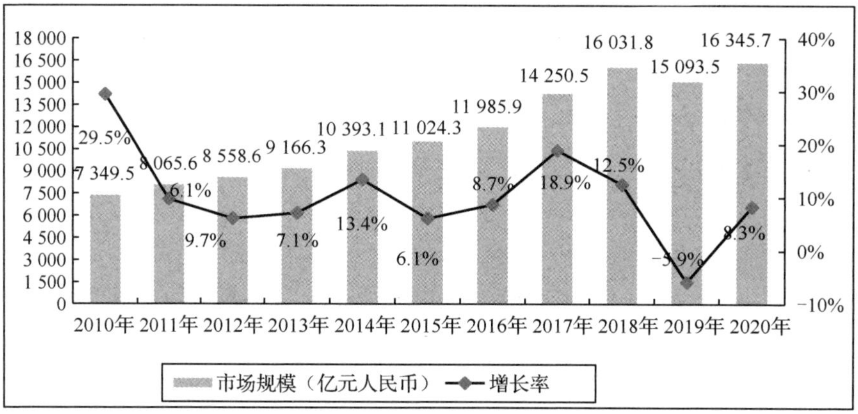

图2-13　2010—2020年中国集成电路市场需求情况

数据来源：中国半导体行业协会，2021.3

在应用结构方面，网络通信、计算机和消费电子仍然占据集成电路市场主导地位，三者合计占市场占比为81.1%。网络通信是我国集成电路产业的主要细分市场，在5G市场发展的影响下，市场占比达到39.4%。受汽车电动化及智能化使得汽车半导体价值含量提升的影响，汽车电子市场规模增至7.3%。2020年中国半导体市场结构如图2-14所示。

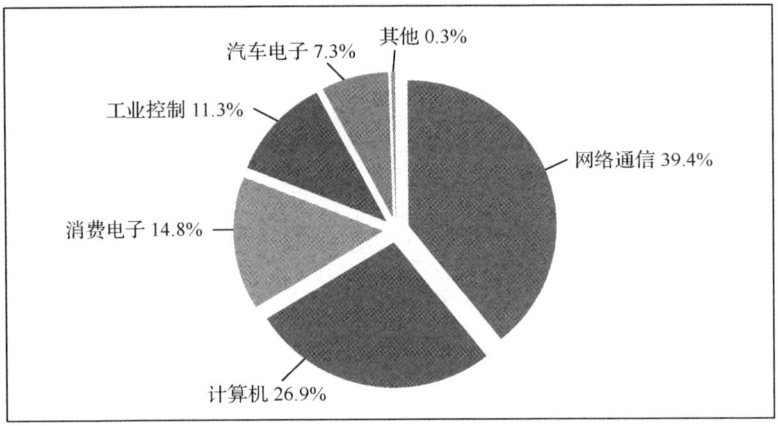

图 2-14　2020 年中国半导体市场结构

数据来源：赛迪智库整理，2021.3

六、投融资情况

大基金二期已全面进入投资阶段。2019 年 10 月 22 日，国家集成电路产业投资基金二期股份有限公司（简称大基金二期）正式注册成立，注册资本 2 041.5 亿元人民币，共有 27 位股东，包括财政部、国开金融、中国烟草等国家机关部门及国家级资金，还有地方政府背景资金、央企资金、民企资金及其他投资资金。2020 年 4 月，大基金二期向紫光展锐投资，开启其首次投资。随后，大基金二期陆续投资包括中芯国际、中芯南方、中芯京城、睿力集成、紫光展锐、思特威、合肥沛顿存储、长川智能制造、艾派克、智芯微等多家企业。例如，包括出资 15 亿美元参与中芯国际旗下企业中芯南方的增资扩股，与中芯国际、亦庄国投共同成立中芯京城，开展总投资 76 亿美元的 12in 晶圆厂项目等。

集成电路企业科创板上市热度不减。2019 年 6 月 13 日，科创板正式开板。据不完全统计，2020 年，共有 17 家半导体企业陆续在科创板上市。截至 2020 年 12 月 31 日，科创板上市的集成电路企业有格科微、芯原微电子、中芯国际、晶晨半导体、中微半导体、上海微装、澜起科技、安集微电子、聚辰股份、上海硅产业集团、晶丰明源、华润微电子、睿创微纳、乐鑫科技、华峰测控、寒武纪、神工半导体、广东华特气体、力合微、清溢光电、金宏气体、苏州华兴源创科技、芯海科技、芯朋微、明微电子、恒玄科技、利扬芯片 27 家。紫光展锐、苏州国芯、华大九天等企业也积极筹备上市，集成电路企业科创板上市热度不减。2020 年 7 月 16 日，中国大陆规模最大、技术最先进的芯片制造公司中芯国际在科创板成功上市，截至 2020 年 12 月 31 收盘，中芯国际股价为 58.57 元人民币/股，较发行价 27.46 元人民币/股涨幅达 113.3%，市值超 4 500 亿元人民币。

第二节　发展特点

2020 年，新冠肺炎疫情、贸易保护主义和单边主义抬头等因素为全球和我国集成电路产业发展带来较多不确定性。在线上办公、数据中心、5G 手机等有利因素推动下，我国集成电路产业仍保持高速增长。我国集成电路产业环境持续优化，并为产业升级为芯片发展提供广阔市场空间，企业实力和技术水平持续提升。随着各国对集成电路市场竞争日趋激烈，我国集成电路产业发展外部形势依旧严峻，未来发展仍面临较大不确定性。

一、我国集成电路产业发展环境持续优化

一是集成电路产业发展的政策环境进一步优化。2020 年 8 月，国务院发布《新时期促进集成电路产业和软件产业高质量发展的若干意见》（国发〔2020〕8 号）（以下简称 8 号文件），从财税、投融资、研究开发、市场应用、知识产权等方面，进一步加大政策支持力度，对集成电路企业所得税、进口关税、进口增值税给予更大力度、更大范围的支持，成为推动集成电路产业高质量发展的重要政策文件。为贯彻落实 8 号文件要求，2020 年 12 月，财政部[①]、税务总局[②]、发改委[③]、工业和信息化部发布《关于促进集成电路产业和软件产业高质量发展企业所得税政策的公告》（2020 年第 45 号），明确了集成电路产业各环节企业享受所得税优惠的各项要求和之前政策文件的衔接问题等。2021 年 3 月，财政部、海关总署[④]、税务总局发布《关于支持集成电路产业和软件产业发展进口税收政策的通知》（财关税〔2021〕4 号），明确了符合条件的集成电路先进工艺生产企业、集成电路设计企业和软件企

① 财政部中华人民共和国财政部的简称。

② 税务总局是国家税务总局的简称。

③ 发改委是国家发展和改革委员会的简称。

④ 海关总署是中华人民共和国海关总署的简称。

业进口部分产品时可免征关税，同时针对进口材料、设备、零配件等进口关税优惠面和力度明显更大，还对重大项目进口新设备允许分期缴纳增值税，税收优惠力度远超原来的保税政策。2021 年 3 月，发改委发布《关于做好享受税收优惠政策的集成电路企业或项目、软件企业清单制定工作有关要求的通知》（发改高技〔2021〕413 号），对享受税收优惠的企业和项目条件进行了明确规定，并制定了相关工作程序。

二是投融资热度持续高涨。2020 年全球半导体产业逐步进入以大并购、大重组为特征的新一轮深度调整期，产业并购重组活跃。我国资本市场也热度不减，发生了韦尔股份以总价 1.2 亿美元收购 Synaptics 亚洲 TDDI 业务、英唐智控收购日本先锋微等案例。同时，随着大基金二期的成立和进入投资期，我国资本市场仍保持较高热度。科创板进一步畅通了基金退出渠道，国内企业间并购整合机会增多，并在资本的助力下寻求海外并购机会。科创板成立以来，集成电路企业上市融资活跃。2020 年，共有 8 家芯片设计企业在科创板和主板上市，募集资金高达 98.5 亿元人民币。此外，紫光展锐、上海复旦微、苏州国芯、华大九天等企业也在积极筹备上市，相关领域迎来蓬勃发展。

二、为产业升级为芯片发展提供广阔市场空间

2020 年，受新冠肺炎疫情影响，全球经济低迷，各国 GDP 普遍出现负增长，全球半导体市场却逆势增长。远程办公与教学、自动化、安防、在线医疗等相关基础设施和个人需求被激活，成为半导体市场增长的重要动力。我国集成电路市场也受益于新冠肺炎疫情控制迅速、本土化需求旺盛、产业转型升级等机遇，仍然保持旺盛的市场需求。随着新冠肺炎疫情带来的生产办公模式的变化，各领域的数字化、电子化、智能化速度加快，叠加手机、汽车等市场的复苏，使半导体的需求持续增长。2020 年，我国集成电路产业销售额达到 8 848 亿元人民币，同比增长 17%，高于同期全球增速 10 百分点。其中，设计业发展迅速，销售额为 3 778.4 亿元人民币，同比增长 23.3%；制造业销售额为 2 560.1 亿元人民币，同比增长 19.1%；封测业逐渐向高端化发展，销售额为 2 509.5 亿元人民币，同比增长 6.8%。

随着我国经济发展进入新常态，集成电路产业进入速度换挡、结构优化、动力转换的关键节点。一方面，我国 5G、新能源汽车等新基建市场渗透率将会进一步提升，带动我国在通信及射频器件、消费电子、功率半导体、汽

车半导体等方面加速发展，新基建中的数据中心、物联网、人工智能等设施建设将为我国芯片带来超过1万亿元人民币的市场空间，成为我国集成电路产业发展的重要机遇。另一方面，由于受到外部环境和国际形势变化影响，国产替代和供应链安全仍是集成电路产业发展主线。我国整机企业都在寻求加快本土供应链建设，提升国内芯片市场应用空间。在不出现大的外部环境变化的情况下，2021年集成电路产业仍能保持两位数增速。

三、企业实力和技术水平持续提升

一是芯片技术水平和供给能力显著提升。芯片设计水平近五年来提升5代，与国际水平同步。5G芯片实现商用；人工智能芯片已在安防监控等领域实现规模应用。芯片制造企业工艺逐步提升，例如，14nm工艺实现量产；7nm工艺研发进展顺利。存储器实现从无到有，例如，合肥长鑫、长江存储实现了存储器量产，填补了国内空白。部分环节EDA工具实现产业化突破，且国产12in关键设备材料已实现批量应用。

二是骨干企业逐步接近全球第一阵营。进入我国销售额排名前十的集成电路设计企业的门槛从2012年的9亿元人民币提高到2020年48亿元人民币。海思在全球集成电路设计企业的排名从第11位上升至第5位。中芯国际和华虹集团保持全球第五和第六大芯片代工制造企业。长电科技、通富微电、天水华天在全球封测业排名分列第三、六、七位。北方华创、中微半导体、宁波江丰、南大光电等一批集成电路设备和材料企业发展势头良好。

三是区域布局持续优化。我国集成电路产业仍然主要集中在长江三角洲、珠江三角洲、环渤海、中西部等地区。其中，长江三角洲地区以上海为代表，持续加强在设计业、制造业、封测业、设备业、材料业等全产业链的布局发展，江苏、浙江、安徽等地发展势头强劲，形成各具特色的产业集群；环渤海地区以北京为代表，发挥高校集聚和人才优势，加快建设具有国际竞争力的产业创新高地；珠江三角洲地区具有市场需求大、经济基础好、企业活力强、地理位置优越等特点，并围绕粤港澳大湾区加强产业培育和发展；以四川、重庆、湖北等为代表的中西部地区，正结合当地产业基础和发展条件，打造特色化和差异化的产业格局。

四、产业发展面临的外部环境更加严峻

集成电路作为信息技术的基石，一直处于全球战略竞争和博弈的最前

沿，在各国经济低迷的背景下竞争更加激烈。拜登新政府上台后对我国集成电路产业打压长期态势不会改变，虽然短期内可能会弱化正面冲突，但是不同于特朗普政府的单边政策，拜登政府更强调多边主义政策方向，推动美国重返全球性组织、修复同传统盟友关系等，预计将采取联合日本、欧洲、韩国等众多传统盟友的“大联盟”方式，建设“去中供应链”。同时，全球其他各国围绕集成电路产业竞争态势加剧，并均加大对本国集成电路产业的支持力度，我国集成电路产业将面临更加激烈的国际竞争。美国 2021 年初已通过的《国防授权法案》，提出加大政府资金投入，促进美国集成电路制造业和技术发展，成立多边微电子安全基金，加强集成电路前沿技术研发等措施；同时加大对本国集成电路产业的资金支持力度，计划投资 370 亿美元支持企业在美国本土建设生产线。欧盟提出为了打破美国技术的限制，欧盟 17 国达成协议将携手提高欧洲集成电路市场地位，加大投资力度，提高欧洲设计和制造下一代可靠的低功耗处理器能力，减少对美国和亚洲的进口依赖。日本限制对韩国集成电路材料出口以后，韩国政府加大支持力度，推动集成电路材料的研发和国内供应链建设。

行　业　篇

第三章

集成电路设计业

第一节　全球集成电路设计业

一、行业规模

2020 年在新冠肺炎疫情的影响下，全球 GDP 整体萎缩，但全球经济加速向数字化转型，全球半导体市场从 2019 年低迷的状态中恢复过来，产值为 4 404 亿美元，实现逆势增长 6.8%。5G 智能手机的出现，以及远距离办公和线上教学等需求的增长，导致 PC 和数据中心相关设备市场需求的增长。随着物联网、人工智能等新一代信息技术的不断成熟，高速运算芯片的需求也随之增长。因此，全球集成电路设计业呈现良好态势。2020 年，全球集成电路设计业市场规模为 1 279 亿美元，同比增长 23.8%；全球集成电路设计业在全球半导体产业的市场占有率为 29.0%，较 2019 年提升了 4 百分点。2009—2020 年全球集成电路设计业市场规模如图 3-1 所示。2009—2019 年集成电路设计业在全球半导体产业的市场占有率如图 3-2 所示。

二、行业布局

从区域发展情况看，2020 年集成电路设计业市场规模排名前两位的是亚太地区（除日本）和美洲。2020 年亚太地区（除日本）集成电路设计业市场规模增长了 20.6 百分点，其在全球集成电路设计业的市场占有率为 61.9%。2021 年，亚太地区（除日本）集成电路设计业市场规模反超美洲，强势占据主导地位。美洲集成电路设计业市场规模为 1 021.64 亿美元，同比下跌 30.94%，在全球集成电路设计业的市场占有率为 21.8%。欧洲和日本集成电路设计业市场规模和市场占有率均有所上升，分别以 385.43 亿美元和 378.41 亿美元占据 8.2%和 8.1%的市场份额，分别同比增长 4.81%和 5.56%。2020 年，除美洲集成电路设计业产能下降以外，其他区域集成电路设计业市场均逐步回暖。2020 年全球半导体市场格局如图 3-3 所示。

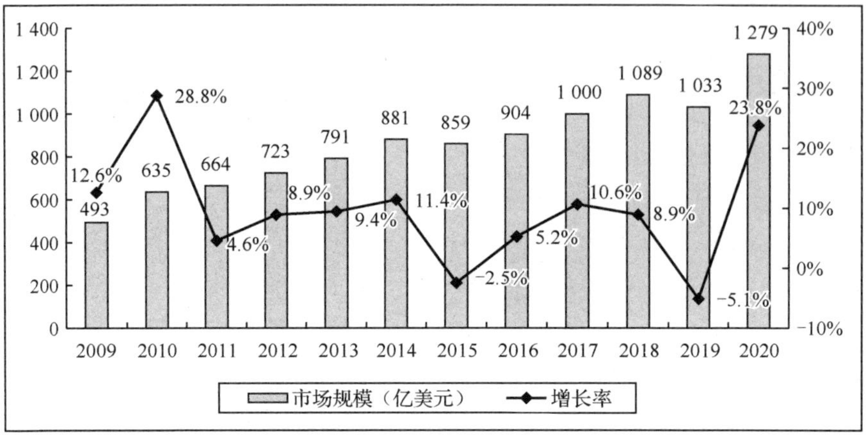

图 3-1　2009—2020 年全球集成电路设计业市场规模

数据来源：IC Insights　2021，3

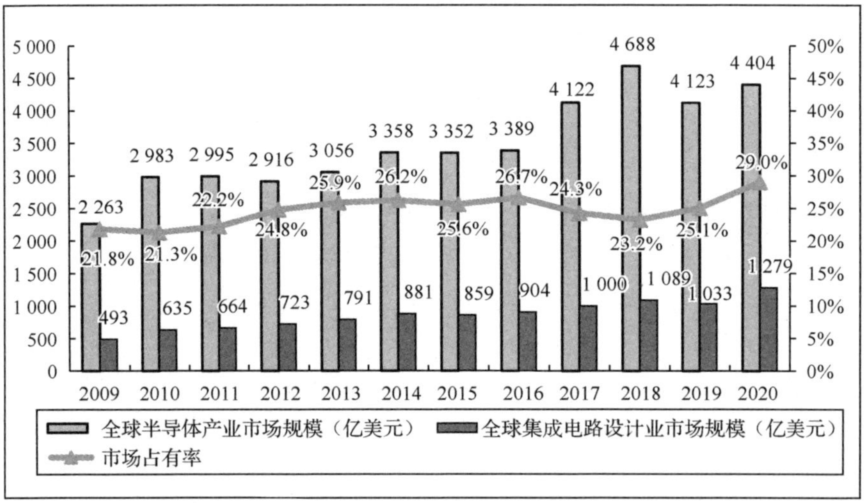

图 3-2　2009—2019 年集成电路设计业在全球半导体产业的市场占有率

数据来源：WSTS，IC Insights　2021，3

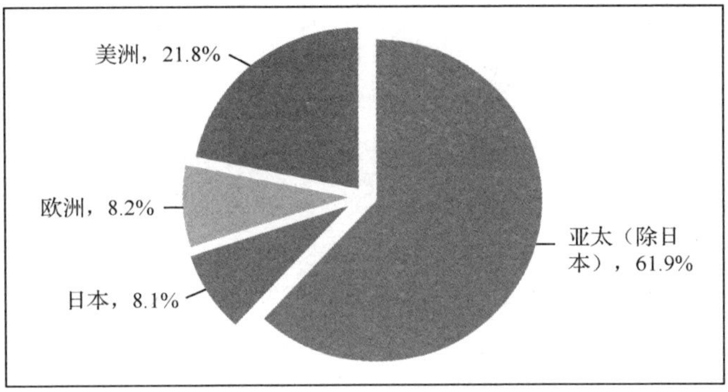

图 3-3　2020 年全球半导体市场格局

数据来源：Gartner　2021，4

三、技术发展

（一）移动智能终端芯片方面

高通于 2020 年 12 月 1 日发布的骁龙 888 芯片，搭载骁龙 X60 5G 基带，成为首款全面集成 5G 调制解调器的芯片。该芯片采用先进的 5nm 制程工艺，能够获得更好的功率效率，改善 5G 载波聚合，支持毫米波和 6GHz 以下频段的频谱。在 CPU 内核方面，骁龙 888 芯片较骁龙 865 芯片处理速度提升 25%；在 GPU 方面，骁龙 888 芯片将图形核心升级到 Adreno 660，较前代骁龙 865 芯片渲染性能提升 35%，能效提升 20%。同时，骁龙 888 芯片也是首款采用三 ISP 的骁龙芯片，解决了之前多摄像头视频流切换时出现的跳转问题。**苹果**在 2020 年 11 月 11 日发布了首款自研基于 ARM 架构的 M1 芯片。M1 芯片采用台积电 5nm 先进制程工艺，配备 4 个高性能核心和 4 个高能效核心，分别可用来处理高速需求任务和轻量级日常任务；这 8 个核心可以同时运行，处理严苛任务，在提供出色计算能力的同时维持较好的性能功耗比。M1 芯片同时配备具有 8 个核心的图形处理器，采用 16 核架构，将机器学习速度最高提升了 15 倍。2020 年，得益于中低价位（100～250 美元）的手机正成为中国及印度市场的主流。联发科芯片是这一价格段产品非常好的选择，故而在智能手机芯片的市场占有率上，**联发科**首次超越高通成为全球最大的智能手机芯片供应商。

（二）5G芯片方面

截至2020年年底，我国5G基站数可达65万个，5G用户数约为2亿人。如今，市面上的5G手机渗透率已经达到了18%，而在2022年这个比例预计会增加到49%，5G手机将逐渐成为主流。5G芯片主要厂商有中国大陆的华为、紫光展锐，中国台湾的联发科，美国的高通和韩国的三星。目前，推出的5G基带芯片有高通X50/X55/X60/X62/X65、三星Exynos M5100/M5123、联发科Helio M70、华为巴龙5000、华为麒麟990 5G、紫光展锐春藤510等。在5G领域，**高通**以39%的市场占有率保持第一，并于2021年2月9日晚发布4nm 5G基带芯片——骁龙X65和X62芯片。骁龙X65芯片是全球首个符合3GPP Release 16规范的调制解调器及射频系统芯片，传输速率是4G LTE早期传输速率的100倍，支持覆盖包括毫米波和Sub-6GHz频段的全部主要5G频段。骁龙X62芯片可视为骁龙X65芯片的精简版，主要特性类似于骁龙X65芯片特性，但下载速度峰值则是4.4Gbit/s。**联发科**于2020年1月7日发布7nm天玑800系列5G芯片，集成5G调制解调器。此款芯片主要面向于中端手机市场。之后，联发科于2021年1月推出天玑1100/1200两款旗舰芯片，均采用台积电6nm制程工艺，并采用联发科UltraSave 5G技术，节能效果极佳。在高端5G芯片上，联发科将推出4nm芯片——天玑2000芯片，并会在2021年第四季度开始量产。2020年3月30日，**华为**推出了麒麟820芯片。该芯片的CPU核心相比上一代麒麟810芯片无太大变动，只是进行了结构优化，在性能与功耗之间寻找一个较好的平衡点。2020年9月15号之后，美国切断了华为获得芯片的商业渠道，致使华为面临芯片断供危机，而华为智能手机销量也有所下滑。在5G方面，华为贡献5G专利占业界总数的20%以上，逐渐恢复智能手机的市场也指日可待。从整体来看，我国乃至全世界5G应用未达到理想状态，5G芯片市场正快速增长。

（三）人工智能芯片方面

人工智能芯片按照主流研究方向可分为GPU、FPGA和ASIC芯片。GPU芯片是目前应用范围最广、灵活度最高的AI硬件，可以在云端作为主力芯片进行AI训练，也可以在终端的安防、汽车等领域发挥重要作用。**英伟达**在加速深度学习算法芯片市场中占据垄断地位，并将GPU芯片强大的计算能力用于包括AI、智能驾驶及高性能平台等多个领域。2021年4月，英伟达推出Ampere架构的A10 / A30 Tensor Core GPU芯片。与GPU芯片相比，

FPGA 芯片与 ASIC 芯片专业化程度更高，计算能力更强。在全球 FPGA 芯片市场中，赛灵思与 Altera（已被英特尔收购）两大厂商合计市场占有率高达 90%左右。**赛灵思**专攻 FPGA 芯片在计算、网络与储存三大硬件加速领域的应用，并于 2021 年 4 月推出 Kria 系列自适应模块 SOM 产品组合搭载 FPGA 芯片，以加速视觉 AI 算法；**英特尔**则着眼于如何利用 FPGA 芯片补强 CPU 的不足，并于 2019 年 4 月推出基于 10nm FPGA 芯片——Agilex 芯片后，又于 2020 年 2 月发布了 Agilex 芯片若干重大的架构创新，比上一代 Stratix 10 芯片在性能上大幅提升。近些年，出现的 TPU、NPU、VPU、BPU 等产品都属于 ASIC 芯片范畴。ASIC 芯片即专用集成电路，而谷歌的张量处理器 TPU 可作为其典型代表。2018 年 5 月，谷歌发布 TPU3.0 产品，并于 2018 年 8 月推出了专攻边缘计算的 Edge TPU 产品。2019 年 5 月 7 日，谷歌发布 Cloud TPU v2/v3 Pod 测试版，能够训练更大的模型。

四、重点企业排名

2020 年，在全球集成电路设计业中，销售额排名前十的集成电路设计企业合计销售额为 859.74 亿美元，在全球集成电路设计业总销售额的占比达 75.9%。从企业总部所在地看，销售额排名前十的集成电路设计企业有 6 家美国企业、3 家中国台湾企业、1 家英国企业。从集成电路设计企业销售额情况看，高通以 33.7%的销售额年增长率超越博通坐上销售额第一的宝座。

2020 年，在全球集成电路设计业中，销售额排名前十的集成电路设计企业有 8 家企业实现销售额同比正增长，只有排在第六的赛灵思和排在第十的 Dialog 两家企业销售额呈现同比负增长。销售额排名前十的集成电路设计企业门槛也同比降低 0.45 亿美元。其中，赛灵思依然受到中美贸易摩擦影响，其网通领域部门年销售额同比下降 37%，拖累企业整体销售额表现；戴泺格半导体则因为客制化混合信号产品线表现不佳，年销售额同比下降 19.6%，导致企业整体第三季销售额仅为 3.86 亿美元。高通回归苹果供应链，再加上终端客户因新冠肺炎疫情而需求增长，以及 5G 射频元件产品逐渐开始贡献销售额，故高通以 194.07 亿美元的销售额夺回第一的位置。位居第二的博通年销售额同比上涨 2.90%，因在云端、无线与网通等应用的需求增长，同时博通也是苹果新机的芯片供应商之一，因此抵消了中美贸易摩擦带来的冲击。位居第三的英伟达销售额持续受到网通芯片商 Mellanox 的挹注，年销售额高达 52.2%，同比上涨幅度再度居冠。2020 年全球前十大集成电路设计企业销售额情况如表 3-1 所示。

表 3-1 2020 年全球前十大集成电路设计企业销售额情况

排名	企业	总部所在地	2019 年销售额/百万美元	2020 年销售额/百万美元	增长率
1	Qualcomm（高通）	美国	14 518	19 407	33.7%
2	Broadcom（博通）	美国	17 246	17 745	2.9%
3	NVIDIA（英伟达）	美国	10 125	15 412	52.2%
4	MediaTek（联发科）	中国台湾	7 962	10 929	37.3%
5	AMD（超威）	美国	6 731	9 763	45%
6	Xilinx（赛灵思）	美国	3 234	3 053	-5.6%
7	Marvell（美满）	美国	2 708	2 942	8.7%
8	Novatek（联咏科技）	中国台湾	2 085	2 712	30.1%
9	Realtek（瑞昱半导体）	中国台湾	1 965	2 635	34.1%
10	Dialog（戴泺格）	英国	1 421	1 376	-3.2%
合计			67 995	85 974	26.4%

注：1. 高通仅计算 QCT 部门销售额，QTL 部门销售额未被计入。

2. 博通仅计算半导体部门销售额。

3. 英伟达扣除了 OEM/IP 部门销售额。

数据来源：集邦咨询，赛迪智库，2021.03

第二节　我国集成电路设计业

一、行业规模

根据中国半导体行业协会设计分会在 2020 年设计年会上的数据，2020 年我国集成电路设计业销售额为 3 819.4 亿元人民币，同比增长 23.8%，占集成电路产业总销售额的 42.87%。根据中国半导体行业协会对外公布的数据，2020 年中国集成电路产业销售额为 8 848 亿元人民币，同比增长 17%。2004—2020 年中国集成电路设计业销售情况如图 3-4 所示。

从我国集成电路设计业的企业数量来看，2020 年我国集成电路设计业的企业总数为 2 218 家，相比 2019 年增加了 438 家，同比增长 24.61%。2010—2020 年中国集成电路设计业的企业数量情况如图 3-5 所示。

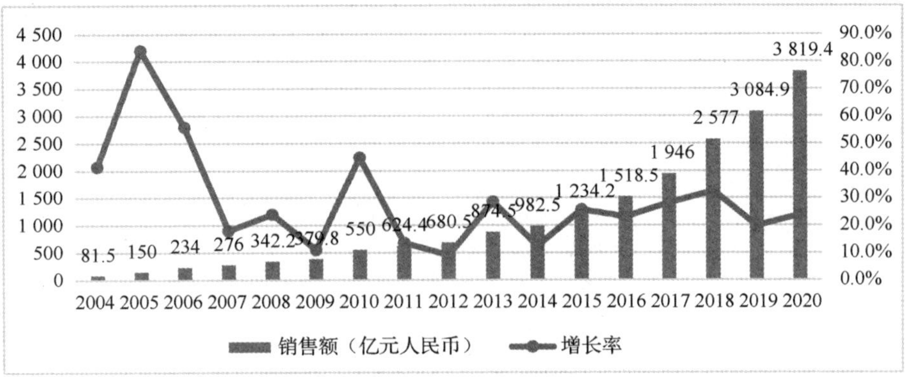

图 3-4　2004—2020 年中国集成电路设计业销售情况

数据来源：中国半导体行业协会设计分会，2020.12

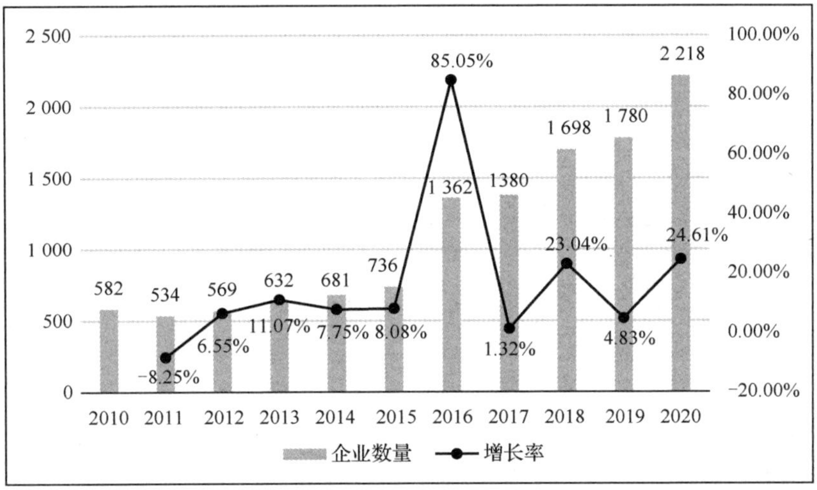

图 3-5　2010—2020 年中国集成电路设计业的企业数量情况

数据来源：中国半导体行业协会设计分会，2020.12

从集成电路设计业产品领域分布情况来看，2020 年通信领域产品销售额依旧占据整体集成电路设计业产品销售额的大部分，占比为 43.12%，销售额达到 1 647.1 亿元人民币，同比增长 45.99%。

从集成电路设计业产品销售额年增长率来看，除通信领域产品销售额依旧呈快速增长的趋势外，其他 7 个领域产品销售额增幅均有所减小。从集成电路设计业企业数量方面来看，模拟领域企业数量在 2020 年有较大增长，从 102 家上升至 270 家；智能卡领域为唯一一个企业数量呈现负增长的领域。

2020 年集成电路设计业产品销售额占比如图 3-6 所示。2019—2020 年细分集成电路设计业产品领域企业数量及销售情况如表 3-2 所示。

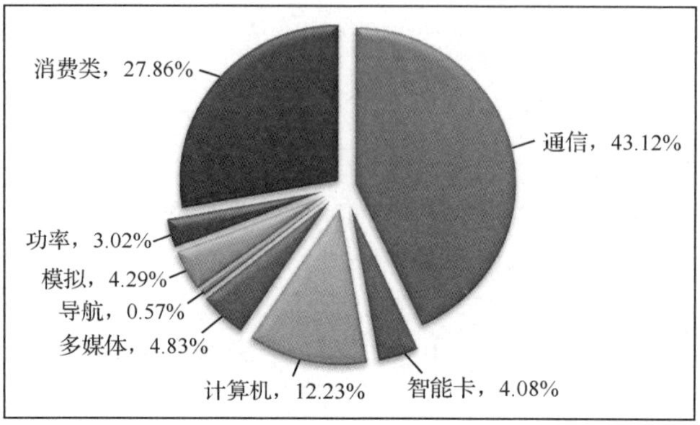

图 3-6　2020 年集成电路设计业产品销售额占比

数据来源：中国半导体行业协会设计分会，2020.12

表 3-2　2019—2020 年细分集成电路设计业产品领域企业数量及销售情况

序号	领域	2019 年			2020 年			销售额增长率
		企业数量	销售额/亿元人民币	销售额占比	企业数量	销售额/亿元人民币	销售额占比	
1	通信	403	1 128.2	36.62%	498	1 647.1	43.12%	45.99%
2	智能卡	102	172.1	5.59%	98	155.9	4.08%	-9.41%
3	计算机	140	420.3	13.64%	147	467.3	12.23%	11.18%
4	多媒体	55	156.3	5.07%	65	184.4	4.83%	17.98%
5	导航	41	14.7	0.48%	55	21.7	0.57%	47.62%
6	模拟	102	131.2	4.26%	270	163.8	4.29%	24.85%
7	功率	89	97.8	3.17%	119	115.3	3.02%	17.89%
8	消费类	847	960.3	31.17%	966	1 063.9	27.86%	10.79%
总计		1 779	3 080.9	100.00%	2 218	3 819.4	100.00%	23.97%

数据来源：中国半导体行业协会设计分会，2020.12

从我国集成电路设计业的企业销售情况来看，2020 年，全国在集成电路设计业共有 289 家企业销售额超过了 1 亿元人民币，同比增长 21.4%，依旧维持了较高的增长率。2010—2020 年集成电路设计业销售额超过 1 亿元人民币的企业数量情况如图 3-7 所示。

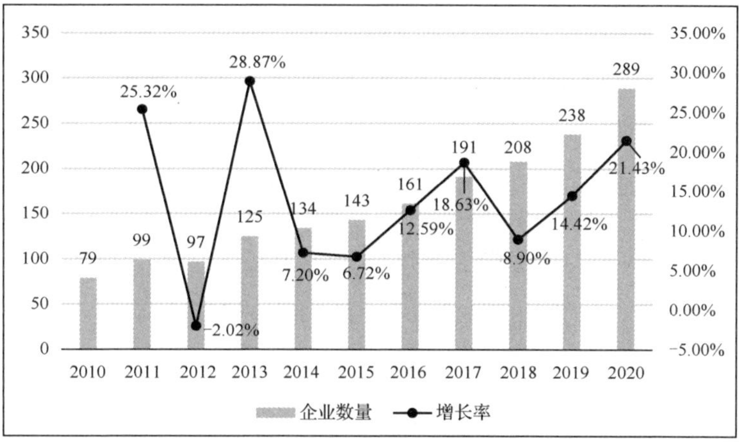

图 3-7 2010—2020 年集成电路设计业销售额超过 1 亿元人民币的企业数量情况

数据来源：中国半导体行业协会设计分会，2020.12

对我国集成电路设计业的 289 家销售额过亿元人民币企业的地理分布情况进行梳理统计发现，长江三角洲地区有 124 家企业，占比为 42.9%。珠江三角洲地区有 64 家企业，占比为 22.1%。环渤海地区和中西部地区分别有 53 企业和 48 企业。从我国集成电路设计业的企业数量整体增长的趋势来看，中西部企业数量增速较小，占比呈下降趋势。从单个城市来看，北京、深圳、杭州集成电路设计业销售额过亿元人民币企业数量均有 10%以上的增幅，分别以 42 家企业、35 家企业、35 家企业继续位居全国前三。2020 年集成电路设计业销售额超过 1 亿元人民币企业数量的区域分布及占比如图 3-8 所示。

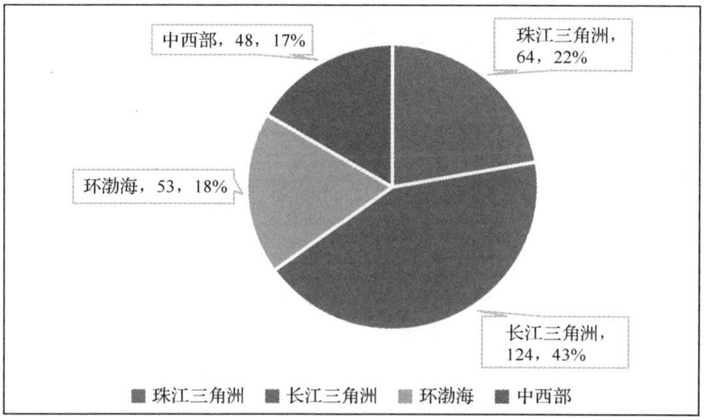

图 3-8 2020 年集成电路设计业销售额超过 1 亿元人民币企业数量的区域分布及占比

数据来源：中国半导体行业协会设计分会，2020.12

从我国集成电路设计业从业人员情况来看，2020 年，我国集成电路设计业从业人员规模大约为 20 万人，人均产值达到 191 万元人民币，人均劳动生产率与上年基本持平。2020 年集成电路设计企业人员规模情况如表 3-3 所示。

表 3-3　2020 年集成电路设计企业人员规模情况

	人员规模				总计
	n≥1 000	1 000>n≥500	500>n≥100	n<100	
2019 年企业数量	18	33	153	1 576	1 780
2019 年企业数量占比	1.0%	1.9%	8.6%	88.5%	100.0%
2020 年企业数量	29	42	185	1 862	2118
2020 年企业数量占比	1.4%	2.0%	8.7%	87.9%	100.0%

数据来源：中国半导体行业协会设计分会，2020.12

二、行业布局

从区域分布来看，长江三角洲超越珠江三角洲成为集成电路设计业市场规模占比最大的地区。2020 年，长江三角洲地区集成电路设计业销售额达到 1 599.7 亿元人民币，同比增长 46.33%；珠江三角洲地区集成电路设计业销售额达到 1 484.6 亿元人民币，同比增长 17.75%；环渤海地区集成电路设计业销售额为 557.2 亿元人民币，同比下降 11.06%；中西部地区集成电路设计业销售额为 409.1 亿元人民币，同比增长 41.75%。2020 年我国集成电路设计业区域市场规模（亿元人民币）及占比如图 3-9 所示。2020 年我国各地区集成电路设计业销售情况如表 3-4 所示。

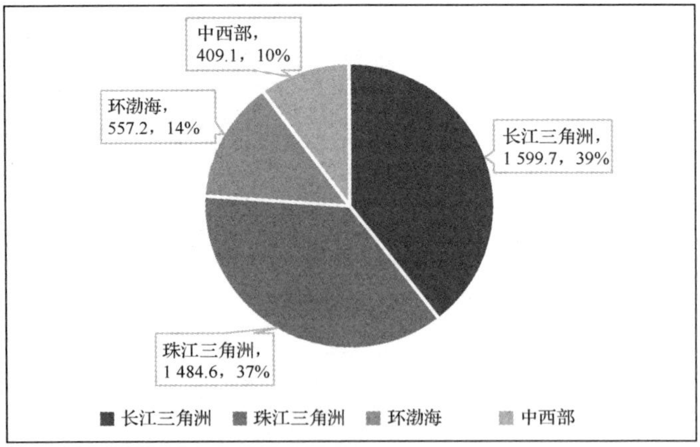

图 3-9　2020 年我国集成电路设计业区域市场规模（亿元人民币）及占比

数据来源：中国半导体行业协会设计分会，2020.12

表 3-4　2020 年我国各地区集成电路设计业销售情况

地　区	城　市	2019 年销售额/亿元人民币	2020 年销售额/亿元人民币	增　长　率
长江三角洲	上海	680.0	950.0	39.71%
	杭州	132.2	212.8	60.97%
	无锡	135.0	180.0	33.33%
	苏州	50.0	75.0	50.00%
	南京	66.3	147.9	123.08%
	合肥	29.7	34.0	14.48%
	小计	1 093.2	1 599.7	46.33%
珠江三角洲	深圳	1 098.7	1 300.0	18.32%
	广州	13.7	15.9	16.06%
	珠海	68.3	86.6	26.79%
	中国香港	20.7	18.6	−10.14%
	福州	18.2	18.6	2.20%
	厦门	41.2	45.0	9.22%
	小计	1 260.8	1 484.7	17.76%
环渤海	北京	577.1	494.3	−14.35%
	天津	28.0	38.0	35.71%
	大连	7.4	7.9	6.76%
	济南	14.0	17.1	22.14%
	小计	626.5	557.3	−11.05%
中西部	成都	70.4	82.8	17.61%
	西安	101.4	151.5	49.41%
	武汉	68.0	91.1	33.97%
	重庆	9.8	30.0	206.12%
	长沙	39.0	53.7	37.69%
	小计	288.6	409.1	41.75%
总计		3 269.1	4 050.8	23.91%

数据来源：中国半导体行业协会设计分会，2020.12

从我国区域集成电路设计业销售额增长速度来看，长江三角洲地区增幅最高，其次是中西部和珠江三角洲地区，而环渤海地区出现下降。2020 年我国集成电路设计业销售额增速排名前十的城市如图 3-10 所示。

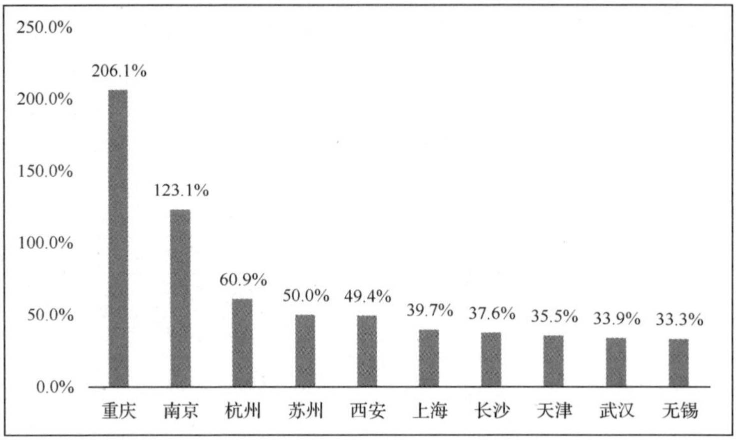

图 3-10　2020 年我国集成电路设计业销售额增速排名前十的城市

数据来源：中国半导体行业协会设计分会，2020.12

从我国各城市集成电路设计业销售额排名来看，长江三角洲地区有 4 个城市、中西部地区有 3 个城市、珠江三角洲地区有 2 个城市进入了前十名，环渤海地区仍然只有北京进入前十名。排名前十的这 10 个城市集成电路设计业销售额之和达到 3 697 亿元人民币，在全国的占比为 91.3%。第一名深圳继续保持了在集成电路设计业的龙头地位，销售额为 1 300 亿元人民币，是我国首个且唯一一个突破 1 000 亿元人民币销售额的城市。集成电路设计业销售额排名前十的城市的门槛由 66.3 亿元人民币提高至 82.8 亿元人民币，提高了 24.89%。2020 年我国集成电路设计业销售额排名前十的城市如图 3-11 所示。

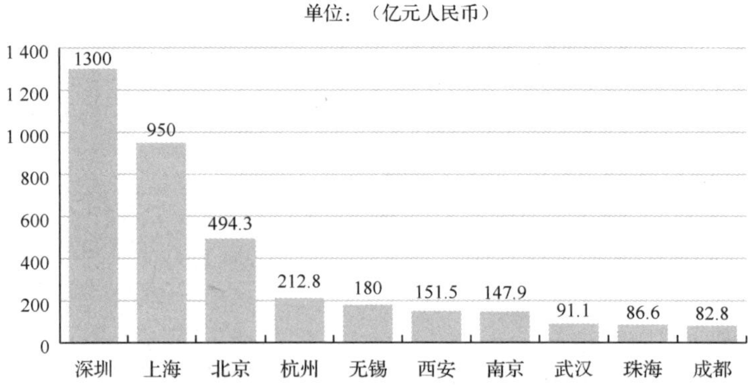

图 3-11　2020 年我国集成电路设计业销售额排名前十的城市

数据来源：中国半导体行业协会设计分会，2020.12

三、技术发展

2020 年我国集成电路设计业在技术上延续了这些年的良好态势，出现了一批高端通用芯片，同时中低端芯片的竞争力也处于不断提升中。

（一）一批重点关键产品优势持续巩固

移动处理器方面。2019 年发布的麒麟 9000 系列芯片是华为第一款 5nm 制程工艺的芯片产品，集成了华为最先进的 ISP 技术，成为当时业界最高集成度 5nm 5G SoC。之后，由于美国的多轮制裁打压，华为的 2020 年芯片产品并没有较大更新。

基带芯片方面。我国企业紧追 5G 应用趋势，基本实现弯道超车。华为贡献的 5G 专利占业界总数的 20%以上。2020 年 5 月 15 日，紫光展锐首款 5G 芯片正式商用量产，这意味着 5G 时代紫光展锐与业界领先企业水平基本保持同步，跻身全球芯片企业第一梯队。

人工智能芯片方面。除寒武纪等企业外，地平线、百度等公司纷纷推出自家的人工智能芯片。我国人工智能芯片技术正在继续缩小同国际先进水平的差距。

物联网市场方面。2020 年 10 月，紫光展锐摘获了 Cat.1bis 标准主导权，公布了一系列 Cat.1bis 新技术特性，大大拓宽 Cat.1bis 技术的应用前景，实现从“万物互联”迈向“万物智联”，翻开了历史新一页。

（二）国产芯片在关键领域支撑能力稳步增强

在国产服务器 CPU 领域，我国厂商主要有 6 家，分别是龙芯、华为鲲鹏、兆芯、海光、飞腾、申威。龙芯采用的是 MIPS 架构，自研了 LongISA 指令集，推出了龙芯架构，具有完全自主、技术先进、兼容生态三方面特点。龙芯最新的芯片还是 2019 年推出的 3A4000 系列芯片，采用 28nm 制程工艺，性能大约是 5 年前 AMD28nm 时的水平。海思于 2019 年 1 月发布鲲鹏 920 处理器，兼容 ARM 架构，采用 7nm 制程工艺，依旧是当前性能最高的 ARM 架构服务器 CPU。飞腾于 2019 年 9 月发布基于 16nm 新四核处理器 FT-2000/4，主频最高达 3.0GHz，最大功耗为 10W。受益于国内政务市场需求，2020 年飞腾的芯片交付量同比增长了 7.5 倍，成为这个领域用量最多的国产 CPU 品牌。

在桌面计算机 CPU 领域，兆芯与中科方德共同完成兆芯开先 KX-5000

和 KX-6000、开胜 KH-20000 和 KH-30000 系列处理器与方德桌面操作系统 V3.1 版本、方德高可信服务器操作系统 V3.1 版本的兼容性互认证测试。

四、重点企业排名

由 2020 年中国前十大集成电路设计企业销售额排名来看，海思依旧保持了多年榜首的位置，2020 年的销售额超过 960 亿元人民币，同比增长 14.2%。尽管不到两年的时间华为已经受到美国四轮的制裁打压，销售额增速有所放缓，但得益于“备胎转正”策略和国产替代加速，海思依旧处于国内领跑者的地位。

受供应链安全问题的影响，不少厂商将目光转向我国相关供应商，这给我国集成电路设计业带来发展机遇。一方面，集成电路设计业集中度有所好转；另一方面，众多公共服务平台不断降低中小集成电路设计企业创新门槛。随着集成电路产业集中度稳步上升，之前集成电路设计业“小、散、弱”企业众多的情况有望出现积极变化。2020 年我国十大集成电路设计企业如表 3-5 所示。

表 3-5　2020 年我国十大集成电路设计企业

排　名	企　业	销售额/亿元人民币
1	深圳市海思半导体有限公司	963.0
2	上海韦尔半导体股份有限公司（收购豪威科技）	198.2
3	北京智芯微电子科技有限公司	145.6
4	清华紫光展锐科技有限公司	99.0
5	华大半导体有限公司	98.0
6	深圳市中兴微电子技术有限公司	94.0
7	深圳市汇顶科技股份有限公司	79.5
8	格科微电子（上海）有限公司	68.8
9	华润微电子有限公司	69.0
10	杭州士兰微电子股份有限公司	48.5
	合计	1 863.6

数据来源：集微咨询，2020.12

第四章

集成电路制造业

2020 年，新冠肺炎疫情冲击全球市场。自动化程度较高的集成电路制造业本身受新冠肺炎疫情影响较小，然而技术支持与物料供应受阻一度威胁其供应链稳定性，甚至影响其全球化进程。在制程技术方面，2020 年 4 月和 7 月台积电、三星先后宣布 5nm 先进工艺晶圆正式量产，标志着全球晶圆代工迈入新阶段。2020 年 3 月，英特尔宣布 IDM 2.0 战略，投资 200 亿美元建设 7nm 晶圆厂，并开展晶圆代工业务，预计 2023 年量产 7nm 晶圆。在存储器技术方面，三星等国际大厂实现 1z-nm DRAM 量产并研发成功 176 层 3D NAND Flash 技术。格罗方德已于 2018 年 10 月宣布放弃 7nm 晶圆高端制程工艺的研发，目前专注于 14/12nm FinFET 工艺。华为事件和市场需求复苏叠加导致 2020 年集成电路制造订单居高不下，8in 和 12in 集成电路生产线接连满产，台积电、三星等众多半导体制造企业正积极扩产。

第一节　全球集成电路制造业

一、行业规模

随着 2014 年物联网技术的兴起，全球集成电路代工企业大力投资建设 8in 集成电路生产线，使全球集成电路生产线总投资额同比大幅增长 17.8%，回升至 374.9 亿美元。同时集成电路生产线成本进一步增大，12in 32/28nm 集成电路生产线建设费用超过 40 亿美元，而建成 12in 14nm 集成电路生产线则需要超过 100 亿美元的投资。存储器市场保持周期性发展态势，经过 2017—2018 年的增长后，2019 年的存储器价格大幅下跌，在全球半导体市场的占比下滑接近 34%。中国市场成为存储器市场重要的增长动力，包括长江存储、中芯国际等多条 12in 集成电路生产线陆续开建，使得 2016 年中国集成电路生产线投资额同比增长 36.7%，首次进入全球设备投资额排名的前三名。

随着全球半导体产业复苏和发展，制造厂商不断对其增加投资，而集成电路制造业的市场规模在半导体产业中增长速度最快。在晶圆代工领域，2020年纯晶圆代工厂销售额为677亿美元，较2019年的568亿美元增长19%；2013 年全球纯晶圆代工厂销售额约 362 亿美元，2013—2018 年的年均复合增长率（Compound Annual Growth Rate，GAGR）为 6.67%。2020 年，中国大陆晶圆制造业市场规模为 149 亿美元，在全球晶圆市场的占比为 22%；美洲晶圆制造业市场规模为 372 亿美元，在全球晶圆市场的占比为 52%；欧洲晶圆制造业市场规模为 41 亿美元，在全球晶圆市场的占比为 6%；日本晶圆制造业市场规模为 34 亿美元，在全球晶圆市场的占比为 5%。尽管新冠肺炎疫情和中美贸易摩擦一定程度上影响了中国半导体的市场销售，2020 年中国纯晶圆代工厂销售额在全球晶圆市场的占比仍增长 2%。2011—2020 年全球集成电路制造业市场规模情况如图 4-1 所示。

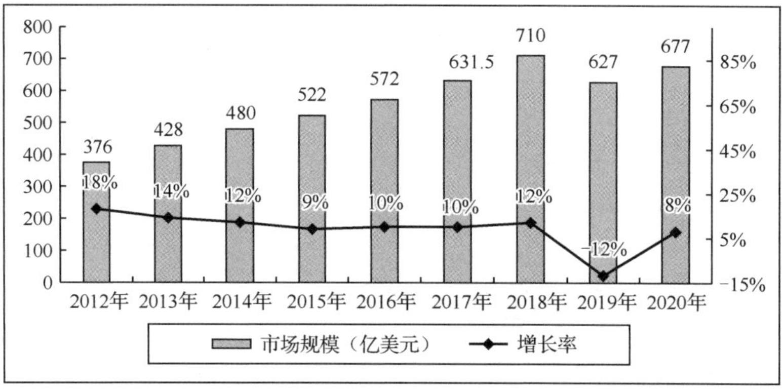

图 4-1　2011—2020 年全球集成电路制造业市场规模情况

数据来源：IC Insights，Gartner，2021.3

二、行业布局

IC Insights 数据显示，全球范围内晶圆制造主要集中在北美洲、欧洲、日本、韩国、中国台湾和中国大陆等地区。2015 年起，台积电积极扩建 12in 晶圆厂，中国台湾在全球集成电路装机月产能中超越韩国，成为全球最大的晶圆制造地区。由于集成电路制造技术的不断进步，制程线宽不断缩小、晶圆尺寸不断增大，制造厂商的工艺研发难度不断提升，越来越少的厂商能够负担较高的投资额。格罗方德等世界一流厂商纷纷宣布放弃跟进高端制程技术，7nm 晶圆领域仅剩台积电、三星两家代工企业。截至 2019 年年底，中国台湾折合 8in 晶圆的月产能高达 4.4 万片，位居全球第一；韩国折合 8in 晶圆的月产能为 4.3 万片，紧随其后。两者在全球晶圆月产能的占比超过 41%。近年来，中国大陆的晶圆产能扩张使其排名不断攀升，在 2010 年首次超过欧洲，在 2019 年超过北美洲，在 2020 年达到 3.1 万片/月，占全球晶圆月产能的 15.3%。全球集成电路制造业产能区域分布如表 4-1 所示。

表 4-1　全球集成电路制造业产能区域分布

排　名	区　域	月产能/万片（折合 8in 晶圆的产能）	占　比
1	中国台湾	4.4	21.3%
2	韩国	4.3	20.8%
3	日本	3.3	15.9%
4	中国大陆	3.1	15.0%
5	北美洲	2.6	12.6%
6	欧洲	1.2	5.8%
7	其他	1.8	8.7%
总计		20.7	100%

数据来源：IC Insights，2020.7

三、技术发展

（一）制程工艺

2020 年，全球领先晶圆制造厂商陆续进入 7nm 晶圆制程工艺阶段。台积电 5nm 晶圆顺利量产，但三星的 5nm 晶圆量产进度较台积电明显落后。2017 年 9 月，英特尔正式宣布量产 10nm 晶圆产品。从鳍片间距、栅极间距、最小金属间距等关键参数可以看出，英特尔的 10nm 晶圆制程工艺与台积电和三星的 7nm 晶圆制程工艺差不多。2020 年，英特尔 7nm 晶圆良品率尚不理想，预计 2023 年才能将其量产。2020 年 9 月，台积电宣布其 5nm 晶圆正式量产，2021 年推出 5nm 晶圆增强版产品，而 4nm、3nm 晶圆也会于 2021 年晚些时间被试产，2022 年会实现对其的大规模量产。

（二）GAA晶体管结构

随着半导体器件制程线宽缩小至20nm以下，采用传统工艺的平面MOS晶体管遇到了光刻技术、high-k绝缘层技术和功耗等多方面挑战。英特尔提出的FinFET技术成为晶圆制程最为广泛的应用技术。目前，FinFET技术已实现5nm晶圆量产，但随着晶圆制程技术的进一步发展，3D FinFET技术逐渐接近其物理极限，如鳍片距离太近、漏电重新出现。物理材料的极限使得3D FinFET技术难于继续演进。因此，GAA（Gate All Around）技术开始受到关注。

GAA 技术是一种晶体管环绕式栅极技术，而将对应这种技术的晶体管称为GAAFET。其概念最早是由比利时IMEC的Cor Claeys博士及其研究团队于1990年在发表的文章中提出的。在GAAFET结构中，栅极对沟道的四面包裹使源极和漏极不再和基底接触，而是形成通过线状（棍状）或者平板状、片状等多个源极和漏极横向垂直于栅极分布。该技术解决了栅极间距尺寸减小后带来的电容效应等问题。业内普遍认为在应用了GAA技术后基本上可以解决 3nm 乃至以下尺寸晶圆的制造问题。2019 年，三星公布了其3nm GAA晶圆开发工艺进展，预计2022年将其量产。2020年，台积电也透露将在2nm晶圆制程中使用GAA技术。

四、重点企业排名

全球集成电路制造业发展至今，其产能已集中在台积电、三星、英特尔等少数几家企业手中。全球12in晶圆产能被三星、美光、海力士、台积电和东芝垄断，其市场份额超过70%。除台积电外，其余四家企业均涉及存储器业务。存储器厂商依靠扩充产能、降低成本，来提升销量、实现盈利。生产8in晶圆企业，主要是以代工厂商、模拟/混合信号集成电路厂商、微控制器厂商为主，台积电、德州仪器（TI）、意法半导体（STMicro）和联电等企业占据主导地位。生产 6in（含）以下晶圆的企业属性呈现多样化趋势，意法半导体、安森美半导体、松下等企业占据主导地位。

根据Gartner的数据，2020年全球销售额排名前五的半导体企业为英特尔、三星、台积电、海力士、美光和高通，而全球销售额排名六～十名的半导体企业分别为博通、德州仪器、联发科、铠侠及英伟达。在这销售额排名前十的企业中，高通、联发科、凯侠和英伟达销售额呈现30%以上的大幅度增长，这可能是新冠肺炎疫情使消费电子产品需求增长所致。2020年全球半导体企业销售额排名如表 4-2 所示。

表 4-2　2020 年全球半导体企业销售额排名

2020 排名	2019 排名	企　业	2020 年销售额/亿美元	2020 年市场占有率	2019 年销售额/亿美元	增长率
1	1	英特尔	702.44	15.6%	677.54	3.7%
2	2	三星	561.97	12.5%	521.91	7.7%
3	3	海力士	252.71	5.6%	222.97	13.3%
4	4	美光	220.98	4.9%	202.54	9.1%
5	6	高通	179.06	4.0%	136.13	31.5%
6	5	博通	156.95	3.5%	153.22	2.4%
7	7	德州仪器	130.74	2.9%	133.64	-2.2%
8	13	联发科	110.08	2.4%	79.59	38.3%
9	14	铠侠	102.08	2.3%	78.27	30.4%
10	16	英伟达	100.95	2.2%	73.31	37.7%

数据来源：IC insights，公司财报，2021.3

第二节　我国集成电路制造业

2020 年，在全球新冠肺炎疫情蔓延不利因素影响下，我国集成电路产业快速实现复工复产。在市场需求增长驱动下，中芯国际、华虹集团、华润微电子等企业产能利用率维持高位，带动企业销售额持续增长，实现我国集成电路产业规模增长。然而，5G 通信、汽车等市场复苏拉动需求增速远超集成电路产业扩产速度。2020 年下半年，尤其是华为事件挤压订单后，集成电路产业产能紧张持续发酵，芯片、物料价格持续上涨。2021 年，我国集成电路产业规模继续保持高速增长。产能并非一蹴而就，供不应求将带动芯片、物料价格继续上涨。与此同时，在国际环境依然存在不确定性的情况下，多元化供应链建设和区域合作态势逐步显现。

一、行业规模

自 2014 年《国家集成电路产业发展推进纲要》出台，同期成立国家集成电路产业投资基金，推动了我国集成电路制造业持续高速发展。2015 年，中芯国际 28nm 晶圆产品量产、上海华力投产及西安三星产能释放等，促使我国集成电路制造业销售额同比增长 26.5%，销售额达到 900.8 亿元人民币。2016 年，受到我国芯片生产线满产和扩产的带动，我国集成电路制造业销售额依然保持 25.1%的同比增长，销售额达到了 1 126.9 亿元人民币。2017 和 2018 年，在新生产线投产推动下，我国集成电路制造业销售额分别达到 1 448.1 亿元人民币和 1 818.2 亿元人民币，同比增长 28.5%和 25.6%，使该行业继续成为集成电路产业链中销售额增速最快的环节。2018 年，中国大陆代工的纯晶圆在全球的市场份额跃升了 5 百分点，达到 19%，比亚太其他地区在全球的市场份额高出 5 百分点，几乎占了 2018 年代工的纯晶圆市场全部增长份额。2019 年，中美贸易战影响了全球集成电路产业规模增长，我国集成电路制造业销售额增长率回落至 18.2%，销售额达到 2 149.1 亿元人民币。2020 年，受惠于我国新冠肺炎疫情快速得到控制和全球供应链协调工作成效显著，我国集成电路制造业整体发展态势好于国外。2020 年 9 月 15 日美国对华为禁令生效后，我国集成电路制造业第四季度生产能力受到一定影响。2020 年我国集成电路制造业销售额达到 2560.1 亿元人民币，同比增长 19.1%。2014—2020 年中国集成电路制造业销售情况如图 4-2 所示。

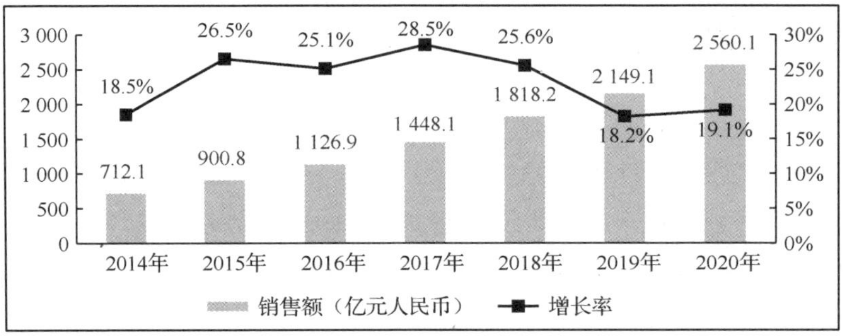

图 4-2　2014—2020 年中国集成电路制造业销售情况

数据来源：中国半导体行业协会，2021.3

集成电路制造业是整个集成电路产业的核心组成部分。先进的集成电路制造技术显著提升上游集成电路设计业的研发速度，同时也对下游集成电路封测业提供稳定的市场保障。近几年，我国集成电路产业市场规模和研发能力不断提升。2020 年，我国集成电路制造业在我国集成电路产业市场占有率从 28.4%提升至 28.9%，产业结构更趋均衡。2014—2020 年中国集成电路制造业市场规模如图 4-3 所示。

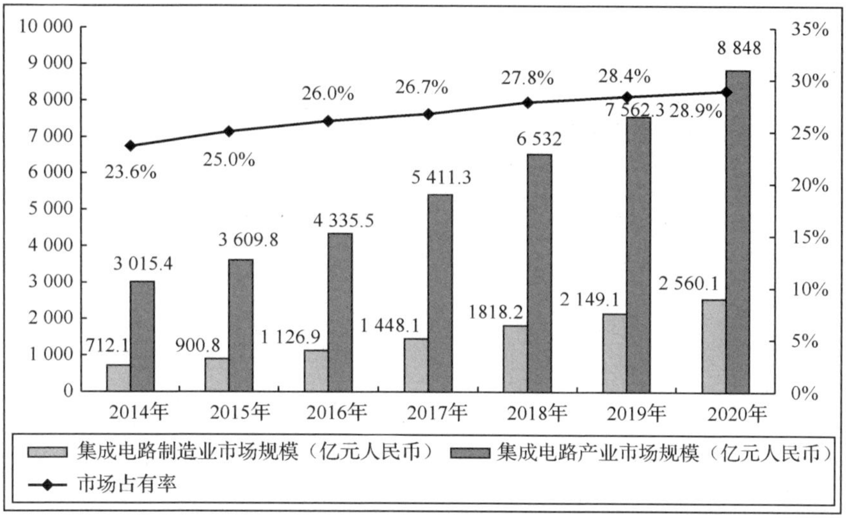

图 4-3 2014—2020 年中国集成电路制造业市场规模

数据来源：中国半导体行业协会，2021.3

二、行业布局

近 5 年，我国新建和扩产多条集成电路生产线。其中，部分集成电路生产线已被建成并投产，从而使集成电路的产能呈现快速增长态势。2020 年，我国已建成投产的 12in 晶圆生产线合计产能达 87.06 万片/月。其中，存储芯片为 55.76 万片/月，逻辑芯片为 31.3 万片/月。已建成的 8in 晶圆生产线合计产能达 103.53 万片/月。2020 年中国集成电路制造业已投产 12in 晶圆生产线的情况如表 4-3 所示。2020 年中国集成电路制造业已投产 8in 晶圆生产线的情况如表 4-4 所示。

表 4-3 2020 年中国集成电路制造业已投产 12in 晶圆生产线的情况

省（市）	企 业	编 号	计划产能/（万片/月）	最小线宽	主 要 产 品
上海	中芯南方	SH 300mm	3.5	14nm	逻辑器件、NOR Flash 存储器
	华力微电子	FAB5	3.5	65/55nm	CPU、MCU、数模混合器件、模拟器件、射频器件、光电器件
		FAB6	4.5	28～14nm	
北京	中芯北京	BJB1	5	55nm	逻辑器件、存储器（Flash）
	中芯北方	BJB2A	3.5	28nm	逻辑器件、存储器（Flash）、CPU、高压器件
		BJB2B	3.5	28nm	

续表

省（市）	企　业	编　号	计划产能/（万片/月）	最小线宽	主要产品
江苏	台积电（南京）	FAB1	2	16/14nm	逻辑器件
	华虹半导体（无锡）	FAB7	4	55nm	CIS、存储器
	无锡海力士		18	20nm	DRAM
湖北	武汉新芯	FAB1，FAB2	6	65～24nm	NOR Flash 存储器、CIS
	长江存储		7.5	20nm	3D NAND
安徽	晶合集成	N1	4.5	65/55nm	显示驱动、CIS、NVM
	长鑫存储		10	17/19nm	DRAM
福建	联芯集成	FAB1	5	28nm	逻辑器件、射频器件、高压器件
	士兰微（士兰集科）		8	90nm	功率半导体器件、MEMS 传感器器件
	晋华		6	25nm	DRAM
重庆	万国半导体		5	65nm	MOSFET、IGBT、功率等器件
广东	粤芯		1.8	90nm	数模器件
	中芯深圳		4	28nm	
辽宁	英特尔	Fab68	12	10nm	3D NAND
陕西	三星	一期、二期	20	10nm	3D NAND

数据来源：赛迪智库整理，2021.3

表 4-4　2020 年中国集成电路制造业已投产 8in 晶圆生产线的情况

省(市)	企　业	工厂编号	计划产能/(万片/月)	最小线宽	主要产品
上海	华虹宏力	FAB1	6.5	0.13μm	逻辑电路、存储器（Flash、E^2PROM)、MCU、数模混合器件、模拟器件、射频器件、高压器件、传感器芯片、光电器件
		FAB2	5	0.13μm	
		FAB3	7	90nm	
	中芯上海	FAB1(S1)	12	90nm	逻辑器件、存储器（Flash、E^2PROM）
		FAB2(S1)			
		FAB1(S1)			
	台积电（上海）	FAB10	12	0.18μm	逻辑器件、存储器（Flash)、MCU、数模混合器件、模拟器件、射频器件、高压器件、传感器芯片、光电器件

续表

省（市）	企　业	工厂编号	计划产能/（万片/月）	最小线宽	主要产品
上海	上海先进	FAB3	5	0.25μm	存储器（E^{2}PROM）、数模混合器件、模拟器件、射频器件、高压器件、传感器芯片、光电器件
	积塔半导体	FAB1	6	0.11μm	模拟器件、高压器件、化合物半导体
天津	中芯天津	TJ FAB(P1)	5	90nm	逻辑器件、E^{2}PROM、模拟器件、高压器件、光电器件
		TJ FAB(P2)	5	90nm	
深圳	中芯深圳	SZ FAB	7	0.13μm	逻辑器件、模拟器件、传感器芯片、指纹识别器件
江苏	和舰科技（苏州）	P1	6	0.13μm	MCU、逻辑器件、数模混合器件、模拟电路、射频器件、高压器件、传感器芯片
	和舰科技（苏州）	P2	4	0.13μm	
	华润上华	FAB2	6.5	0.13μm	逻辑器件、存储器（SRAM、E^{2}PROM）、MCU、数模混合器件、模拟器件、射频器件、高压器件、传感器芯片
	海晨半导体		10		DDIC、PMIC、CIS
北京	燕东微电子		5	0.13μm	LCD 显示驱动集成电路、LDMOS、IGBT 等器件
浙江	士兰微（士兰集昕）		7.6	0.18μm	MOSFET、IGBT 和功率集成电路等器件
	中芯（宁波）		2.5		射频器件、高压器件、光电器件
	中芯绍兴	—	10	—	功率半导体器件、MEMS
四川	TI		—	0.11μm	功率器件及成熟模拟器件
湖南	株洲时代			0.35	IGBT、FRD 等器件

数据来源：公开资料收集，赛迪智库整理，2021.3

从集成电路生产线分布来看，我国集成电路生产线主要集中在长江三角洲地区。2020 年，中西部和珠江三角洲地区陆续有集成电路生产线投产，其产能比重有所提升。我国集成电路生产线区域分布如图 4-4 所示。

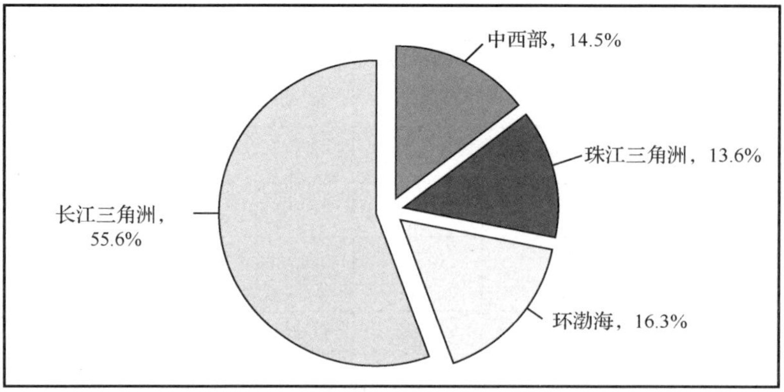

图 4-4　我国集成电路生产线区域分布

数据来源：中国半导体行业协会，2020.6

三、技术发展

2020 年，我国集成电路制造业技术稳步发展，12in 晶圆生产线制程工艺覆盖 90nm～14nm 产品，8in 晶圆生产线制程工艺覆盖 0.25μm～90nm 产品，6in 晶圆生产线制程工艺覆盖 1.0μm～0.35μm 产品。

在逻辑芯片方面，中芯国际自 2019 年年底宣布 14nm 产品进入量产后，2020 年良品率逐步达到业界产品量产水准。14nm 产品衍生的 12nm 平台、N+1 代 FinFET 产品已经进入客户导入阶段，有望于 2020 年年底实现小批量试产，N+2 代 FinFET 产品制程研发按计划进行。华虹集团在 2020 年推进扩大集成电路制造业规模、提升集成电路制造业工艺水平等工作，28nm 低功耗产品和 HKMG 高性能平台均实现量产；12in CIS 图像传感器芯片工艺进入全球领先阵营；华虹七厂全球首条 12in 功率器件代工生产线实现规模量产。华力二期 12in 先进工艺生产线正式投产，规划晶圆月产能达到 4 万片，设备按量产 28nm 产品工艺配置，研发设备按 14nm 产品工艺配置，其中 10%的设备来自我国厂商，导入工艺为 28-20-14nm 产品工艺。

在存储器技术方面，长鑫存储推出 19nm DRAM 产品并加快产能提升，长江存储 64 层 3D NAND 产品成功实现商用，128 层 3D NAND 产品研发成功，与国际先进水平差距逐步缩小。

四、重点企业排名

中国大陆晶圆代工企业销售额排名如表 4-5 所示。

表 4-5 中国大陆晶圆代工企业销售额排名

排名	企业	2019 年销售额/亿元人民币	2020 年销售额/亿元人民币	增长率
1	中芯国际	222.171	240	9.01%
2	华虹集团*	113.13	135.2	19.51%
3	华润微电子**	31.92	26.16	−18.05%
4	晶合集成	5.31	16	201.32%
5	武汉新芯**	14	13	−7.14%
6	上海积塔***	9.89	11.3	14.26%
7	中芯绍兴	—	9.6	—
8	粤芯	—	5.5	—
9	方正微电子	3.07	3	−2.28%
10	中芯宁波	—	2.9	—
合计		397.49	462.66	16.4%

数据来源：芯思想，2021.4

*：华虹集团包括华虹宏力和上海华力的销售额。

**：华润微电子和武汉新芯仅计算代工的销售额。

***：上海积塔包括先进半导体 ASMC 的销售额。

中芯国际是中国大陆规模最大、工艺最先进的集成电路芯片制造企业。受益于消费电子、信息通信等成熟制程芯片需求旺盛，2020 年四季度中芯国际产能利用率为 95.5%，全年归属于上市公司股东的净利润为 43.32 亿元人民币，同比增长 141.5%，净利率首度超过 10%，达到了 14.6%，较上年同期增加 8.8 百分点。中芯国际第二代 FinFET 产品已实现风险量产，目标实现批量生产；在 14nm FinFET 产品通用工艺平台的基础上，开发出多个应用技术平台。

华虹集团 1996 年成立，旗下主要有华虹宏力和上海华力两家子公司。其中，华虹宏力在 8in 晶圆制造领域产能增长迅速，华虹一厂、华虹二厂、华虹三厂的 8in 晶圆生产线月产能超过 18 万片，年出货量突破 200 万片。“十三五”期间，华虹集团连续建设投产了华虹六厂、华虹七厂，实现了以生产 8in 晶圆为主转型为生产 12in 晶圆为主的跨越。目前，华虹集团 12in 晶圆产能已经超过 50%，其销售额在整个华虹集团的占比首度超过 8in 晶圆业务。上海华力是华虹集团旗下 12in 晶圆代工企业，其 28nm 产品已进入稳定量产阶段，14nm FinFET 产品生产线实现通线，上海华力二期项目——12in 先进工艺产品生产线正式投产。此外，华虹集团将扩张建成金桥、张江、康桥、无锡四大晶圆制造基地，总产能将增加至 35 万片/月（折合 8in 晶圆的产能）。

华润微电子主营业务包括集成电路设计、掩模制造、晶圆制造、封装测试及分立器件，业务范围遍布无锡、深圳、上海、重庆、中国香港、中国台湾等地。目前，华润微电子拥有 5 条 6～8in 晶圆生产线、2 条封装生产线、1 条掩模生产线及 3 家设计公司，为国内拥有完整半导体产业链的企业，并在特色制造工艺技术方面居我国领先地位。2020 年，华润微电子在手订单饱满，整体产能利用率较高，营收、净利双双创新高，全年实现总销售额为 69.77 亿元人民币，同比增长 21.50%，净利润达 8.53 亿元人民币，同比增长 313.52%。

第五章

集成电路封测业

2020 年，在新冠肺炎疫情、经济危机等因素的影响下，全球集成电路封测业市场面临较大挑战，但得益于 5G 大规模商用、物联网技术、智能网联汽车及人工智能（AI）等对高阶工艺需求的提升，集成电路封测业发展持续向好。先进封测市场发展前景良好，成为后摩尔时代重点关注的领域。展望 2021 年，先进封测重要性将进一步凸显，晶圆级封测、系统级封测等技术产业化步伐不断加快，传统封测也将继续实现向高可靠、低成本方向纵深发展。

第一节　全球集成电路封测业

一、行业规模

随着智能手机、物联网、人工智能、汽车电子等新兴领域市场的快速发展，带动了全球集成电路封测业市场规模的持续增长。尽管受新冠肺炎疫情大流行的影响，但在产能紧缺等因素的拉动，以及消费电子市场、智能网联汽车市场的带动下，2020 年全球集成电路封测业市场规模同比增长 12%，达到 758 亿美元。未来，全球集成电路封测业市场将在传统工艺保持较大比重的同时，继续向着小型化、集成化、低功耗方向发展。随着先进封测市场的带动和半导体技术的发展，全球集成电路封测业市场规模在 2019—2025 年会实现 6.6%的年均复合增长率，且附加值更高的先进封测技术将得到越来越多的应用。2014—2020 年全球集成电路封测业销售情况如图 5-1 所示。

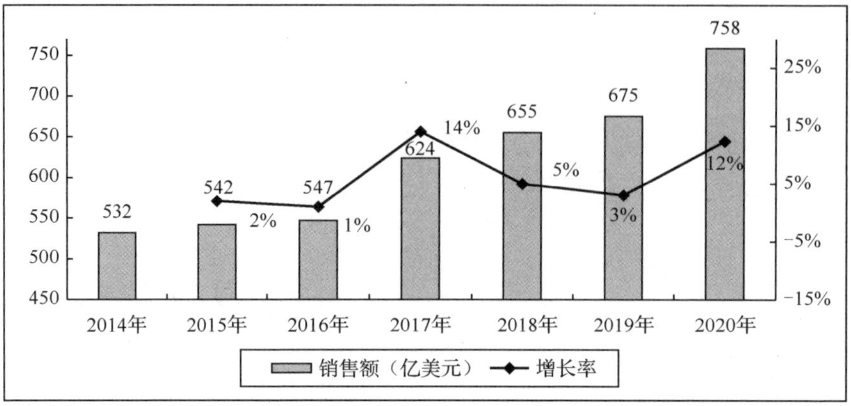

图 5-1　2014—2020 年全球集成电路封测业销售情况

数据来源：Yole Développement，赛迪智库整理，2021.5

二、产业布局

纵观全球集成电路封测业市场，中国台湾占据了 40%左右的市场份额，中国大陆占据了 20%左右的市场份额。亚太地区依托制造产能集中和人力成本较低等优势，已经成为全球集成电路封测业产能集聚地，并吸引了半导体整体产能的转移。中国台湾聚集了日月光（已完成对矽品并购）、力成、欣邦等一批全球最具竞争力的集成电路封测业代工企业，而台积电的先进封测技术更推动了全球超摩尔技术的创新突破。我国在集成电路封测业领域起步早、发展快，目前已经达到世界领先水平。中国大陆的长电科技、通富微电、华天科技三大集成电路封测龙头企业均已在市场规模上进入全球前十的行列。这些企业依靠公司技术的研发与海外优质标的并购，已掌握全球领先的集成电路封测技术。

在摩尔定律放缓和新兴产业的推动下，半导体产业链趋于整合发展，而发展先进封测技术成为必然选择，并带来半导体行业竞争格局的转变。集成电路封测业的前、后道工序不断整合，代工厂涉足先进集成电路封测业务。例如，台积电的晶圆级封测业务取得长足进展，成为支撑中国台湾集成电路封测业发展的新动能；此外，IDM 也纷纷加大对先进集成电路封测业务的投资力度，并推动半导体产业链的进一步整合。例如，英特尔、三星持续性研发先进集成电路封测技术，进一步推动半导体异质整合的发展。

2020 年全球集成电路封测业重点企业所在区域市场占有率统计情况如图 5-2 所示。

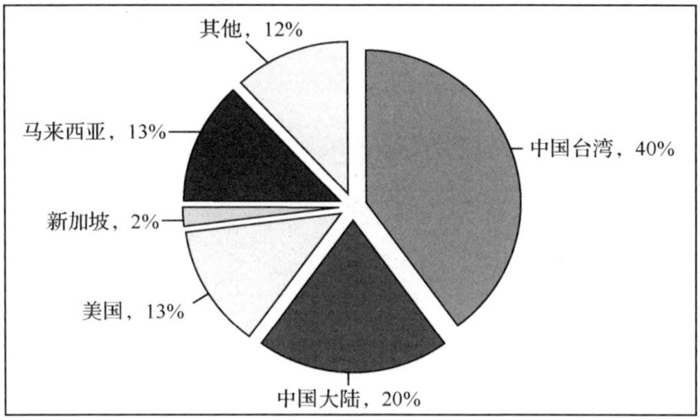

图 5-2　2020 年全球集成电路封测业重点企业所在区域市场占有率统计情况

数据来源：赛迪智库整理，2021.5

三、技术发展

目前，全球半导体行业传统集成电路封测技术与先进集成电路封测技术并行，并通过 Flip-Chip、QFN、BGA 等主要集成电路封测技术进行大规模生产。未来，集成电路封测技术发展朝着两大板块演进。一个板块是晶圆级芯片封装（WLP），包括扇入型晶圆封装（Fan-In WLP）、扇出型晶圆封装（Fan-Out WLP）等，即在更小的封装面积下可容纳更多的引脚数；另一个板块是系统级芯片封装（SiP），封装整合多种功能芯片于一体，实现模块体积的压缩，提升芯片系统整体功能性和灵活性。先进集成电路封测技术的发展趋于多功能化和系统化，例如，扇出型晶圆封装竞争激烈，硅通孔（TSV）封测技术到了爆发式发展的年代，异质集成技术不断发展并逐步成为行业关注的焦点。异质集成技术可将不同工艺节点的裸片通过 2.5D/3D 堆叠封装在一起，成为芯片封装的新趋势。近年来，具备模块化、定制化的优势 Chiplet 模式得以兴起，推动了晶圆级封测技术的发展，使得集成电路设计、制造与封测成本大大降低。在 5G 高速发展过程中，针对终端设备小型化的趋势，减缓信号传输中的衰减问题，带来了天线与射频前端模块一体化集成的 AiP（封装天线）技术，有助于推动系统级封测技术的发展。依靠先进封测技术，可进一步实现芯片体积微缩，并实现半导体全技术的异质集成。目前，中国台湾企业日月光、安靠科技、矽品均已掌握 WLP、Fan-Out、Flip Chip、2.5D/3D 封测技术并实现了产品的量产；中国大陆企业以传统集成电路封测技术为基础，纷纷加大对先进集成电路封测技术研发的投资力度并加紧研发，先进集成电路封测市场渗透率逐步增加，并逐步进行全球布局。全球主要集成电路封测企业技术对比如表 5-1 所示。

表 5-1　全球主要集成电路封测企业技术对比

企　业	WLP	Fan-Out	Flip Chip	2.5D	3D
日月光	○	○	○	○	○
安靠科技	○	○	○	○	○
矽品	○	○	○	○	○
台积电	○	○	○	○	×
长电科技	○	○	○	○	○
通富微电	○	○	○	×	×
华天科技	○	○	○	×	○

注：“○”代表技术已实现产品的量产，“×”代表技术正处于研发中。

数据来源：赛迪智库整理，2021.3

四、重点企业排名

2020 年前十大集成电路封测企业与 2019 年相比没有变化，但是 2020 年集成电路封测业市场集中度进一步加剧。2020 年前十大集成电路封测企业中，除联合科技外，其他九家企业销售额都有不同程度增长，有七家企业销售额的增长率是两位数。企业销售额增幅前三名的分别是通富微电（30.3%）、长电科技（12.5%）和力成科技（14.5%）。

根据总部所在地划分，前十大集成电路封测企业中，中国台湾有五家（日月光、力成科技、京元电子、南茂科技、颀邦），合计市场占有率为 46.26%，较 2019 年的 43.9%增加 2.3 百分点；中国大陆有三家（长电科技、通富微电、华天科技），合计市场占有率为 20.94%，较 2018 年的 20.1%增加 0.84 百分点；美国有一家（安靠科技），市场占有率为 14.62%，较 2018 年持平；新加坡有一家（联合科技），市场占有率为 2.15%，较 2019 年的 2.6%减少 0.45 百分点。2020 年通富微电的销售额超过 100 亿元人民币。联合科技在集成电路封测企业销售额排名中从 2019 年的第八位下滑至 2020 年的第十位。2020 年，联合科技被智路资本收购，并计划在上海和山东烟台设厂。2020 年全球前十大集成电路封测企业销售情况如表 5-2 所示。

表 5-2　2020 年全球前十大集成电路封测企业销售情况

排名	企　　业	2020 年销售额/亿美元	2019 年销售额/亿美元	增长率	2020 年市场占有率
1	日月光	173.78	150.54	15.4%	30.1%
2	安靠科技	51.35	41.19	24.7%	14.6%
3	长电科技	41.60	36.98	12.5%	12%
4	力成科技	27.76	24.24	14.5%	8.2%
5	通富微电	16.93	12.99	30.3%	5.1%
6	华天科技	13.17	12.74	3.4%	3.9%
7	京元电子	10.55	9.30	13.4%	3.1%
8	南茂	8.38	7.41	13.1%	2.5%
9	欣邦	8.12	7.44	9.1%	2.4%
10	联合科技	7.23	7.65	−5.5%	2.2%
合计		358.87	310.48	15.6%	83.98%

数据来源：各公司年报，赛迪智库整理，2021.4

第二节　我国集成电路封测业

一、行业概况

近年来，我国集成电路封测业发展势头良好，受益于新兴产业的发展与广阔市场的带动，已取得长足发展。在全球集成电路封测业回暖的大浪潮下，我国集成电路封测业应紧抓机遇，实现更大突破。在整个半导体产业链中，我国集成电路封测业率先进入世界先进行列。在企业长期持续发展、实施对外优质标的并购等的带动下，我国集成电路封测业持续快速发展，以长电科技、通富微电、华天科技为代表的龙头企业连续成为全球前十大集成电路封测代工企业。中国大陆集成电路封测业市场份额逐步扩大，并逐步加大对先进封测技术领域的研发力度、投资扩产力度，逐步实现从面积阵列封装时代到微电子封装技术堆叠封装时代的跨越。随着异质整合技术的发展，先进集成电路封测技术的重要性不断提升。我国在集成电路封测领域已率先突破，基本实现与国际领先企业的并跑。

2020 年，我国集成电路封测业销售额为 2 509.5 亿元人民币，同比增长 6.8%。从 2020 年各季度的我国集成电路封测业销售情况来看，第一季度销售额为 446.9 亿元人民币，同比增长 5.7%；第二季度销售额为 635.5 亿元人民币，同比增长6.1%；第三季度销售额为628.6亿元人民币，同比增长14.6%；第四季度销售额为798.5亿元人民币，同比增长7.5%。依据全球集成电路产业三业结构合理占比（集成电路设计业、集成电路制造业、集成电路封测业的价值量之比）为3∶4∶3，2020年我国三业结构占比为43∶29∶28，而2019年我国该占比为41∶28∶31，这表明我国集成电路制造业与集成电路封测业的差距正逐步缩小，集成电路产业结构正在向价值量更高的产业环节倾斜。2013—2020年我国集成电路封测业销售情况如表5-3所示。

表5-3　2013—2020年我国集成电路封测业销售情况

	2013年	2014年	2015年	2016年	2017年	2018年	2019年	2020年
销售额/亿元人民币	1 098.8	1 255.9	1 384.0	1 564.3	1 889.7	2 193.9	2 349.7	2 509.5
增长率	6.1%	14.3%	10.2%	13.0%	20.8%	16.1%	7.1%	6.8%

数据来源：中国半导体行业协会，赛迪智库整理，2020.3

二、产业布局

我国半导体产业下游发展迅速，消费电子、新能源汽车等产业也给我国半导体产业带来了大量的消费需求。目前，我国已成为全球第一大消费电子生产国和消费国。在未来的几年中，我国有望承接全球半导体产能的第三次转移。在集成电路封测业，我国已经形成长江三角洲地区、环渤海地区、珠江三角洲地区、中西部地区等行业集聚区。其中，长江三角洲地区集聚效应明显，是我国集成电路封测业乃至集成电路产业最发达的地区，不但拥有长电科技、通富微电、晶方科技、华天科技（昆山）等龙头企业，还吸引了日月光、矽品等企业投资建厂，汇聚了我国集成电路封测业约55%的产能。珠江三角洲地区集成电路封测企业则以中小规模企业为主，拥有华润赛美科、佰维存储、赛意法等企业，约占我国集成电路封测业产能的14%。中西部地区近年来凭借生产成本优势、制造业和上游配套产业发展拉动，成为我国集成电路封测业的新增长极，拥有我国集成电路封测业约14%的产能。环渤海地区占有全国约13%的产能，拥有威讯联合、瑞萨封测厂、英特尔大连工厂等相关企业。我国集成电路封测业产能的区域分布如图5-3所示。

由于2011年以来我国集成电路设计业与制造业的快速发展，我国集成电路设计业与制造业销售额在集成电路产业总销售额的占比逐年上升，而我国集成电路封测业销售额在集成电路产业总销售额的占比逐年下降，且该占比以每年约 2%的速度降低。2020 年，我国集成电路封测业销售额在集成电路产业总销售额的占比约为 28.36%。2012—2020 年我国集成电路封测业销售额在集成电路产业总销售额的占比情况如图 5-4 所示。

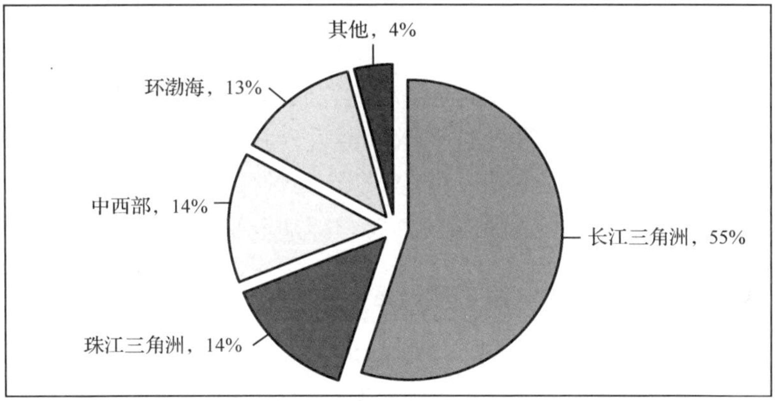

图 5-3 我国集成电路封测业产能的区域分布

数据来源：中国半导体行业协会封测分会，2020.10

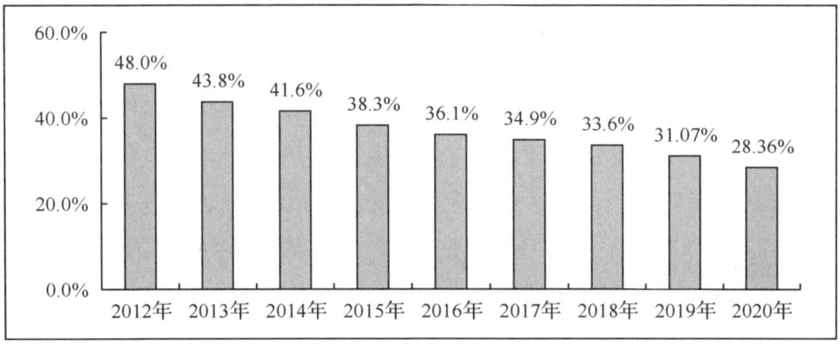

图 5-4 2012—2020 年我国集成电路封测业销售额在集成电路产业总销售额的占比情况

数据来源：中国半导体行业协会，赛迪智库整理，2021.3

三、技术发展

由于我国集成电路封测企业进入行业时间较早、技术研发持续性较好、内资龙头企业对国外优质标的进行收购等原因，目前我国集成电路封测领域已经处于世界第一梯队。我国集成电路封测业市场规模稳居世界第一，其技术已经达到世界先进水平。配合我国在生产成本与市场方面的优势，全球集成电路封测业成为全球集成电路产业中最先向我国进行转移的环节。

（一）面向传统集成电路封测技术

技术具有不可替代性，其基本特点是重人力成本、轻资本。在一定时间内，传统集成电路封测技术将与先进集成电路封测技术并行发展。在新款芯片对传统集成电路封测工艺提出新需求的同时，继续优化传统集成电路封测技术依然受到主流集成电路封测企业的重视。现今，包括中小集成电路封测企业在内的我国集成电路封测企业已经全面掌握传统集成电路封测技术。成本、工艺技术差异化、产品的一致性与稳定性是企业形成市场竞争力的关键。

（二）面向先进集成电路封测技术

在芯片小型化、高集成化的发展趋势下，先进集成电路封测技术是全球集成电路封测业竞逐的焦点，也带动我国集成电路封测业从“量的增长”到“质的突破”转变。由于摩尔定律的发展逐步放缓，未来半导体硬件突破将更加依赖于先进集成电路封测技术，且先进集成电路封测技术具有不受制于晶体管微缩技术节点、灵活性好、研发投入和设备投入成本较小等特点。我国集成电路封测业应从利润附加值低的集成电路封测业务向利润附加值高的高端集成电路封测业务转化，以资本支出取代人力成本作为新的行业推动力。发展先进集成电路封测技术将是解决各种性能需求和复杂异构集成需求等方面问题的不二之选。我国先进集成电路封测技术由长电科技、通富微电、华天科技、晶方科技等企业掌握。这些企业集成电路封装形式覆盖 SiP、SoC、2.5D/3D 等，集成电路封测技术囊括 WLP（包括 Fan-In 和 Fan-Out）、TSV、Bumping、Flip Chip、BGA 等。伴随我国集成电路封测技术的发展，先进集成电路封测技术应用比例不断提高，整体集成电路封测业约 33%产值来自采用先进集成电路封测技术的产品。对于龙头企业，先进集成电路封测技术为企业贡献的产值在整个企业产值的占比接近 50%。

长电科技通过海外并购，增强了 Fan-Out、SiP 等集成电路封测技术能力，迎合了 5G 芯片对于系统集成、天线集成技术的需求，并在集成电路封测业进行布局，提升了行业竞争力，实现销售额的持续增长，巩固了行业地位。通富微电大力布局先进集成电路封装技术，发展苏通园区工厂的高端芯片产品封测业务，已具备封装 AMD 7nm 芯片产品的能力，实现高端市场份额的有效提升。华天科技不断布局 CIS、存储、射频、汽车电子等上游领域集成电路封测技术，其产品在 5G 应用市场、新能源汽车等领域得到了广泛应用。

四、重点企业排名

2020 年，我国集成电路封测代工公司前十强合计销售额为 83.82 亿美元，同比增长 18.8%。在这前十强企业中，除华润微电子销售额由于策略原因出现下滑外，其他 9 家公司销售额都有不同程度的增长。销售额增幅前三的分别是沛顿科技（171.89%）、晶方半导体（96.43%）、气派科技（32.85%），销售额增幅第四的是通富微电（30.51%）。2020 年我国集成电路封测代工企业销售额排名如表 5-4 所示。

表 5-4　2020 年我国集成电路封测代工企业销售额排名

排名	总部所在地	企　业	2019 年销售额/亿美元	2020 年销售额/亿美元	增长率
1	江苏无锡	长电科技	36.98	41.60	12.49%
2	江苏南通	通富微电	12.99	16.93	30.33%
3	甘肃天水	华天科技	12.74	13.17	3.38%
4	广东深圳	沛顿科技	1.68	4.55	170.83%
5	江苏苏州	晶方科技	0.88	1.73	96.59%
6	安徽合肥	合肥颀中	1.57	1.65	5.09%
7	江苏无锡	华润微电子	1.41	1.37	−2.83%
8	浙江宁波	甬矽电子	0.94	1.18	25.53%
9	广东东莞	气派科技	0.65	0.86	32.31%
10	江苏苏州	太极半导体	0.67	0.79	17.91`%

数据来源：各企业年报，芯思想研究院，赛迪智库整理，2021.5

第六章

集成电路设备业

第一节　全球集成电路设备业

一、行业规模

2020 年，集成电路制程工艺正式进入 5nm 时代。目前，台积电 5nm 产品已经实现量产。台积电持续提升 5nm 产品的产能，且已将 3nm、2nm 产品制程列在计划内。同时，5G 商用、车辆智能化发展、数据中心设备需求扩大等也为芯片创造了应用场景和市场需求，从而对于制造企业的产能提出更高的需求，以支撑起全球半导体专用设备的市场。2020 年，新冠肺炎疫情造成了全球经济的低迷，但由于远程办公、在线医疗等带动相关基础设施和个人居家需求，半导体市场反而呈现正增长，从而对集成电路设备市场的增长也起到了一定的促进作用。据 SEMI 数据，2020 年全球集成电路设备销售额为 711.9 亿美元，同比增长 19.1%。这主要是中国台湾、中国大陆和韩国半导体设备需求量的增长为集成电路设备市场在新冠肺炎疫情冲击的不利条件下带来的增长动力。分析近年数据并预估未来数据，光刻机、刻蚀机和薄膜沉积设备价值量占比最高，分别保持在 20%左右，其余各类设备总价值量占比约为 40%。

二、行业布局

在行业不断并购整合和技术节点持续推进的背景下，全球集成电路设备市场已经形成市场高度集中的特征，细分领域市场被二至三家甚至独家垄断。伴随集成电路设备市场集中度持续提升，行业发展的技术门槛也逐渐被抬高。美国、日本、荷兰位列全球集成电路专用设备第一梯队，牢牢把控光刻机、刻蚀机、离子注入机、沉积设备、测试设备等领域的先进技术和市场，处于绝对领先的地位。韩国、中国稳步发展，在清洗设备、热处理设备、刻蚀设备等领域取得较大突破，相关产品已获得了三星、中芯国际、台积电等主流制造企业的认可和应用，发展潜力巨大。新加坡在后道封装领域有一定的话语权，ASMPT 在减薄、切合、键合等设备领域的产品处于技术领先地位。2013—2020 年全球集成电路设备投资额如图 6-1 所示。

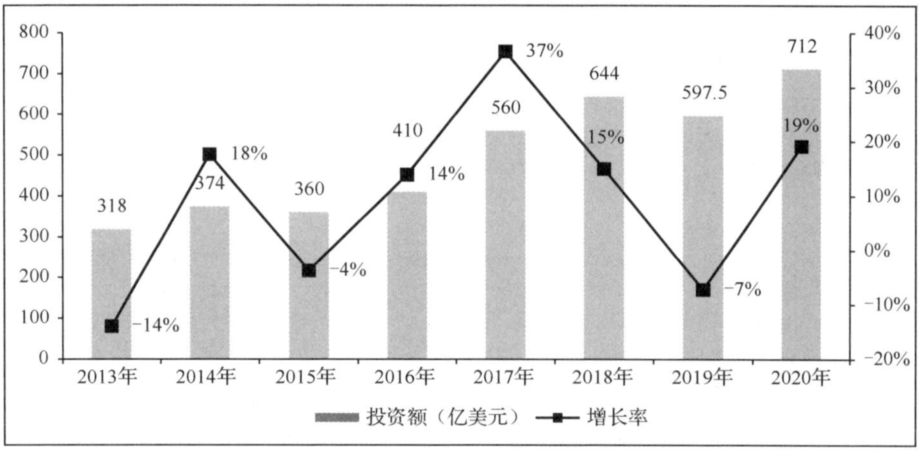

图 6-1　2013—2020 年全球集成电路设备投资额

数据来源：SEMI，2020.12

从设备细分领域来看，在掩模、刻蚀、沉积、离子注入、测试等领域，美国企业处于龙头地位。在全球集成电路设备供应商十强中，应用材料、泛林半导体、科磊、泰瑞达占据四席。其中，应用材料作为全球最大的集成电路设备企业，常年位居第一。在刻蚀设备、薄膜沉积设备、显影设备、氧化扩散设备、测试设备、生产自动化设备等领域，日本半导体设备企业占据一定的优势。在全球集成电路设备供应商十强中，东京电子、爱德万、迪恩士和日立高新占据四席。此外，日本迪斯科、日立电器、大福株式会社、尼康、佳能等也是日本最具竞争力的集成电路设备企业。在光刻机设备领域，荷兰的 ASML 处于龙头地位。作为全球唯一生产 EUV 光刻机的企业，ASML 市场规模已经逐渐逼近全球十强集成电路设备企业中处于第一位的应用材料。此外，在外延、晶圆测试、封装等设备领域，ASM、Besi 等企业也具有较强国际竞争力。全球集成电路设备市场竞争情况如表 6-1 所示。

表 6-1 全球集成电路设备市场竞争情况

集成电路前道制造设备			
制造环节	主要使用设备	全球主要企业	主要供应地
清洗	清洗设备	迪恩士、SEMES、东京电子、盛美半导体	日本、韩国、中国大陆
光刻	光刻机	ASML、尼康、佳能	荷兰、日本
	匀胶显影设备	东京电子、SEMES、迪恩士	日本、韩国、中国台湾
	湿法去胶设备	迪恩士、东京电子、SÜSS、北方华创	日本、德国、中国大陆
离子注入	离子注入机	应用材料、亚舍立科技、SMIT	美国、荷兰
刻蚀	刻蚀机	泛林半导体、东京电子、应用材料、中微半导体	美国、日本、中国大陆
热处理	退火设备	应用材料、屹唐半导体（Mattson）、Veeco	美国、中国大陆
	氧化/扩散炉	日立高新、东京电子、ASM	日本、荷兰
沉积	化学气相沉积设备	应用材料、泛林半导体、东京电子	日本、美国
	原子层沉积设备	东京电子、ASM、泛林半导体	日本、荷兰、美国
外延	外延系统	应用材料、ASM	美国、荷兰
化学/机械表面处理	CMP 抛光机	应用材料、Ebara	美国、日本
晶圆测试	晶圆缺陷检测设备	科磊、应用材料、ASM	美国、荷兰
	光学薄膜测量设备	科磊、纳诺半导体	美国
	光学关键尺寸测量设备	科磊、纳诺半导体、Nova	美国
	光学图像测量设备	科磊、日立高新、ASML、应用材料	美国、日本、荷兰
集成电路后道封测设备			
封测环节	主要使用设备	全球主要企业	主要供应地
减薄	减薄机	迪斯科、东京精密	日本
切割	晶圆切割机	迪斯科、东京精密、ASMPT、中电科	日本、新加坡、中国大陆
	激光划片机	迪斯科、JPSA、ASMPT	日本、美国、新加坡
光刻	封装光刻机	Veeco、SÜSS、佳能、EV group、上海微装	美国、德国、日本、奥地利、中国大陆
去胶	去胶机	PSK、泛林半导体	韩国、美国

续表

集成电路前道制造设备			
制造环节	主要使用设备	全球主要企业	主要供应地
键合	圆片键合机	ASMPT、SÜSS、EV Group	新加坡、德国、奥地利
	引线键合机	K&S、Besi（ESEC）、ASMPT、中电科	美国、荷兰（瑞士）、新加坡、中国大陆
	倒装键合机	ASMPT、Besi（ESEC）、中电科	新加坡、荷兰（瑞士）、中国大陆
装片	软焊料装片机	TOWA、Besi（ESEC）、ASMPT、日立高新、山田电器	日本、荷兰（瑞士）、新加坡
	全自动装片机		
塑封	塑封机	ASMPT、韩国富社、山田尖端科技	新加坡、韩国、日本
测试	测试机	爱德万、泰瑞达、科利登、科磊	日本、美国
	分选机	科休、爱德万、爱普生	美国、日本
	探针台	东京电子、东京精密、伊智	日本

数据来源：赛迪集成电路所整理，2021.3

近二十年，伴随韩国、中国大陆集成电路产业的发展，新兴地区成为集成电路设备的重要市场，由此为韩国、中国大陆集成电路设备企业发展带来机遇。目前，集成电路设备业产能由美国、日本、欧洲三大传统优势地区向韩国、中国大陆进行区域演进已成为趋势。细美事、KC Tech 等韩国企业，北方华创、中微半导体、屹唐半导体等中国大陆企业正在刻蚀机、清洗机、热处理设备、沉积设备等领域快速发展。同时，韩国、中国大陆、中国台湾的建厂扩产计划不断增多。集成电路设备量需求的增加，除了维持全球半导体设备市场的持续景气，也为韩国、中国大陆等地区的集成电路设备企业提供了一定的发展空间和市场空间。全球半导体设备区域销售情况如表 6-2 所示。

表 6-2　全球半导体设备区域销售情况

地　区	2019 销售额/亿美元	2020 销售额/亿美元	增　长　率
韩国	99.7	160.8	61.3%
中国大陆	134.5	187.2	39.2%
中国台湾	171.2	171.5	0.2%
日本	62.7	75.8	20.9%
北美洲	81.5	65.3	-19.9%
欧洲	22.8	26.4	15.8%

续表

地　区	2019 销售额/亿美元	2020 销售额/亿美元	增　长　率
其他	25.2	24.8	-1.6%
总计	597.6	711.8	19.1%

数据来源：SEMI，2021.4

三、技术发展

全球集成电路专用设备的技术创新和发展，主要是随着摩尔定律的发展与先进工艺的发展保持并行推进。晶体管特征尺寸的缩小和密度的提升一直是集成电路发展研发的重点，与之对应，光刻、刻蚀、离子注入、沉积这些相关关键工艺所需设备的发展也至关重要。全球半导体设备技术需要晶圆制造企业、装备企业、研发机构的多方协同和合作发展。目前，在以英特尔、台积电为代表的晶圆制造企业，以 ASML、应用材料、泛林半导体、东京电子等为代表的设备企业，和以比利时微电子研究中心（IMEC）为代表的研发机构的共同努力下，5nm 产品已经实现量产，并向 3nm、1nm 产品乃至亚纳米产品进一步发展推进，这是各企业与机构的共同目标。

在光刻技术领域，荷兰的 ASML 已基本垄断高端光刻机市场，是唯一能够实现 EUV 光刻机量产的公司。2018 年，ASML 实现 EUV 光刻机量产，2019 年出货量为 26 台，2020 年出货量为 31 台。目前，台积电和三星的 7nm 节点生产线采用的是 ASML 于 2019 年推出的 NEX：3400C 型号 EUV 光刻机，该 EUV 系统透镜数值孔径（NA）为 0.33，能够实现 13nm 的分辨率，并通过提高频率实现 5nm 产品工艺。ASML 下一代 EUV 系统 EXE：5000 将采用 0.55 数值孔径的透镜，实现 8nm 的分辨率，提高晶圆生产能力到 300 片/小时，目前该系统已被基本设计完成，具有应用于 2nm 及以后的超精密产品工艺的潜力。ASML EUV 光刻机技术路线图如图 6-2 所示。

在刻蚀技术领域，为配合晶圆制造企业纵向增加设备尺寸和横向减少关键尺寸以降低成本的需求，对刻蚀深宽比的提升一直是刻蚀机发展的优化目标。泛林半导体在 2021 年发布的最新介电质刻蚀技术 Vantex，采用全新腔式设计，可以利用更高的射频功率，实现高深宽比的刻蚀和更精密的关键尺寸控制，有利于降低成本和改进器件功能。其他刻蚀机供应商也将通过优化反应腔、改善精准度等技术满足下一代 NAND 和 DRAM 存储设备的制造需求。

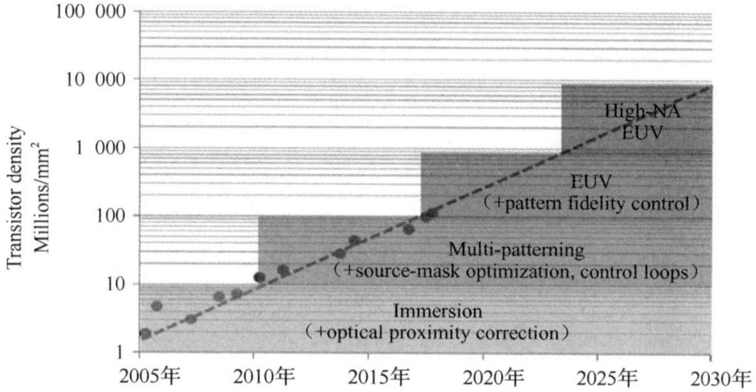

图 6-2　ASML EUV 光刻机技术路线图

数据来源：ASML 公司公开资料，2018.3

四、重点企业排名

全球集成电路专用设备市场已经形成市场高度集中的特征，细分领域市场由二至三家甚至独家垄断。2020 年，全球排名前十的集成电路设备企业仍旧由美国、日本、荷兰的企业包揽，占比超过 90%。

美国应用材料是全球最大的集成电路设备企业，其产品横跨沉积、刻蚀、化学机械抛光、快速热退火等除光刻机外的几乎所有种类设备，2020 年销售额达 163.7 亿美元，再次实现卫冕。荷兰 ASML 是高端光刻机龙头企业，供应全球 90%以上的 DUV 浸没式光刻机，且垄断了 EUV 光刻机的市场，2020 年全年光刻机出货量为 258 台，较 2019 年增加 29 台，其中 EUV 光刻机出货量为 31 台，较 2019 年增加 5 台。ASML 有望依赖 EUV 光刻机的出货量成为全球最大的集成电路设备供应商。泛林半导体是硅技术路线图的主要推动者。得益于 3D NAND 不断增加的层数，以及向 10/7 纳米工艺节点的过渡，使得在先进蚀刻和沉积领域独具优势的泛林半导体市场份额不断增长。日本东京电子的产品几乎覆盖了集成电路制造流程中的所有工序，并在细分领域形成垄断，如涂胶/显影设备在全球占有率达到 87%。东京电子设备龙头企业地位不可撼动。除前道工艺外，从晶圆生产到成品检测均涉及的测试环节和最后的封装环节，也为测试和封装设备提供了足够大的市场空间。科磊、爱德万、泰瑞达作为全球测试设备龙头企业，位列全球集成电路设备企业前十。ASM International 凭借其在后道封装设备的技术优势，2020 年进入全球集成电路设备企业十强。2020 年全球前十大集成电路设备企业销售情况如表 6-3

所示。

表 6-3　2020 年全球前十大集成电路设备企业销售情况

2020 排名	集成电路设备企业	总部所在地区	2020 年销售额/亿美元	增　长　率
1	应用材料	美国	163.7	21.5%
2	ASML	荷兰	154.0	20.6%
3	泛林半导体	美国	119.3	24.9%
4	东京电子	日本	113.2	18.5%
5	科磊	美国	54.4	15.7%
6	爱德万	日本	25.3	2.5%
7	迪恩士	日本	23.3	6.0%
8	泰瑞达	美国	22.6	45.5%
9	日立高科	日本	17.2	15.2%
10	ASM International	荷兰	15.2	20.2%

数据来源：VLSI Research

第二节　我国集成电路设备业

一、行业规模

2020 年，中国大陆地区半导体专用设备市场规模为 187.2 亿美元，较 2019 年大幅增长 39%，首次成为全球最大的半导体专用设备市场。近年来，我国集成电路产业保持了产值高速增长势头，是全球集成电路产业规模增速最快的地区。在市场需求驱动以及产业投资热情高涨的情况下，境外与境内资金在我国投资包括存储、制造代工、封装等项目，既有项目扩产又有大量新项目建设，使我国正在成为全球集成电路产业发展最活跃的地区之一。目前，我国多地涌现出一批先进工艺、特色工艺、存储器、宽禁带半导体、传感器、功率器件生产线，产品制程横跨 250nm 至 14nm 工艺，涉及 CMOS 工艺、射频工艺、MEMS 工艺、BCD 工艺等，从而推动我国集成电路专用设备需求量持续攀升。预计在未来数年，全球集成电路制造产能高度紧张的状况仍将持续超 4 个季度，由此推动包括我国在内的全球集成电路制造业及封测业产能扩张。在良好的市场需求刺激下，我国集成电路设备业市场规模将保持在较高水平。

二、行业布局

集成电路设备是专用工业装备中复杂度与技术难度最高的领域之一。核心集成电路设备的研发与生产涵盖了机械、自动化、电子、光学、软件等在内的多学科领域，发展所需的要素条件要求高，由此带来我国集成电路设备企业分布较为集中的特点。其中，北京、上海作为我国科研基础最好、人才聚集最丰富的地区，区域内企业承担了多数相关国家重大专项的攻关工作，是我国集成电路设备企业分布最集中的地区，汇聚了光刻机、刻蚀机、离子注入机等关键设备产能，两地区集成电路设备业销售额在全国的占比超过70%。辽宁作为我国老工业基地，依托工业基础，在外延设备、沉积设备等产品领域进行布局，形成以沈阳为中心的集成电路设备业区域集聚。2014—2020 年我国集成电路专用装备市场规模如图 6-3 所示。我国主要集成电路设备企业产品情况如表 6-4 所示。

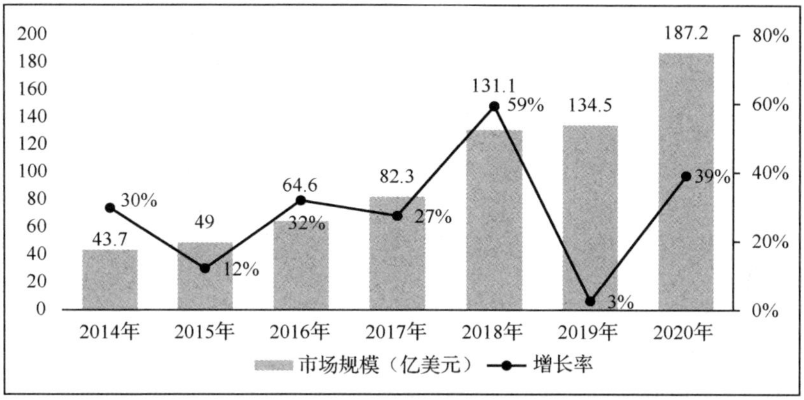

图 6-3　2014—2020 年我国集成电路专用装备市场规模

数据来源：SEMI

表 6-4　我国主要集成电路设备企业产品情况

省（市）	主要企业	主要产品
北京	北方华创	刻蚀设备、PVD 设备、氧化/退火设备、沉积设备、清洗设备、外延设备
	屹唐半导体	退火设备、干法去胶设备、刻蚀设备
	中科信	离子注入设备
	中电科	减薄机、晶圆切割机、倒装键合机
	华峰测控	测试机

续表

省（市）	主要企业	主要产品
上海	中微半导体	刻蚀设备、沉积设备
	上海微装	光刻机、光学薄膜测量设备、圆片键合机
	盛美半导体	清洗设备
	至纯科技	清洗设备
	睿励科学仪器	光学薄膜测量设备、光学关键尺寸测量设备、光学图像测量设备
	中晟光电	沉积设备
辽宁	沈阳科仪	外延设备
	沈阳拓荆	沉积设备
	芯源微	匀胶显影设备、湿法去胶设备
	佳峰股份	装片机
江苏	艾克瑞思	装片机
	苏州美图	键合机
天津	华海清科	CMP 抛光设备
浙江	长川科技	测试机、分选机、探针台
湖南	中电科 48 所	氧化/扩散设备
湖北	华工激光	激光划片机
安徽	文一科技	分选机

数据来源：赛迪集成电路所整理，2021.4

三、技术发展

经过长期的布局和发展，我国集成电路前道制造设备已全面布局，并且实现了 12in 国产设备从无到有的单点突破，总体技术水平接近 28nm 产品工艺，部分种类设备达到国际先进水平。从整体来看，国产设备与国际先进水平间的差距仍然较大，尤其在关键工艺流程上的国产设备生产线服务能力不足，仍具有很大的发展空间。伴随集成电路封测技术的发展，光刻、刻蚀、沉积等前道制造设备技术已被广泛应用在先进集成电路封测领域，我国在相关设备前道制造领域的技术积累让国产设备在后道封装设备领域得到较好市场应用。其中，上海微装的后道封装光刻机已成为市场主力机型。目前，伴随国产集成电路设备生产线验证工作的持续推进，刻蚀机、离子注入机、PVD、CMP 设备、清洗设备、退火设备已在生产线中实现规模化应用。部分国产关键集成电路设备工艺应用情况如表 6-5 所示。

表 6-5　部分国产关键集成电路设备工艺应用情况

类　　型	企　　业	主要应用工艺
介质刻蚀机/等离子硅刻蚀机	中微半导体	顶层通孔/钝化硅刻蚀
晶圆传片机	北京京仪	晶圆片分片
立式氧化设备	北方华创	氧化膜加工
物理气相沉积	北方华创	氮化钛硬掩模
单片退火设备	北方华创	铜工艺退火
单片清洗机	上海盛美	FEOLclean/空档片清洗
中/大束流离子注入机	中科信	离子注入
离子注入机	中电科装备	WELL implant
光学尺寸测量	睿励科学	Film Thinkness
等离子体增强化学气相沉积	沈阳拓荆	DARC/Oxide/ILD/TEOS/LTO
化学机械研磨	华海清科	硅片研磨（空片/档片）、IMD
化学机械研磨	华海清科	IMD

数据来源：赛迪智库整理

四、重点企业排名

2020 年我国集成电路设备企业主要产品如表 6-6 所示。

表 6-6　2020 年我国集成电路设备企业主要产品

排名	企　　业	主 要 产 品
1	屹唐半导体	退火设备、干法去胶设备、刻蚀设备
2	北方华创	刻蚀设备、PVD 设备、氧化/退火设备、沉积设备、清洗设备、外延设备
3	盛美半导体	清洗设备
4	中微半导体	刻蚀设备、沉积设备
5	至纯科技	清洗设备
6	中电装备	氧化扩散炉、外延设备、键合机、减薄机、分选机、划片机等
7	上海微装	光刻机
8	长川科技	测试设备、分选机
9	华海清科	CMP 抛光设备
10	芯源微	匀胶显影设备、湿法去胶设备

数据来源：赛迪集成电路所整理

第七章

集成电路材料业

第一节　全球集成电路材料业

一、行业规模

受新冠肺炎疫情影响，2020 年上半年以来，线上办公、线上教学、医疗和个人消费电子的需求增加。2020 年下半年，随着国际环境变化以及 5G、汽车半导体等市场的拉动，芯片需求激增，进一步使半导体市场规模扩大。2020 年全球集成电路材料市场规模达 553 亿美元，超过 2018 年的 527.4 亿美元，创下历史新高，同比增长 4.7%。其中，集成电路制造材料销售额为 349 亿美元，同比增长 6.1%；集成电路封装材料销售额为 204 亿美元，同比增长 2.3%。在集成电路制造材料中，硅片的市场规模占比最大，为 34%，其次分别是掩膜版、电子气体和光刻胶及其配套试剂，占比分别为 13%、13% 和 12%。在集成电路封装材料中，封装基板和键合丝的市场规模占比较大，两种材料的总占比接近 50%。

硅片是最重要的集成电路材料，成本占比约为 40%，2020 年全球硅片市场一定程度反映了全球集成电路材料市场景气度。根据 SEMI 数据，2020 年全球硅片出货面积达到 11 960 MSI①，同比增长 1.3%，全球硅片出货量约 1 985 万片/月（折合 8in 硅片的出货量），同比增长 1.3%，硅片的价格与 2019 年相比基本保持平稳。2014—2020 年全球集成电路材料市场规模如

① 1MSI=1 000 000in^2。

表 7-1 所示。2014—2020 年全球硅片出货面积和价格如图 7-1 所示。

表 7-1　2014—2020 年全球集成电路材料市场规模　　（单位：亿美元）

		2014 年	2015 年	2016 年	2017 年	2018 年	2019 年	2020 年
制造材料	硅片	76.3	71.5	72.1	87.1	113.8	110.3	118.7
	SOI	3.6	4.3	4.4	5.4	7.2	9.4	10.5
	掩膜版	32.2	32.7	33.2	37.5	40.4	41.2	45.4
	光刻胶	13.7	13.3	14.5	16	17.3	17.7	17.5
	光刻胶配套试剂	17.1	18	19.1	21.1	22.8	23.2	24.4
	电子气体	34.8	35	36.3	38.7	42.7	43	45.4
	工艺化学品	14.2	14.4	15.9	18.9	21.4	20.1	20.9
	靶材	6.3	6.3	6.7	7.4	7.8	7.3	7.0
	CMP 材料	15.7	15.9	16.7	18.5	21.9	20.8	20.9
	其他材料	28.6	28.5	29.6	31.4	35	34.7	38.4
制造材料总计		242.5	239.9	248.5	282	330.3	327.7	349.1
封装材料		197.9	189.1	181.6	191.4	197.1	199.4	204
总计		440.4	429	430.1	473.4	527.4	527.1	553.1

数据来源：SEMI，赛迪智库整理，2021.4

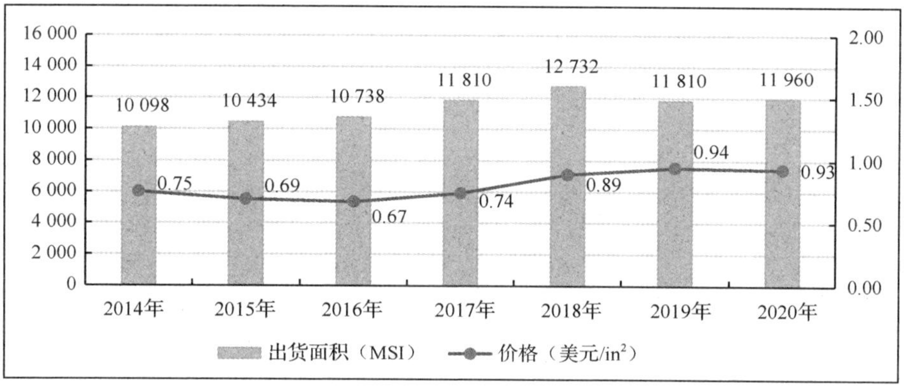

图 7-1　2014—2020 年全球硅片出货面积和价格

数据来源：SEMI，赛迪智库整理，2021.4

二、市场布局

全球大部分集成电路制造和封测生产线集中在亚太地区。因此，亚太地区依然是集成电路材料的主要市场。中国台湾拥有台积电等规模庞大的晶圆代工厂和日月光等世界先进的集成电路封装厂，连续 11 年成为集成电路制造材料和封装材料的最大市场。中国大陆集成电路材料市场规模在新冠肺炎疫情环境下逆势上涨，超过韩国成为第二大集成电路材料市场，市场规模达 97.6 亿美元，同比增长 12%，增速全球排名第一。位列第三、四位的分别为韩国和日本，市场规模分别为 92.3 亿美元和 79.5 亿美元，增速较小，分别增长 3.9%和 3.1%。美国和欧洲地区集成电路材料市场规模出现下降，降幅分别为 0.6%和 7.3%。2014—2019 年全球半导体材料市场区域分布如表 7-2 所示。

表 7-2 2014—2019 年全球半导体材料市场区域分布

地　区	2019 年市场规模/亿美元	2020 年市场规模/亿美元	增　长　率
中国台湾	114.4	123.8	8.2%
日本	77.1	79.5	3.1%
韩国	88.9	92.3	3.8%
中国大陆	87.2	97.6	11.9%
美国	56.2	55.9	-0.5%
欧洲	39.2	36.3	-7.4%
其他	64.2	67.6	5.3%
合计	527.2	553	4.9%

数据来源：SEMI，赛迪智库整理，2021.4

三、重点企业

以硅片市场为例，2020 年，日本信越化学半导体硅材料业务销售额为 34.4 亿美元，持续位居硅片市场份额榜首，营业利润为 13.3 亿美元，利润率高达 38.5%。另一家日本厂商三菱住友（SUMCO）硅片销售额为 28.1 亿美元，利润率为 13.0%。2020 年 11 月，中国台湾的环球晶圆拟以 45 亿美元收购德国晶圆制造商世创（Siltronic AG），若收购交易最终达成，环球晶圆将占有 28.7%的硅片市场份额，超越三菱住友，逼近排名第一的信越化学。信越化学、三菱住友、环球晶圆、世创、SK Siltron 五大公司共占据全球约 92.3%的硅片市场份额。硅片市场继续保持寡头垄断格局。若环球晶圆成功收购德国世创，硅片市场集中度将进一步提高，前三大晶圆硅片厂商将占据超过

80%的硅片市场份额。2020 年下半年以来，芯片需求激增引发上游材料短缺，硅片供应商龙头企业信越化学曾在 2020 年年底宣布将硅片价格调涨 10%～20%，未来随着 5G、AI、新能源汽车、工业互联网等热点方向广泛应用，晶圆供应获将迎来紧张周期，硅片市场集中度的进一步提高预计将在未来推动硅片价格上涨，引发晶圆制造成本的上升，从而影响芯片的市场价格。2020 年全球硅片主要企业销售情况如表 7-3 所示。全球集成电路材料重点企业如表 7-4 所示。

表 7-3　2020 年全球硅片主要企业销售情况

排名	硅 片 企 业	地　　区	2020 年硅片销售额/亿美元	硅片市场份额
1	信越化学（Shinetsu）	日本	34.4	29.0%
2	三菱住友（SUMCO）	日本	28.1	23.7%
3	环球晶圆（Global Wafer）	中国台湾	19.8	16.7%
4	世创（Siltronic AG）	德国	14.3	12.0%
5	SK Siltron	韩国	12.9	10.9%
6	其他	其他	9.2	7.8%

数据来源：赛迪智库整理，2021.5

表 7-4　全球集成电路材料重点企业

材 料 种 类	企　　业	总部所在地区
硅片	信越化学工业（Shinetsu）	日本
	三菱住友（SUMCO）	日本
	环球晶圆（Global Wafer）	中国台湾
	世创电子材料（Siltronic AG）	德国
	SK Siltron	韩国
光刻胶	东京应用化学（TOK）	日本
	JSR	日本
	住友化学（Sumitomo Chemical）	日本
	信越化学工业（Shinetsu）	日本
	富士胶卷（Fuji Film）	日本
	陶氏化学（DOW chemical）	美国
	东进世美肯（Dongjin Semichem）	韩国

续表

材料种类	企业	总部所在地区
掩膜版	丰创股份（Photronics）	美国
	大日本印刷（DNP）	日本
	日本凸版印刷（Toppan）	日本
	中国台湾光罩	中国台湾
高纯化学试剂	霍尼韦尔（Honeywell）	美国
	ATMI	美国
	杜邦	美国
	巴斯夫公司（BASF）	德国
	E.Merck 公司	德国
	Ashland 公司	美国
	Arch 公司	美国
	Mallinckradt Baker	美国
	三菱化学	日本
	Wako 公司	日本
	和光纯药工业株式会社	日本
	住友化学工业株式会社（Sumitomo Chemical）	日本
电子气体	美国空气化工产品有限公司（Air Products）	美国
	普莱克斯公司/林德气体公司（Praxair/Linde）	美国
	法国液化空气集团（Air Liquid）	法国
	大阳日酸株式会社（Taiyo Nippon Sanso）	日本
抛光材料	美国卡博特公司	美国
	Fujimi 公司	日本
靶材	霍尼韦尔公司（Honeywell）	美国
	Nikko 材料公司	日本
	东曹株式会社（Tosoh）	日本
	普莱克斯公司（Praxair）	美国
	住友化学工业株式会社（Sumitomo Chemical）	日本
	日本真空技术株式会社（ULVAC）	日本
引线框架	三井高科（Mitsui High-tec）	日本
	住友矿产（Sumitomo Metal Mining）	日本
	新光电子工业（Shinko）	日本
	顺德工业（SDI）	中国台湾
	日立电缆（Hitachi cable）	日本

续表

材料种类	企　业	总部所在地区
封装基板	揖斐电（Ibiden）	日本
	欣兴（Unimicron）	中国台湾
	三星电机（SEMCO）	韩国
	南亚（Nanya）	中国台湾
	新光电子工业（Shinko）	日本

数据来源：赛迪智库整理，2021.4

第二节　我国集成电路材料业

一、产业规模

在良好的集成电路市场环境下，我国集成电路材料业迎来发展契机。一方面我国集成电路生产线相继投产，产量快速释放；另一方面，5G、电动汽车、CIS 等相关芯片需求进入快速增长轨道。受双重需求因素影响，国内 8in、12in 存储器、逻辑、功率半导体、第三代半导体等芯片多条生产线逐步投入量产。受益于半导体制造端的强力拉动，以及国家政策的鼎力支持，我国集成电路材料业将在供不应求的环境中获得较大发展。

根据上海市集成电路行业协会的统计数据，2020 年我国集成电路材料市场规模为 923 亿元人民币，同比增长 11.5%，接近六年来的最高增速。其中，集成电路制造材料的市场规模为 476 亿元人民币；集成电路封装材料的市场规模为 447 亿元。在生产规模方面，根据赛迪智库统计，2020 年我国集成电路材料业生产规模为 241.1 亿元人民币，同比增长 26.0%。其中，集成电路制造材料生产规模为 145.8 亿元人民币，集成电路封装材料生产规模为 95.3 亿元人民币。

从集成电路制造材料来看，根据上海市集成电路行业协会统计，2020 年我国集成电路制造材料市场规模为 476 亿元人民币，同比增长 9.3%。根据赛迪智库统计，2020 年我国集成电路制造材料生产规模为 145.8 亿元人民币，同比增长 28.9%。

从集成电路封装材料来看，根据上海市集成电路行业协会统计，2020 年我国集成电路封装材料市场规模为 447 亿元人民币，同比增长 13.8%。根据赛迪智库统计，2020 年我国集成电路封装材料生产规模为 95.3 亿元人民币，同比增长21.6%。2014—2020年我国集成电路材料市场规模情况如图7-2所示。

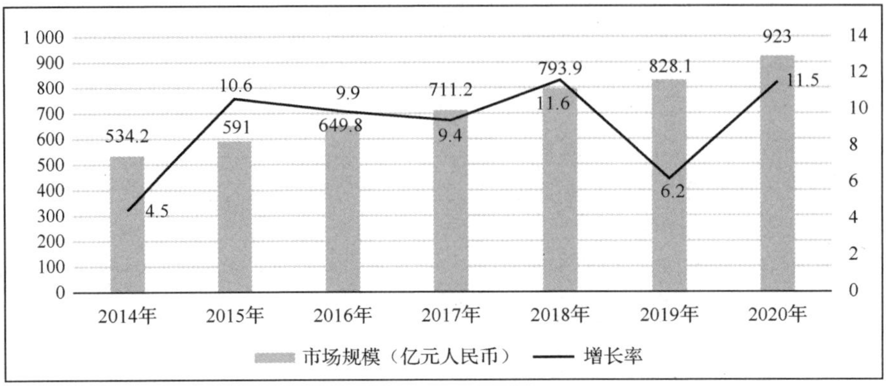

图7-2　2014—2020年我国集成电路材料市场规模情况

资料来源：上海市集成电路行业协会整理，2021.3

表7-5　2014—2020年我国集成电路制造材料和封装材料的市场规模情况

		2014年	2015年	2016年	2017年	2018年	2019年	2020年
制造材料	市场规模/亿元人民币	374.2	317.0	331.8	364.8	407.8	435.4	476.0
	增长率	10.9%	−15.3%	4.6%	10.0%	11.8%	6.8%	9.3%
封装材料	市场规模/亿元人民币	259.0	274.0	318.0	346.4	386.1	392.7	447.0
	增长率	−1.5%	5.0%	16.1%	8.9%	11.5%	1.7%	13.8%

资料来源：上海市集成电路行业协会整理，2021.3

表7-6　2019—2020年我国集成电路材料业生产规模对比

类别	细分领域	2018年生产规模/亿元人民币	2019年生产规模/亿元人民币	2020年生产规模/亿元人民币	2019—2020年增长率
集成电路制造材料	衬底材料（硅、SOI、化合物）	70.8	76.2	92.8	21.8%
	光刻材料（光刻胶、配套试剂）	4.3	5.3	6.8	28.3%
	工艺化学品	7.4	8.3	10.2	22.9%
	电子气体	2.8	5.6	7.0	25.0%
	CMP抛光材料	1.1	3.4	5.5	61.8%
	靶材	12.4	14.3	23.5	64.3%
	小计	98.8	113.1	145.8	28.9%

续表

类别	细 分 领 域	2018 年生产规模/亿元人民币	2019 年生产规模/亿元人民币	2020 年生产规模/亿元人民币	2019—2020 年增长率
集成电路封测材料	封装基板（有机、陶瓷）	25.4	29.0	34.5	19.0%
	引线框架	22.7	20.8	24.3	16.8%
	键合丝	9.8	14.3	17.0	18.9%
	环氧树脂塑封材料	4.4	4.8	7.2	50.0%
	其他	9.0	9.5	12.3	29.5%
	小计	71.3	78.4	95.3	21.6%
总计		170.1	191.5	241.1	25.9%

数据来源：赛迪智库整理，2021.4

从我国集成电路材料业区域分布来看，2020 年上海、江苏和浙江三地分列我国集成电路材料业市场规模前三位，市场规模分别为 56.9 亿元人民币、43.5 亿元人民币和 42.5 亿元人民币。其中，上海的占比达到了全国的 23.6%。上海和浙江集成电路材料业市场规模增速巨大，分别同比增长 53.6%和 58.2%，作为我国集成电路制造业最发达的地区，集成电路材料企业在下游需求的带动下迎来了高速增长。总体来看，我国集成电路材料企业主要集中在长江三角洲地区（上海、江苏、浙江等地）、珠江三角洲地区（深圳和广东省内其他中南部城市）和环渤海地区（北京、天津、山东等地）。以上地区集成电路材料业市场规模占比达到了全国的 88.1%，产业集聚效应凸显。

表 7-7　2020 年集成电路材料业区域市场规模排名

排名	省（市）	2018 年市场规模/亿元人民币	2019 年市场规模/亿元人民币	2020 年市场规模/亿元人民币	2019—2020 年增长率	2020 年全国占比
1	上海	35.0	37.0	56.9	53.8%	23.6%
2	江苏	29.6	35.3	43.5	23.2%	18.0%
3	浙江	24.2	26.8	42.5	58.6%	17.6%
4	北京	23.3	24.7	27.2	10.1%	11.3%
5	深圳	11.8	14.2	17.4	22.5%	7.2%
6	广东	10.3	12.0	14.2	18.3%	5.9%
7	河南	12.9	13.0	12.8	−1.5%	5.3%
8	天津	9.0	10.0	7.7	−23.0%	3.2%

续表

排名	省（市）	2018年市场规模/亿元人民币	2019年市场规模/亿元人民币	2020年市场规模/亿元人民币	2019—2020年增长率	2020年全国占比
9	四川	4.6	4.9	4.9	0	2.0%
10	山东	2.8	2.9	3.0	3.4%	1.3%
其他		6.6	10.5	11.0	4.8%	4.6%
总计		170.1	191.3	241.1	26.0%	100%

数据来源：赛迪智库整理，2021.4

二、重点产品

细分领域取得突破，打入国际供应链。我国部分集成电路材料产品已进入世界先进行列，获得国际知名半导体企业认可。例如，电子级氢氟酸已打入三星、海力士等韩国企业供应链；铝、铜等12in高纯金属靶材已稳定供货给台积电、格罗方德、英特尔等大企业；高纯氯化氢气体已稳定批量供货给台积电；高纯氩、氟、氖、氪混合特种气体已通过荷兰ASML验证；高纯四氟化碳等特种气体已达到世界领先水平；丹邦科技成为全球少数掌握COF基板关键原材料FCCL企业。氧气、氮气等高纯大宗气体均已实现对我国制造生产线的贴牌供应。

中高端集成电路材料供给不足，关键环节卡脖子。在硅片方面，12in硅片仍严重依赖进口，被日本信越化学、日本Sumco、中国台湾环球晶圆、德国Siltronic、韩国SK siltron垄断。目前，我国12in硅片产能仅占全球产能的4%。在光刻胶及配套试剂方面，i线光刻胶国产化率约为15%，KrF光刻胶仅几支可用，大部分KrF光刻胶和全部型号ArF光刻胶完全依赖进口，主要被日本JSR、日本信越化学、日本Fujimi、日本东京应化、美国陶氏杜邦等企业垄断。在掩膜版方面，我国仅能生产0.35μm以上产品制程用掩膜版，绝大部分被美国Photonics、日本Toppan、日本DNP等企业垄断。在电子气体方面，面板显示领域国产化率约为25%，集成电路领域国产化率仅为8%，GeF4等少数气体在我国仍处于空白，被美国AT垄断。在湿化学品方面，6in及以下产品国产化率约为85%，8in及以上产品国产化率约为20%。部分国产产品如甲基吡咯烷酮、乙二醇等完全依赖德国BASF，甲基二乙氧基硅烷、四氯化铪等存在专利侵权问题。在靶材方面，中国大陆企业的市场份额约为15%。其中，钴靶、铜锰合金靶、钨及合金靶材等仍高度依赖进口，主要被日本 JX nippon、美国 Honeywell、美国 Prixair、日本 Tosoh 等企业垄断。在 CMP 抛光材料方面，钻石修正盘在我国完全处于空白，依赖美国 3M、韩国 SEASOL 进口；超精细抛光垫在我国完全处于空白，主要被美国陶氏杜邦垄断；CMP 抛光液国产化率低于 15%，其中硅、氮化硅等抛光液高度依赖进口，主要被美国陶氏杜邦、卡伯特微电子、日本 Fujimi 等企业垄断。在封装材料方面，先进封装用引线框架、键合丝等产品大部分由三井高科、贺利氏等外资企业垄断。

三、重点企业

我国集成电路材料业排名前十的企业分别为上海硅产业集团（上海新昇、上海新傲和 Okmetic）、深南电路、上海合晶、宁波江丰、有研亿金、南京国盛、杭州立昂微、天津中环、宁波康强和北京达博，总销售额为 107.8 亿元人民币，占我国集成电路材料企业总销售额的 44.7%。我国半导体材料重点企业如表 7-8 所示。

表 7-8　我国半导体材料重点企业

材料种类	企　业	所在地	销售额/亿元人民币
硅片	昆山中辰矽晶有限公司	江苏	—
	上海合晶硅材料有限公司	上海	—
	有研半导体材料有限公司	北京	—
	上海硅产业集团股份有限公司	上海	15.50
	杭州立昂微电子股份有限公司	浙江	9.73
	南京国盛电子有限公司	江苏	—
	重庆超硅半导体有限公司	重庆	—
	上海超硅半导体有限公司	上海	—
	杭州中欣晶圆半导体有限公司	浙江	—
	河北普兴电子科技股份有限公司	河北	—
	天津中环领先材料技术有限公司	天津	13.51
	沈阳硅基科技有限公司	辽宁	—
	麦斯克电子材料有限公司	河南	—
光刻胶	苏州瑞红电子化学品有限公司	江苏	1.79
	北京科华微电子材料有限公司	北京	—
	江阴江化微电子材料股份有限公司	江苏	2.42

续表

材料种类	企　　业	所在地	销售额/亿元人民币
光刻胶	上海新阳半导体材料股份有限公司	上海	—
	潍坊星泰克微电子材料有限公司	山东	—
	江苏南大光电材料股份有限公司	江苏	—
	上海飞凯光电材料股份有限公司	上海	4.09*
	徐州博康信息化学品有限公司	江苏	—
	深圳市容大感光科技股份有限公司	广东	0.25
	江苏艾森半导体材料股份有限公司	江苏	—
高纯化学试剂	上海新阳半导体材料股份有限公司	上海	2.80
	苏州晶瑞化学股份有限公司	江苏	2.10
	江苏达诺尔科技股份有限公司	江苏	0.69
	杭州格林达电子材料股份有限公司	浙江	0.41
	贵州威顿晶磷电子材料股份有限公司	贵州	—
	多氟多化工股份有限公司	河南	2.15
	浙江凯圣氟化学有限公司	浙江	—
	江苏德纳化学股份有限公司	江苏	—
	江阴江化微电子材料股份有限公司	江苏	3.05
	湖北兴福电子材料有限公司	湖北	1.34
	上海化学试剂研究所有限公司	上海	—
	昆山艾森半导体材料有限公司	江苏	—
	江阴润玛电子材料股份有限公司	江苏	—
电子气体	中国船舶重工集团公司第七一八研究所	河北	11.18
	江苏雅克科技股份有限公司（原成都科美特）	江苏	3.73
	湖北和远气体股份有限公司	湖北	0.44
	四川梅塞尔气体产品有限公司	四川	—
	大连特气体有限公司	辽宁	—
	无锡高新气体有限公司	江苏	—
	江苏南大光电材料股份有限公司	江苏	4.30
	中昊光明化工研究设计院有限公司	辽宁	—
	湖北晶星科技股份有限公司	湖北	—
	苏州金宏气体股份有限公司	江苏	2.41
	黎明化工研究设计院有限责任公司	河南	—

续表

材料种类	企　业	所在地	销售额/亿元人民币
电子气体	大连保税区科利德化工科技开发有限公司	辽宁	—
	绿菱电子材料（天津）有限公司	天津	—
	广东华特气体股份有限公司	广东	2.41
抛光材料	安集微电子（上海）有限公司	上海	3.75
	上海新安纳电子科技有限公司	上海	—
	上海江丰平芯电子科技有限公司	上海	—
	湖北鼎龙控股股份有限公司	湖北	0.79
靶材	宁波江丰电子材料股份有限公司	浙江	7.73
	有研亿金新材料有限公司	北京	—
化合物半导体	中科晶电信息材料（北京）有限公司	北京	—
	东莞市中镓半导体科技有限公司	东莞	—
	南京国盛电子有限公司（中电科 55 所）	江苏	—
	苏州纳维科技有限公司	苏州	—
	浙江博蓝特半导体科技股份有限公司	浙江	—
	北京天科合达蓝光半导体有限公司	北京	—
	山东天岳晶体材料有限公司	山东	—
	河北同光晶体有限公司	河北	—
封装基板	深圳市兴森快捷电路科技股份有限公司	广东	3.36
	深南电路股份有限公司	广东	15.44
	上海嘉捷通电路科技股份有限公司	上海	—
	安捷利电子科技（苏州）有限公司	江苏	—
	广州丹邦科技有限公司	广东	—
	无锡天芯互联科技有限公司	江苏	—
	珠海越亚半导体股份有限公司	广东	—
键合丝	宁波康强电子股份有限公司	浙江	4.41
	北京达博有色金属焊料有限责任公司	北京	—
	汕头市骏码凯撒有限公司	广东	—
	烟台一诺电子材料有限公司	山东	—
	浙江佳博科技股份有限公司	浙江	—
引线框架	宁波康强电子股份有限公司	江苏/浙江	8.87
	成都兴盛半导体材料有限公司	四川	—

续表

材料种类	企　　业	所在地	销售额/亿元人民币
引线框架	东莞长安品质电子制造厂	广东	—
	宁波港波电子股份有限公司	浙江	—
	三井高科技（上海）有限公司	上海	—
	四川金湾电子有限责任公司	四川	—
	天水华洋电子科技股份有限公司	甘肃	—
	铜陵丰山三佳微电子有限公司	安徽	—
环氧树脂塑封材料	上海飞凯光电材料股份有限公司	上海	4.09*
	江苏华海诚科新材料股份有限公司	江苏	—
	衡所华威电子有限公司	江苏	—
	汕头市骏码凯撒有限公司	广东	—
其他封装材料	上海飞凯光电材料股份有限公司	上海	4.09*
	江苏联瑞新材料股份有限公司	江苏	3.61
	湖州晶矽粉体材料有限公司	浙江	—
	江苏艾森半导体材料股份有限公司	江苏	—
	汕头市骏码凯撒有限公司	广东	—
	烟台德邦科技有限公司	山东	—

*上海飞凯光电材料股份有限公司在光刻胶、封装材料等半导体材料的总销售额为4.09亿元人民币。

数据来源：赛迪智库整理，2021.4

区 域 篇

第八章

北京市集成电路产业发展情况

一、产业规模

2020 年，北京市集成电路设计业、制造业、封测业销售额呈下降趋势，而集成电路设备业、材料业销售额大幅增长。集成电路产业总销售额基本保持稳定，并有小幅增长。2020 年，北京市集成电路产业销售额为 909.1 亿元人民币，同比增长 1.8%。其中，集成电路设计业、制造业、封测业销售额为 738.9 亿元人民币，同比下降 8.1%；集成电路支撑业（材料业、设备业）销售额为 170.2 亿元人民币，同比上升 91.5%。2012—2020 年北京市集成电路产业销售情况如图 8-1 所示。

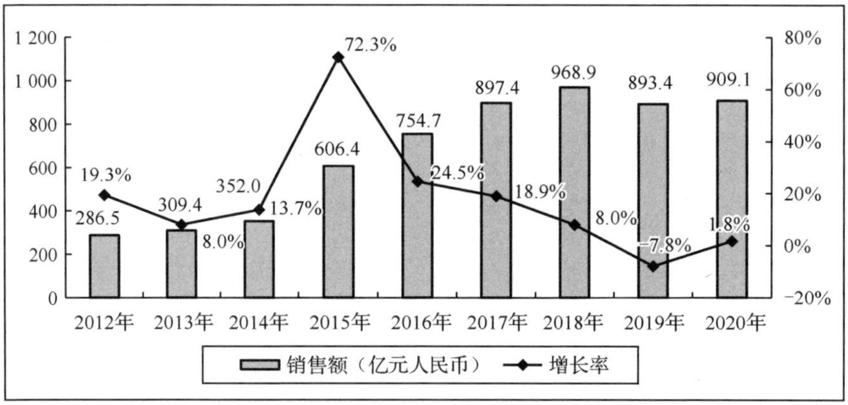

图 8-1　2012—2020 年北京市集成电路产业销售情况

数据来源：北京半导体行业协会，赛迪智库整理，2021.6

二、产业结构

2020 年，集成电路设计业依然是北京市集成电路产业销售额占比最大的环节，占比达到 53.3%，销售额同比下降约 19 百分点；集成电路制造业对北京集成电路产业总产值的贡献继续增加，占比为 20.2%，销售额同比增长 44 百分点；集成电路封测业占比有所下降，为 7.7%，销售额同比下降 12 百分点；集成电路设备业、材料业占比为 18.7%，销售额同比增长 92 百分点。北京市集成电路产业各行业销售情况如表 8-1 所示。2020 年北京市集成电路产业结构如图 8-2 所示。

表 8-1　北京市集成电路产业各行业销售情况

行　　业	2020 年销售额/亿元人民币	2019 年销售额/亿元人民币	增　长　率
集成电路设计业	484.7	597.3	-18.9%
集成电路制造业	183.8	127.3	44.4%
集成电路封测业	70.4	79.9	-11.9%
集成电路设备业、材料业	170.2	88.9	91.5%
合计	909.1	893.4	1.8%

数据来源：北京半导体行业协会，赛迪智库整理，2021.5

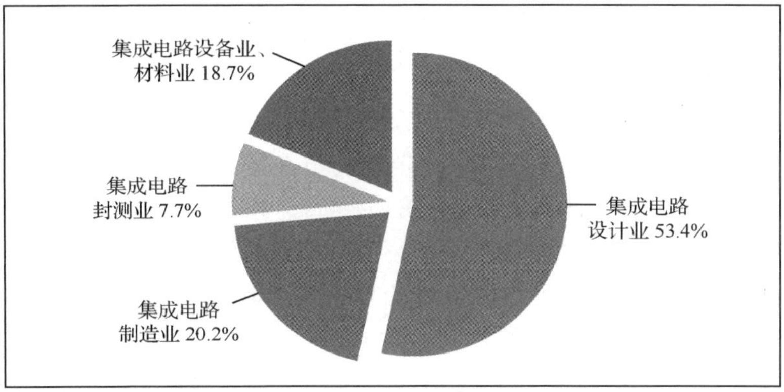

图 8-2　2020 年北京市集成电路产业结构

数据来源：北京半导体行业协会，赛迪智库整理，2021.5

（一）集成电路设计业

2020 年，北京市在全国集成电路设计业市场规模排名中仍位居前三。目前，北京市集成电路设计企业超过150家。其中，智芯微电子销售额超过百亿元人民币，与紫光展锐共同跻身全国前十大集成电路设计企业。在技术水平和产品创新方面，兆易创新推出国内首款容量高达2Gbit、高性能SPI NOR Flash—GD25/GD55 B/T/X系列产品。该系列产品可提供256Mbit至2Gbit的不同容量选择，支持高速4通道，以及兼容JEDEC xSPI和Xccela规格的高速8通道。该系列产品代表了SPI NOR Flash行业的最高工艺水平。矽成半导体、豪威科技、圣邦微电子等企业在车用存储器、图像传感器、电源管理芯片、汽车人工智能等领域已成为我国重要的供应商。其中，豪威科技在汽车图像传感器领域已成为全球第二大供应商，仅次于美国安森美。智芯微电子、寒武纪等公司分别在智能电网核心芯片、人工智能芯片等领域，保持国内领先地位。2013—2020年北京市集成电路设计业销售情况如表8-2所示。

表8-2　2013—2020年北京市集成电路设计业销售情况

	2013年	2014年	2015年	2016年	2017年	2018年	2019年	2020年
销售额/亿元人民币	159.5	188.3	425.7	510.4	643.0	657.2	597.3	484.7
增　长　率	15.2%	18.0%	126.1%	19.9%	26.0%	2.3%	−9.1%	−18.8%

数据来源：北京半导体行业协会，赛迪智库整理，2021.5

（二）集成电路制造业

2020年，集成电路制造业是北京市集成电路产业中销售额增长最多的环节。其中，中芯北京和中芯北方合计贡献的销售额达到193亿元人民币，占北京市集成电路制造业总销售额的40%。中芯国际在北京市拥有目前国内月产能最大的12in集成电路代工生产线，现有76个工艺平台，涵盖0.18μm至22nm产品制程，是国内规模最大、技术最先进的集成电路生产基地之一。中芯国际于2020年12月与国家集成电路产业投资基金、亦庄国投合资成立中芯京城集成电路制造（北京）有限公司，项目总投资约为497亿元人民币，将分两期建设，一期项目计划于2024年完工，建成后将实现约10万片/月12in晶圆的产能。在特色工艺方面，燕东微电子在2020年实现了8in晶圆量产。赛微电子与国家集成电路产业投资基金共同投资的赛莱克斯微系统科技（北京）有限公司8in MEMS国际代工生产线于2020年建成并投产。2013—2020年北京市集成电路制造业销售情况如表8-3所示。北京市集成电路制造业生产线分布情况如表8-4所示。

表 8-3　2013—2020 年北京市集成电路制造业销售情况

	2013 年	2014 年	2015 年	2016 年	2017 年	2018 年	2019 年	2020 年
销售额/亿元人民币	65.3	50.1	53.2	72.8	82.0	118.2	127.3	183.8
增　长　率	4.5%	−23.1%	6.2%	36.5%	12.7%	44.2%	7.7%	44.4%

数据来源：北京半导体行业协会，赛迪智库整理，2021.5

表 8-4　北京市集成电路制造业生产线分布情况

企　　业	生产线	晶圆尺寸/in	技术水平	计划产能/（万片/月）
中芯北京	BJB1	12	90～55nm CMOS、逻辑芯片	5
中芯北方	BJB2A	12	65～28nm CMOS（Cu 制程）	3.5
	BJB2B	12	45～28nm CMOS	3.5
燕东微电子	Fab1	8	0.25～0.09μm 芯片	2
	Fab2	6	1.0～0.35μm 数模混合芯片、BCD	6
赛微电子	—	8	MEMS	1

数据来源：赛迪智库整理，2021.3

（三）集成电路封测业

2020 年，北京市集成电路封测业销售额为 70.4 亿元人民币，同比下降 11.9%。北京市集成电路封测业销售额连续两年呈下滑态势，其主要原因在于威讯联合半导体（Qorvo）和瑞萨（Renesas）两家在京外资集成电路封测企业因为战略调整将部分产能和收入转移到其他区域。2013—2020 年北京市集成电路封测业销售情况如表 8-5 所示。

表 8-5　2013—2020 年北京市集成电路封测业销售情况

	2013 年	2014 年	2015 年	2016 年	2017 年	2018 年	2019 年	2020 年
销售额/亿元人民币	77.3	85.8	80.4	102.9	98.3	105.4	79.9	70.4
增　长　率	5.8%	10.9%	−6.3%	28.0%	−4.5%	7.2%	−24.2%	−11.9%

数据来源：北京半导体行业协会，赛迪智库整理，2021.5

（四）集成电路设备业、材料业

2020 年，北京市集成电路设备业、材料业稳定发展。北方华创实现销售额为 60.6 亿元人民币，同比增长 49.2%。北方华创多种集成电路先进制程产品通过客户验证，成熟制程设备工艺覆盖率快速提升，刻蚀机、PVD、立式炉、清洗机等产品在集成电路主流客户实现规模销售。屹唐半导体（Mattson）在去胶设备市场占有率全球排名第二。华峰测控已成长为我国最大的半导体测试系统本土供应商，并已打入国际集成电路封测市场供应商体系，在中国台湾、东南亚、日本和欧洲等地区均实现装机。截至 2020 年年底，华峰测控测试系统累计装机量超过 3 500 台。中国电子科技集团电科装备旗下烁科中科信 12in 中束流离子注入机顺利搬入集成电路大型生产线。电科装备自主研制的高能离子注入机成功实现百万电子伏特高能离子加速。北京科华推出 KMP DK5010 光刻胶，可以覆盖 14nm 以上 implant 层次的 KrF（248nm）光刻胶需求。2014—2020 年北京市集成电路设备业、材料业销售情况如表 8-6 所示。

表 8-6　2014—2020 年北京市集成电路设备业、材料业销售情况

	2014 年	2015 年	2016 年	2017 年	2018 年	2019 年	2020 年
销售额/亿元人民币	30.2	52.1	68.8	74.0	88.1	88.9	170.2
增 长 率	—	32.9%	32.1%	7.6%	19.1%	0.9%	91.5%

数据来源：北京半导体行业协会，赛迪智库整理，2021.5

三、产业特点

一是北京市集成电路产业综合实力强。北京市在集成电路设计业、制造业、封测业、设备业、材料业等环节均有企业布局，产业链环节覆盖全面。其中，2020 年集成电路设计业销售额继续保持全国前三名；2020 年集成电路制造业、设备业、材料业销售额实现大幅增长。

二是北京市集成电路产业区域集聚效应显著。北京市中关村集成电路设计园集聚兆易创新、比特大陆、兆芯等众多优质集成电路设计企业，亦庄集聚了中芯北京、中芯北方、北方华创、屹唐半导体等众多知名集成电路制造和设备企业。

三是北京市集成电路产业人才优势明显。北京市拥有国内顶尖高校和科研院所，专业人才优势突出，同时良好的产业基础和环境对专业人才具有较强的吸引作用。

第九章

上海市集成电路产业发展情况

一、产业规模

上海市已经成为我国集成电路产业链最完整、产业最集中、综合技术最先进的地区之一。根据上海市集成电路行业协会的数据，2020 年，上海市集成电路产业销售额为 2 071.33 亿元人民币，同比增长 21.37%，这是 2014 年以来上海市集成电路产业连续第七年实现销售额 10%以上的增长。2011—2020 年上海市集成电路产业销售情况如图 9-1 所示。

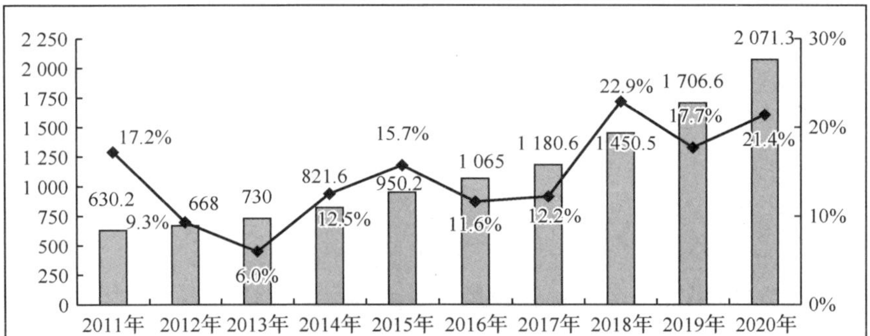

图 9-1　2011—2020 年上海市集成电路产业销售情况

数据来源：上海市集成电路行业协会，上海市集成电路行业统计网（SICS），赛迪智库整理，2021.3

二、产业结构

2020 年，上海市集成电路产业链各主要环节继续协同发展。其中，集成电路设计业销售额为 954.15 亿元人民币，同比增长 33.39%，占集成电路产业整体销售额的 46.1%；集成电路制造业销售额为 467.18 亿元人民币，同比增长 19.87%，占集成电路产业整体销售额的 22.6%；集成电路封测业销售额为 430.9 亿元人民币，同比增长 12.64%，占集成电路产业整体销售额的 20.8%；集成电路设备业、材料业销售额为 219.1 亿元人民币，与 2019 年基本持平，占集成电路产业整体销售额的 10.6%。2018—2020 年上海市集成电路产业各行业销售情况如表 9-1 所示。2020 年上海市集成电路产业结构如图 9-2 所示。

表 9-1　2018—2020 年上海市集成电路产业各行业销售情况

行　业	2020 年		2019 年		2018 年	
	销售额/亿元人民币	增长率	销售额/亿元人民币	增长率	销售额/亿元人民币	增长率
集成电路设计业	954.15	33.39%	715.31	48.4%	482.0	10.2%
集成电路制造业	467.18	19.87%	389.75	−2.2%	398.4	41.3%
集成电路封测业	430.90	12.64%	382.54	3.7%	368.9	18.9%
集成电路设备、材料业	219.10	0.06%	218.96	8.8%	201.2	33.3%
合计	2 071.33	21.37%	1 706.56	17.7%	1 450.5	22.9%

数据来源：上海市集成电路行业协会，上海集成电路行业统计网（SICS），赛迪智库整理，2021.3

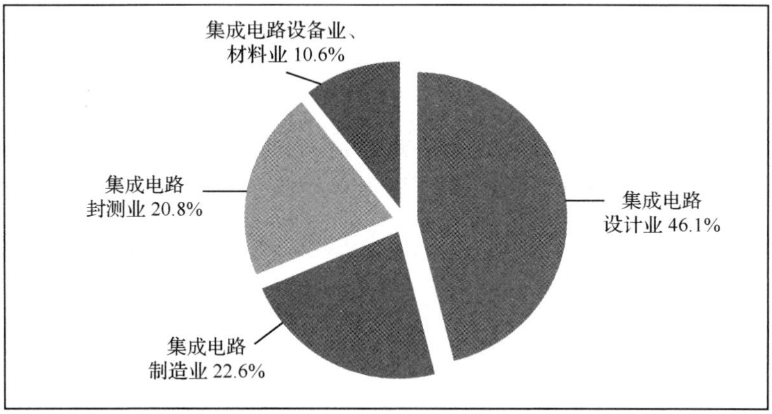

图 9-2　2020 年上海市集成电路产业结构

数据来源：上海市集成电路行业协会，赛迪智库整理，2021.3

（一）集成电路设计业

集成电路设计业销售额在上海市集成电路产业各环节销售额中是最高的。根据上海市集成电路行业协会的数据，2020 年，上海市集成电路设计业销售额达到 954.15 亿元人民币，占全国集成电路设计业总销售额的 25.3%。该占比仅次于深圳市的，位列全国城市第二位。2013—2020 年上海市集成电路设计业销售情况如表 9-2 所示。

表 9-2　2013—2020 年上海市集成电路设计业销售情况

	2013 年	2014 年	2015 年	2016 年	2017 年	2018 年	2019 年	2020 年
销售额/亿元人民币	210.2	240.9	303.5	365.0	437.4	482.0	715.31	954.15
增　长　率	22.8%	14.7%	26.0%	20.4%	19.8%	10.2%	48.4%	33.4%
产业链比重	28.8%	29.3%	31.9%	34.3%	37%	33.2%	41.9%	46.1%

数据来源：上海市集成电路行业协会，上海市集成电路行业统计网（SICS），赛迪智库整理，2021.3

（二）集成电路制造业

上海市是国内集成电路制造企业集中度最高、工艺技术相对最为先进的产业聚集地之一。2020 年，上海市集成电路制造业销售额为 467.18 亿元人民币，同比增长 19.87%，占上海市集成电路产业总销售额的 22.6%，占全国集成电路制造业总销售额的 18.2%。2020 年，中芯国际 14nm 芯片实现量产，且良品率已经达到行业标准，而 7nm 芯片制程研发取得突破。上海华力在 2020 年成功量产 LPP 和 HKC+工艺芯片，22nm 的 FDSOI 工艺芯片计划 2021 年量产。2013—2020 年上海市集成电路制造业销售情况如表 9-3 所示。2020 年上海市集成电路制造业生产线分布情况如表 9-4 所示。

表 9-3　2013—2020 年上海市集成电路制造业销售情况

	2013 年	2014 年	2015 年	2016 年	2017 年	2018 年	2019 年	2020 年
销售额/亿元人民币	151.9	186.2	215.9	240.0	281.96	398.4	389.75	467.18
增　长　率	12.9%	22.6%	15.9%	11.5%	7.6%	41.3%	−2.2%	19.9%
产业链比重	20.8%	22.7%	22.7%	22.5%	23.8%	27.5%	22.8%	18.2%

数据来源：上海市集成电路行业协会，上海市集成电路行业统计网（SICS），赛迪智库整理 2021，3

表 9-4　2020 年上海市集成电路制造业生产线分布情况

企　业	生产线	晶圆尺寸/in	技术水平	计划产能/（万片/月）
中芯国际（上海）	Fab8	12	28～14nm CMOS	3.5
	Fab1	8	0.35～0.11μm CMOS	12
	Fab2			
	Fab3		0.13～0.09μm CMOS（Cu 制程）	3
	Fab9		0.18～0.13μm CMOS 图像传感器芯载彩色滤膜制作/MEMS	
上海华力	HHFab5	12	0.55～0.028μm CMOS	3.5
	HHFab6		28nm，HKC+芯片	4
上海华虹宏力	HHFab1	8	0.35～0.11μm CMOS、数模混合芯片	8
	HHFab2	8		5
	HHFab3	8	0.35～0.09μm CMOS	5
台积电（中国）	Fab10	8	0.35～0.13μm CMOS	13
上海先进	Fab1	8	0.35～0.25μm CMOS、数模混合芯片	2～3
积塔半导体	FAB1	8	0.11μm 模拟电路、高压芯片、化合物半导体芯片	6

数据来源：上海市集成电路行业统计网（SICS），赛迪智库整理，2021.3

（三）集成电路封测业

2020 年，上海市集成电路封测业销售额为 430.9 亿元人民币，同比增长 12.64%，占上海市集成电路产业总销售额的 20.8%，占全国集成电路封测业总销售额的 17.2%。上海市集成电路封测企业包括日月光（ASE）、安靠（Amkor）、晟碟半导体（SanDisk）、捷敏电子（GEM）、葵和精密电子（APM）、环旭电子、紫光宏茂等。2013—2020 年上海市集成电路封测业销售情况如表 9-5 所示。

表 9-5　2013—2020 年上海市集成电路封测业销售情况

	2013 年	2014 年	2015 年	2016 年	2017 年	2018 年	2019 年	2020 年
销售额/亿元人民币	295.3	310.1	332.2	360.0	310.3	368.9	382.5	430.9
增　长　率	0.5%	5.0%	7.1%	5.6%	-0.8%	18.9%	3.7%	12.6%
产业链比重	40.5%	37.7%	35.0%	33.8%	26.2%	31.3%	22.4%	20.8%

数据来源：上海市集成电路行业协会，上海市集成电路行业统计网（SICS），赛迪智库整理 2021，3

（四）集成电路设备业、材料业

2020 年，上海市集成电路设备业、材料业销售额为 219.1 亿元人民币，与 2019 年基本持平，占上海市集成电路产业总销售额的 10.6%。上海市集成电路设备企业包括中微半导体、上海微电子装备、盛美半导体等。上海市集成电路材料企业包括上海新傲科技、上海新昇半导体、上海新阳、上海超硅、安集科技等。2013—2020 年上海市集成电路设备业、材料业销售情况如表 9-6 所示。

表 9-6　2013—2020 年上海市集成电路设备业、材料业销售情况

	2013 年	2014 年	2015 年	2016 年	2017 年	2018 年	2019 年	2020 年
销售额/亿元人民币	72.8	84.4	90.8	100.0	150.96	201.2	218.96	219.1
增　长　率	6.6%	15.9%	16.6%	9.4%	34.1%	33.3%	8.8%	0.06%
产业链比重	10.0%	10.3%	10.4%	10.1%	12.7%	17.0%	12.8%	10.6%

数据来源：上海市集成电路行业协会，上海市集成电路行业统计网（SICS），赛迪智库整理 2021，3

三、产业特点

一是上海市集成电路产业整体实力强。上海市集成电路设计业、制造业、封测业、设备业、材料业协同发展，是我国集成电路产业链最完整、产业最集中、综合技术实力最强的地区之一。

二是上海市集成电路产业呈“一核多极”的空间分布格局。上海市集成电路产业空间布局上形成了以浦东新区为核心，徐汇、杨浦、松江、嘉定、金山、青浦多区分散发展的格局。

三是上海市集成电路产业创新资源丰富。上海拥有众多知名高校和科研院所，人才资源充沛，研发实力雄厚。

第十章

深圳市集成电路产业发展情况

一、产业规模

深圳市是信息技术（IT）产业的重镇，也是我国集成电路产品的集散中心、应用中心和设计中心。近年来，深圳市一直将集成电路产业作为重点产业来发展，尤其集成电路设计业的市场规模和技术水平均处于国内领先地位。深圳市集成电路设计业产值连续九年位居全国各大城市首位。据不完全统计，截至 2020 年年底，深圳市有 260 多家集成电路企业。其中，集成电路设计企业数量最多，占比为 70.9%；集成电路封测企业数量占比为 14.2%；集成电路设备企业数量占比为 12.2%；集成电路制造企业数量占比为 1.2%；集成电路材料企业数量占比为 1.6%。在这些集成电路企业中，国家高新技术企业和深圳市高新技术企业有 130 家，占全市集成电路企业总数的 51.2%。2020 年深圳市集成电路产业链企业数量占比情况如图 10-1 所示。

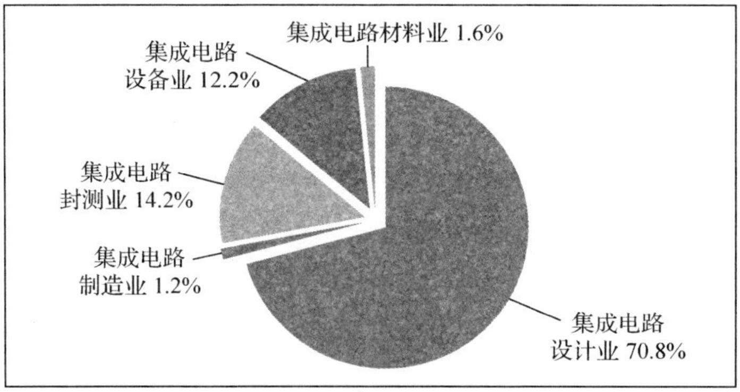

图 10-1　2020 年深圳市集成电路产业链企业数量占比情况

数据来源：深圳市 IC 基地，深圳市半导体行业协会，赛迪智库整理，2021.4

根据对深圳市集成电路企业的不完全统计显示（共收集到 118 家企业数据，包括集成电路设计企业 86 家、集成电路封测企业 20 家、集成电路制造企业 3 家、集成电路设备企业 6 家、集成电路材料企业 3 家，基本囊括了深圳市集成电路产业上下游相关的具有一定规模的企业）。2020 年，深圳市集成电路产业销售额超过 1500 亿元人民币，深圳市集成电路产量为 304.77 亿块。

二、产业结构

从整个集成电路产业链的发展情况来看，2020 年深圳市集成电路产业市场规模呈现增长态势，产业结构也逐步向产业均衡趋势发展，集成电路设计业、制造业、封测业、材料业、设备业市场规模均实现了增长。深圳市汇集了处理器、存储器、FPGA、射频芯片、光通信芯片等众多半导体及集成电路产品，门类齐全。在处理器方面，以海思的鲲鹏、麒麟为代表的高端产品技术处于全球领先地位。在存储器方面，江波龙、金泰克、佰维等模组品牌产品几乎占据了全部国产存储器市场；FPGA 则以国微电子、紫光同创企业的产品为代表，在军用领域优势明显。深圳市光通信芯片企业的产品涵盖整个光通信产业链，市场规模位居全国第一。

（一）集成电路设计业

深圳市集成电路设计业市场规模连续九年位于全国城市首位，2020 年销售额超过 1 200 亿元人民币。深圳市形成了以海思、汇顶、敦泰等公司为代表，并具有相当规模的集成电路设计与应用企业聚集基地，构建了 5G、通信、物联网、显示驱动与触控、汽车电子、人工智能等集成电路设计与应用优势产业链。2011—2020 年深圳市集成电路设计业销售情况如表 10-2 所示。

表 10-2　2011—2020 年深圳市集成电路设计业销售情况

	2014 年	2015 年	2016 年	2017 年	2018 年	2019 年	2020 年
销售额/亿元人民币	265.1	380.9	493.5	590.0	731.8	1 131.1	1 200
增　长　率	19.7%	43.7%	29.6%	19.6%	24.0%	54.6%	6.1%

数据来源：深圳市 IC 基地，深圳市半导体行业协会，赛迪智库整理，2021.4

（二）集成电路制造业

深圳市集成电路制造业的发展严重滞后于深圳集成电路设计业的发展。

2020 年，深圳市集成电路制造业销售额为 20 亿元人民币左右。目前，深圳市集成电路制造企业仅有中芯国际（深圳）、方正微电子及深爱半导体三家。深圳市现已建成投产的只有 6 条晶圆生产线，最大加工晶圆尺寸为 8in，还停留在大于 90nm 产品工艺水平上。目前，深圳市已有多家集成电路设计企业可以设计出最小特征线宽小于 50nm 产品。集成电路制造业的薄弱容易引发深圳市集成电路产业空心化，尤其是在目前集成电路制造产能紧缺的情况下，可能会限制深圳市集成电路产业的进一步发展。一方面深圳市发展集成电路制造业有利于巩固其集成电路产业，另一方面也应该同时考虑深圳市房价高、土地紧张等因素对发展集成电路制造业的影响。2014—2020 年深圳市集成电路制造业销售情况如表 10-3 所示。2020 年深圳市集成电路制造企业生产线分布情况如表 10-4 所示。

表 10-3　2014—2020 年深圳市集成电路制造业销售情况

	2014 年	2015 年	2016 年	2017 年	2018 年	2019 年	2020 年
销售额/亿元人民币	5.3	10.7	16.4	16.1	17.7	19.3	20
增　长　率	-25.0%	101.9%	53.3%	-1.6%	9.4%	9.2%	3.6%

数据来源：深圳市 IC 基地，深圳市半导体行业协会，赛迪智库整理，2021.4

表 10-4　2020 年深圳市集成电路制造企业生产线分布情况

企　　业	**生产线数量（已投产）**	**最大晶圆尺寸/in**	**技术水平**	**最高产能/（万片/月）**
深圳深爱半导体股份有限公司	3	6in	0.35μm	13
深圳方正微电子有限公司	2	6in	0.5～2.5μm	5.2
中芯国际集成电路制造（深圳）有限公司	1	8in	90nm～0.35μm	5.5
			>0.35μm	

数据来源：深圳 IC 基地，深圳市半导体行业协会，赛迪智库整理，2021.4

（三）集成电路封测业

与国内其他地区的集成电路封测业相比，深圳市集成电路封测业一直处于相对薄弱的地位。但是，在存储模块产品封装方面，深圳市聚集了深圳市江波龙电子有限公司、记忆科技（深圳）有限公司、深圳佰维存储科技股份有限公司、深圳市宏旺微电子有限公司、深圳市时创意电子有限公司等优秀企业。2020 年，深圳市集成电路封测业销售额为 200 亿元人民币。2014—2020

年深圳市集成电路封测业销售情况如表 10-5 所示。

表 10-5　2014—2020 年深圳市集成电路封测业销售情况

	2014 年	2015 年	2016 年	2017 年	2018 年	2019 年	2020 年
销售额/亿元人民币	48.7	46.5	53.5	62.2	62.2	176.65	200
增　长　率	29.1%	−4.5%	15.0%	16.3%	−0.1%	184.0%	13.2%

数据来源：深圳市 IC 基地，深圳市半导体行业协会，赛迪智库整理，2021.4

（四）集成电路设备业、材料业

集成电路的生产制造和封测主要集中在华东地区，而深圳市集成电路设备业、材料业相对薄弱。随着深圳市产业政策的落实，以及宽禁带半导体、传感器等应用的落地，包括深圳市在内的华南地区也逐步开始重视在集成电路设备、材料方面的发展。统计数据显示，2020 年深圳市集成电路设备业和材料业销售额分别为 20 亿元人民币和 110 亿元人民币，其代表性企业有深圳先进微电子科技有限公司、深南电路股份有限公司、中科飞测等。

三、产业特点

一是集成电路设计业是深圳市集成电路产业的一大亮点，占深圳市集成电路产业总销售额的近 80%，占全国集成电路设计业总销售额的 37%，且近年来持续高速增长。

二是深圳市电子信息制造业发达，整机对集成电路产业发展的带动效应显著。

三是深圳市的电子信息和集成电路产业市场活跃，5G、人工智能、物联网、智能网联汽车等新兴市场涌现出众多企业，为集成电路产业带来新生力量。

第十一章

江苏省集成电路产业发展情况

一、产业规模

江苏省是我国重要集成电路产业聚集地之一，产业规模居全国首位。2020 年，江苏省集成电路产业销售额达到 2 820.7 亿元人民币，同比增长 28.7%。2012—2020 年江苏省集成电路产业销售情况如图 11-1 所示。

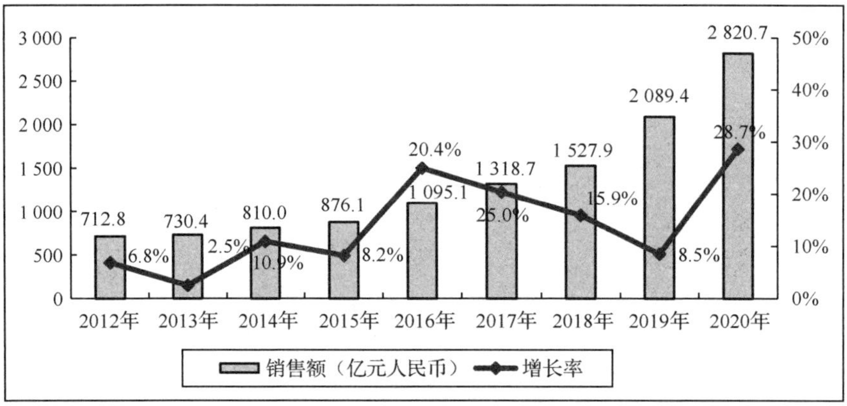

图 11-1 2012—2020 年江苏省集成电路产业销售情况

数据来源：江苏省半导体行业协会，赛迪智库整理，2021.3

二、产业结构

江苏省在集成电路设计业、制造业、封测业、设备业、材料业各环节均涌现出一批有实力的企业，已经形成较为完备的集成电路产业链。2020 年，江苏省集成电路产业链各环节市场规模继续保持快速增长态势。其中，集成电路封测业销售额为 1 315.4 亿元人民币，占江苏省集成电路产业总销售额的 46.6%，继续成为江苏省集成电路产业总销售额占比最大的产业环节；集成电路支撑业（设备业、材料业）销售额为 620.2 亿元人民币，占江苏省集成电路产业总销售额的 22.0%；集成电路设计业销售额为 502.3 亿元人民币，占江苏省集成电路产业总销售额的 17.8%；集成电路制造业销售额为 382.8 亿元人民币，占江苏省集成电路产业总销售额的 13.6%。2019—2020 年江苏省集成电路产业各行业销售情况如表 11-1 所示。2020 年江苏省集成电路产业结构如图 11-3 所示。

表 11-1　2019—2020 年江苏省集成电路产业各行业销售情况

行　　业	2020 年销售额/亿元人民币	2019 年销售额/亿元人民币	增　长　率
集成电路设计业	502.3	279.8	79.5%
集成电路制造业	382.8	337.1	13.6%
集成电路封测业	1 315.4	1 015.7	29.5%
集成电路支撑业	620.2	560.0	10.8%
合计	2 820.7	2 192.6	28.6%

数据来源：江苏省半导体行业协会，赛迪智库整理，2021.3

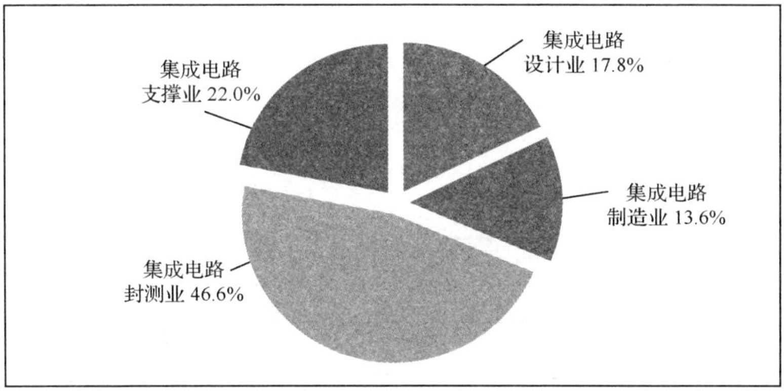

图 8-3　2020 年江苏省集成电路产业结构

数据来源：江苏省半导体行业协会，赛迪智库整理，2021.3

（一）集成电路设计业

江苏省集成电路设计业市场规模持续保持增长态势，2020 年销售额达到 502.3 亿元人民币，同比增长 79.6%，占江苏省集成电路产业总销售额的 17.8%，占全国集成电路设计业总销售额的 13.3%。近年来，在汽车电子、5G、人工智能、物联网等新兴应用市场的带动下，江苏省集成电路设计业市场规模取得了快速增长。2013—2020 年江苏省集成电路设计业销售情况如表 11-2 所示。

表 11-2 2013—2020 年江苏省集成电路设计业销售情况

	2013 年	2014 年	2015 年	2016 年	2017 年	2018 年	2019 年	2020 年
销售额/亿元人民币	106.7	119.9	153.7	161.3	194.7	230.5	279.8	502.3
增 长 率	14.6%	12.4%	28.2%	4.9%	20.7%	18.4%	21.4%	79.6%

数据来源：江苏省半导体行业协会，赛迪智库整理，2021.3

（二）集成电路制造业

2020 年，江苏省集成电路制造业销售额达到 382.8 亿元人民币，同比增长 13.6%，占全国集成电路制造业总销售额的 15.0%。江苏省拥有 4 条 12in 晶圆生产线，分别是台积电（南京）Fab16、海力士（中国）HC1 和 HC2、华虹半导体（无锡）Fab7。在 8in 晶圆生产线方面，江苏省拥有华润微电子、和舰科技（苏州）、海辰半导体 3 家企业的共计 4 条晶圆生产线。2013—2020 年江苏省集成电路制造业销售情况如表 11-3 所示。江苏省集成电路制造业晶圆生产线分布情况如表 11-4 所示。

表 11-3 2013—2020 年江苏省集成电路制造业销售情况

	2013 年	2014 年	2015 年	2016 年	2017 年	2018 年	2019 年	2020 年
销售额/亿元人民币	163.6	194.8	209.7	216.1	245.9	284.9	337.3	382.8
增 长 率	−16.6%	19.1%	7.6%	3.1%	13.8%	15.8%	18.4%	13.6%

数据来源：江苏省半导体行业协会，赛迪智库整理，2021.3

表 11-4 江苏省集成电路制造业晶圆生产线分布情况

尺寸/in	工 厂 名 称	工厂编号	计划产能/（万片/月）	技 术 水 平
12	台积电（南京）	Fab16	1.5	16nm FinFET 工艺
	华虹半导体（无锡）	Fab7	4	55nm 特色工艺
	海力士（中国）	HC1	10	0.090～0.040μm DRAM
		HC2	10	0.045～0.020μm CMOS
8	和舰科技（苏州）	Fab1	6	0.35～0.15μm CMOS
		Fab2	4	0.13～0.11μm CMOS

续表

尺寸/in	工厂名称	工厂编号	计划产能/（万片/月）	技术水平
8	华润微电子	Fab2	6.5	0.25～0.13μm，ximed-Signal\HVCMOS\BCD\RF CMO\e-NVM\Logic 数模混合芯片、BCD、功率器件
	海辰半导体	M8	11.5	面板驱动 IC（DDI）、电源管理 IC（PMIC）、CMOS 影像感测器（CIS）

数据来源：赛迪智库整理，2021.3

（三）集成电路封测业

江苏省集成电路封测业市场规模连续多年位居全国首位。江苏省集聚了国内集成电路封测业前三大龙头企业——长电科技、通富微电和华天科技。2020 年，江苏省集成电路封测业销售额达到 1 315.4 亿元人民币，同比增长 29.5%，占江苏省集成电路产业总销售额的 46.6%，占全国集成电路封测业总销售额的 52.4%，代表企业包括长电科技、华天科技、通富微电、晶方科技、矽品，以及英飞凌科技（无锡）、海太半导体（无锡）等中外合资集成电路封测企业。2013—2020 年江苏省集成电路封测业销售情况如表 11-5 所示。

表 11-5　2013—2020 年江苏省集成电路封测业销售情况

	2013 年	2014 年	2015 年	2016 年	2017 年	2018 年	2019 年	2020 年
销售额/亿元人民币	460.1	495.3	512.7	719.3	878.2	1 012.6	1 055.1	1 315.4
增长率	8.5%	7.7%	3.5%	40.3%	22.1%	15.3%	4.2%	29.5%

数据来源：江苏省半导体行业协会，赛迪智库整理，2021.3

（四）集成电路支撑业

2020 年，江苏省集成电路支撑业销售额达到 620.2 亿元人民币，同比增长 10.7%，占江苏省集成电路产业总销售额的 22.0%。近年来，江苏省集成电路支撑业发展较为平稳，代表企业包括新莱应材、吉姆西半导体、阿斯麦（ASML）在无锡和南京的分公司等集成电路设备企业，苏州晶瑞化学、苏州金宏气体、江苏南大光电、无锡中环领先、江阴江化微电子等集成电路材料企业。2013—2020 年江苏省集成电路支撑业销售情况如表 11-6 所示。

表 11-6　2013—2020 年江苏省集成电路支撑业销售情况

	2013 年	2014 年	2015 年	2016 年	2017 年	2018 年	2019 年	2020 年
销售额/亿元人民币	277.5	304.9	316.1	337.4	369.0	398.2	417.1	620.2
增　长　率	11.4%	9.9%	3.7%	6.7%	9.4%	7.9%	4.7%	10.7%

数据来源：江苏省半导体行业协会，赛迪智库整理，2021.3

三、产业特点

一是江苏省集成电路产业实力强，产业链较为完整和全面，涵盖设计业、制造业、封测业、设备业、材料业、EDA 等环节。其中，江苏省以集成电路封测业最为突出，其集成电路封测业销售额占江苏省集成电路产业总销售额接近一半，集聚了众多全国集成电路封测龙头企业。

二是江苏省集成电路产业在地理空间分布上，形成了以无锡市、苏州市和南京市等城市为核心的苏南地区集成电路产业带，而苏北和苏中地区集成电路产业发展势头良好。

第十二章

浙江省集成电路产业发展情况

一、产业规模

作为我国集成电路产业的重要生产基地，浙江省集成电路产业链建设已经较为完整，无论是在芯片设计、晶圆制造、封装测试和产品应用等领域，还是在半导体装备、系列材料等配套领域，都取得不错的成绩。根据浙江省半导体行业协会对全省集成电路产业统计，2020 年，浙江省集成电路产业链上下游核心领域共有 650 余家企业，同比增长 25%；从业人员约有 7.8 万人，同比增长 20%。2020 年全省集成电路产业销售额为 1 168 亿元人民币，同比增长 49.6%。2015—2020 年浙江省集成电路产业销售情况如图 12-1 所示。

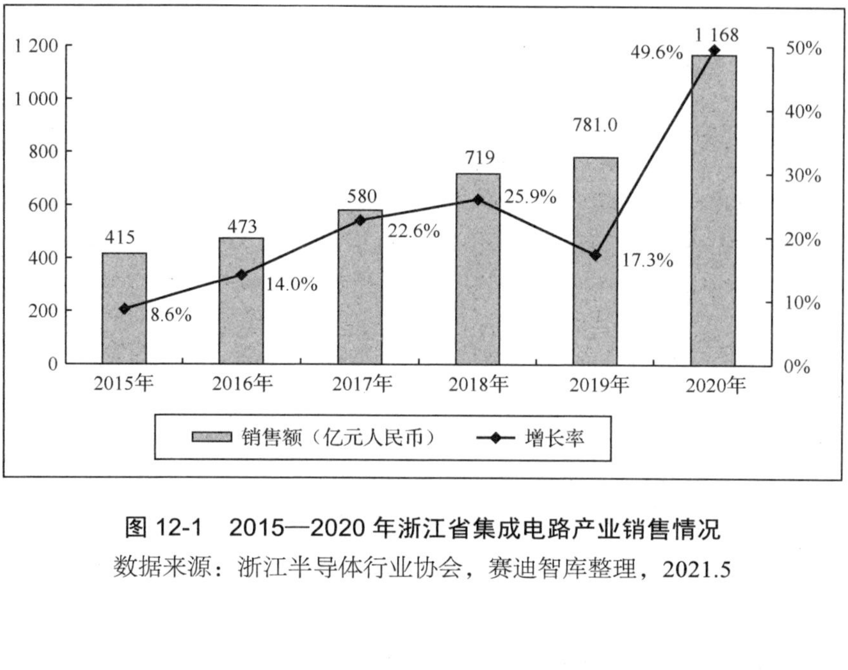

图 12-1　2015—2020 年浙江省集成电路产业销售情况

数据来源：浙江半导体行业协会，赛迪智库整理，2021.5

二、产业结构

纵观近年来浙江省集成电路产业的发展情况，集成电路设计业和材料业是浙江省集成电路产业发展的支柱环节，2020 年其销售额分别占浙江省集成电路产业总销售额的 36.1%和 30.8%；与集成电路设计业和材料业相比，集成电路制造业和封测业相对弱势，2020 年其销售额占浙江省集成电路产业总销售额的 14.5%；集成电路设备业等销售额在浙江省集成电路产业总销售额的占比相对较少。2020 年浙江省集成电路产业结构如图 12-2 所示。2019—2020 年浙江省集成电路产业各行业销售情况如表 12-1 所示。

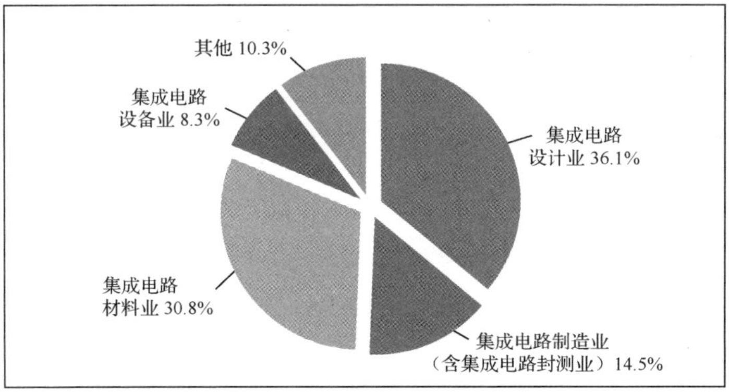

图 12-2　2020 年浙江省集成电路产业结构

数据来源：浙江省半导体行业协会，赛迪智库整理，2021.5

表 12-1　2019—2020 年浙江省集成电路产业各行业销售情况

行　业	2019 年		2020 年	
	销售额/亿元人民币	增长率	销售额/亿元人民币	增长率
集成电路设计业	202.0	46.4%	386.0	91.1%
集成电路制造业和封测业	112.0	3.7%	155.0	38.4%
集成电路材料业	266.6	20.4%	330.0	23.8%
集成电路设备业	68.3	-4.3%	89.0	30.3%
集成电路光电器件业	48.4	5.8%	110.0	127.3%
合计	697.3	—	1 070.0	53.4%

数据来源：浙江省半导体行业协会，赛迪智库整理，2021.5

（一）集成电路设计业

浙江省集成电路设计业销售额突破 300 亿元人民币大关，达到 386 亿元人民币，同比增长91.1%。集成电路设计业属于浙江省集成电路产业链上最具特色的行业之一。浙江省共有集成电路设计企业近300家，从业人员超过1万人。2020年，浙江省设计业市场规模大幅增长，主要是绍兴市、嘉兴市的集成电路设计业市场规模突然增长。2013—2020年浙江省集成电路设计业销售情况如表12-2所示。

表12-2 2013—2020年浙江省集成电路设计业销售情况

	2013年	2014年	2015年	2016年	2017年	2018年	2019年	2020年
销售额/亿元人民币	57.3	70.0	77.7	87.7	112.5	138.0	202.0	386.0
增　长　率	24.8%	22.3%	11.0%	14.3%	28.4%	22.7%	46.4%	91.09%

数据来源：浙江省半导体行业协会，赛迪智库整理，2021.5

（二）集成电路制造业（含集成电路封测业）

2020年，浙江省集成电路制造业和封测业销售额为155亿元人民币，同比增长38.4%。其中，集成电路晶圆制造业销售额为63亿元人民币，同比增长33.9%；集成电路封测业销售额为92亿元人民币，同比增长87.8%。目前，浙江省晶圆生产线主要分布于杭州市、绍兴市、宁波市，共有11条晶圆生产线。其中，8条晶圆生产线在杭州市，2条晶圆生产线在宁波市，1条晶圆生产线在绍兴市。2015—2020年浙江省集成电路制造业和封测业销售情况如表12-3所示。

表12-3 2015—2020年浙江省集成电路制造业和封测业销售情况

	2015年	2016年	2017年	2018年	2019年	2020年
销售额/亿元人民币	88.6	103.9	105.5	108.0	112.0	155.0
增　长　率	16.6%	17.3%	1.5%	2.4%	3.7%	38.4%

数据来源：浙江省半导体行业协会，赛迪智库整理，2021.5

（三）集成电路材料业

2020年，浙江省集成电路材料业销售额为330亿元人民币，同比增长23.8%。集成电路材料业是浙江的传统优势行业。目前，浙江省集成电路材料生产基地主要集中在宁波市、衢州市、杭州市、嘉兴市等。浙江省集成电路材料业优势产品主要集中在固体干材料领域。其中，硅片材料、硅基光伏材料、封装材料、溅射靶材等是浙江省最有竞争力的集成电路材料产品。

2015—2020 年浙江省集成电路材料业销售情况如表 12-4 所示。

表 12-4　2015—2020 年浙江省集成电路材料业销售情况

	2015 年	2016 年	2017 年	2018 年	2019 年	2020 年
销售额/亿元人民币	150.4	157.2	169.8	271.5	266.6	330
增　长　率	-3.8%	4.5%	8.1%	60.1%	20.4%	23.8%

数据来源：浙江省半导体行业协会，赛迪智库整理，2021.5

（四）集成电路设备业

2020 年，浙江省全年集成电路设备业销售额为 89 亿元人民币，同比增长 30.3%。浙江省集成电路设备企业主要集中在杭州市、绍兴市、嘉兴市和温州市等，主要生产晶体硅生长与切磨抛光装备、半导体分立器件测试装备、集成电路检测设备等产品。晶盛机电、长川科技等重点企业在国产设备细分领域处于国内领先。2015—2020 年浙江省集成电路设备业销售情况如表 12-5 所示。

表 12-5　2015—2020 年浙江省集成电路设备业销售情况

	2015 年	2016 年	2017 年	2018 年	2019 年	2020 年
销售额/亿元人民币	48.9	56.2	65.8	71.4	68.3	89
增　长　率	27.4%	14.9%	17.1%	8.5%	-4.3%	30.3%

数据来源：浙江省半导体行业协会，赛迪智库整理，2021.5

三、产业特点

一是浙江省集成电路设计业综合实力较强，从而使浙江省成为全国首批 7 个集成电路设计产业化基地之一。浙江省集成电路产值在 2019 年实现增长后，2020 年的增长率又进一步提高，达到 53.4%，几乎实现翻倍增长。

二是浙江省集成电路设备业和材料业具有一定竞争优势。在集成电路设备业方面，浙江省有重点企业在国产设备细分领域处于领先地位；在材料业方面，浙江省有三家企业连续入围 2018 年和 2019 年全国集成电路材料业十强企业。

三是浙江省集成电路制造业和材料业稳步增长，集成电路产业链逐渐被优化补全。

第十三章

陕西省集成电路产业发展情况

在集成电路领域，陕西省一直是我国重要的教育、科研和生产制造基地。目前，陕西省现有集成电路产业相关企事业单位超过 200 家，相关从业人员超过 5 万人，涵盖了集成电路设计业、制造业、封测业、设备业、材料业、系统应用整个产业链的相关环节，具有较完整的产业链。

一、产业规模

据陕西省半导体行业协会统计，2020 年，陕西省半导体产业销售额为 1 236.2 亿元人民币，同比增长 29%。其中，集成电路产业销售额为 1 011.7 亿元人民币，同比增长 36.6%。2020 年，陕西省进出口总额的 70%由半导体企业贡献。从 2011 年至今，陕西省半导体产业年均复合增长率超过 30%，集成电路产业市场规模在全国排名也由 2011 年的第八名上升至第四名，仅次于江苏省、上海市、广东省。2015—2020 年陕西省半导体产业销售情况如图 13-1 所示。

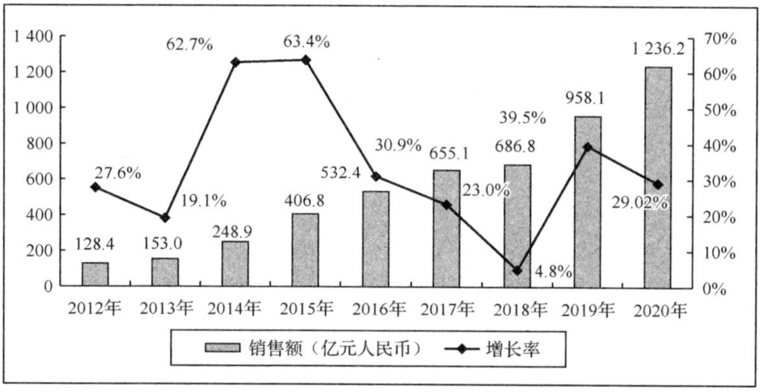

图 13-1　2015—2020 年陕西省半导体产业销售情况

数据来源：陕西省半导体行业协会，赛迪智库整理，2021.5

二、产业结构

从整个产业链的发展情况来看，陕西省集成电路产业已经初步形成了集成电路制造业快速发展，集成电路设计业与封测业相互依存、协调发展的产业格局。2020年，陕西省集成电路设计业销售额为140.7亿元人民币，同比增长39.44%；集成电路制造业销售额为750亿元人民币，同比增长43.13%；集成电路封测业销售额为121亿元人民币，同比增长4.67%；集成电路支撑业销售额为156亿元人民币，同比增长1.50%；集成电路分立器件业销售额为68.5亿元人民币，同比增长7.20%。2018—2020年陕西集成电路产业各行业销售情况如表13-1所示。

表13-1 2018—2020年陕西集成电路产业各行业销售情况

行业	2018年		2019年		2020年	
	销售额/亿元人民币	增长率	销售额/亿元人民币	增长率	销售额/亿元人民币	增长率
集成电路设计业	77.9	0.9%	100.9	29.5%	140.7	39.44%
集成电路制造业	283.3	2.8%	524.0	85.0%	750	43.13%
集成电路封测业	105.8	14.9%	115.6	9.3%	121	4.67%
集成电路分立器件业	55.3	−7.1%	63.9	15.6%	68.5	7.20%
集成电路支撑业	164.5	9.2%	153.7	−6.6%	156	1.50%
合计	686.8	4.8%	958.1	39.5%	1 236.2	29.03%

数据来源：陕西省半导体行业协会，赛迪智库整理，2021.5

2020年，在西安克瑞斯半导体技术有限公司和其他龙头企业的带动下，陕西省集成电路设计业市场规模出现大幅增长；在三星一期项目产品满产和二期项目产品部分量产的带动下，陕西省集成电路制造业的市场占有率持续跃升。2020年陕西省集成电路产业结构如图13-2所示。

（一）集成电路设计业

陕西省拥有120余家集成电路设计企业。2020年，陕西省集成电路设计业销售额增长了39.4%，达到140.7亿元人民币。按城市排名，2020年，西安市集成电路设计业市场规模在全国排第六名，紧随深圳市、北京市、上海市、无锡市和杭州市之后。2012—2020年陕西省集成电路设计业销售情况如表13-2所示。

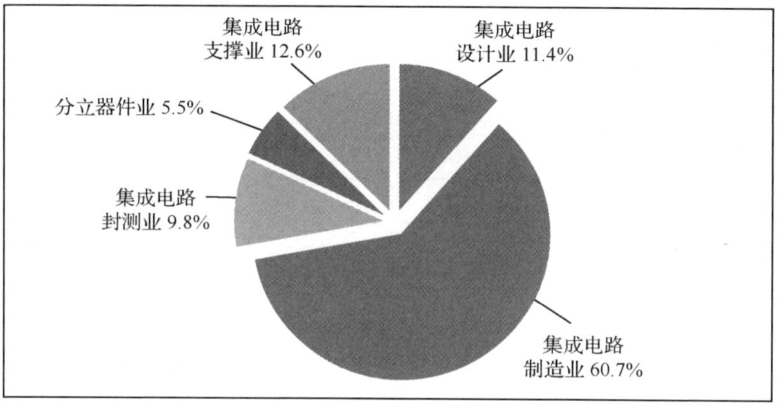

图 13-2 2020 年陕西省集成电路产业结构

数据来源：陕西省半导体行业协会，赛迪智库整理，2021.5

表 13-2 2012—2020 年陕西省集成电路设计业销售情况

	2012 年	2013 年	2014 年	2015 年	2016 年	2017 年	2018 年	2019 年	2020 年
销售额/亿元人民币	13.8	17.2	22.8	30.2	36.6	77.2	77.9	100.9	140.7
增 长 率	26.8%	24.6%	32.6%	32.3%	21.2%	111.2%	0.9%	29.6%	39.4%

数据来源：陕西省半导体行业协会，赛迪智库整理，2021.5

（二）集成电路制造业

陕西省共有晶圆制造企业 8 家。2020 年，陕西省集成电路制造业销售额达到 750 亿元人民币，同比增长 43.1%。其中，三星年销售额达到 736 亿元人民币。三星和西安微电子技术研究所居于全国集成电路制造业十强企业之列。2012—2020 年陕西省集成电路制造业销售情况如表 13-3 所示。2020 年陕西省集成电路制造业晶圆生产线分布情况如表 13-4 所示。

表 13-3 2012—2020 年陕西省集成电路制造业销售情况

	2012 年	2013 年	2014 年	2015 年	2016 年	2017 年	2018 年	2019 年	2020 年
销售额/亿元人民币	15.5	20.9	70.4	175.0	241.1	275.7	283.3	524.0	750
增 长 率	1.8%	34.9%	236.7%	148.7%	37.8%	14.4%	2.8%	85.0%	43.1%

数据来源：陕西省半导体行业协会，赛迪智库整理，2021.5

表 13-4　2020 年陕西省集成电路制造业晶圆生产线分布情况

企业（项目）	投资规模	Fab 名称	月产能/万片	技术水平	状态
三星一期项目	100 亿美元	Fab1	10	20～10nm NAND	运行
三星二期项目	150 亿美元	Fab2	10	20～10nm NAND	部分量产
西岳电子	—	Fab1	2	0.5～0.35μm 数模混合芯片	运行
西安卫光	—	Fab3	3	0.5～0.35μm 功率器件	运行
西安派瑞	—	Fab3	0.05	CMOS	运行

数据来源：陕西省半导体行业协会，赛迪智库整理，2021.5

（三）集成电路封测业

陕西省集成电路封测企业共有 13 家。2020 年，陕西省集成电路封测业销售额达到 121 亿元人民币，同比增长 4.7%。2012—2020 年陕西省集成电路封测业销售情况如表 13-5 所示。

表 13-5　2012—2020 年陕西省集成电路封测业销售情况

	2012 年	2013 年	2014 年	2015 年	2016 年	2017 年	2018 年	2019 年	2020 年
销售额/亿元人民币	29.5	40.3	54.0	74.2	73.9	92.1	105.8	115.6	121
增长率	8.4%	36.8%	34.0%	37.4%	-0.4%	24.7%	14.9%	9.3%	4.7%

数据来源：陕西省半导体行业协会，赛迪智库整理，2021.5

（四）集成电路支撑业

陕西省集成电路支撑业企业共有 70 余家。2020 年，陕西省集成电路支撑业销售额达到 156 亿元人民币，同比增长 1.5%，略有上升。2012—2020 年陕西省集成电路支撑业销售情况如表 13-6 所示。

表 13-6　2012—2020 年陕西省集成电路支撑业销售情况

	2012 年	2013 年	2014 年	2015 年	2016 年	2017 年	2018 年	2019 年	2020 年
销售额/亿元人民币	69.7	74.6	101.8	127.5	125.3	150.6	164.5	153.7	156
增长率	46.9%	7.0%	36.4%	25.3%	-1.7%	20.2%	9.2%	-6.6%	1.5%

数据来源：陕西省半导体行业协会，赛迪智库整理，2021.5

三、产业特点

一是陕西省集成电路产业呈集群化发展趋势。以西安市高新技术产业开发区、西安市国家民用航天产业基地、西安市经济技术产业开发区、西咸新区等为核心的产业聚集区积聚了陕西省 90%的集成电路企业。2019 年，西安市集成电路产业集群被发改委批复为第一批国家战略性新兴产业集群。2021 年，陕西省将加快打造集成电路产业集群和重点产业链。

二是龙头企业对集成电路产业带动效应显著。三星一期项目 2014 年竣工投产，三星二期项目第二阶段 2019 年正式启动，已带动超过 100 家配套企业落户西安市高新区，完善了上下游环境，形成了较完整的产业链，并不断吸引更多相关企业积聚，对集成电路产业带动效应显著。

三是人才资源丰富，科研实力雄厚。陕西省拥有众多高校和科研院所，能够保证对集成电路产业持续的技术人才输送。同时，华为、中兴、紫光展锐、兆易创新、寒武纪等众多龙头企业在西安市设有研发中心，储备了雄厚的研发实力。

第十四章

福建省集成电路产业发展情况

近年来，福建省坚持高质量发展，大力推动“增芯强屏”，逐步健全集成电路设计业、制造业、封测业、材料业、设备业全产业体系，初步形成福州市、厦门市、泉州市、莆田市等地各具特色和差异化发展的产业集聚区。福建省集成电路产业发展实现了从无到有、由弱向强的历史性突破，成为引领福建省产业转型升级的新引擎。

一、产业规模

近年来，福建省加大招商引资力度，初步建成以晶圆制造业为带动，集成电路设计业、封测业、材料业、设备业等上下游加快发展的集成电路产业体系，形成了以厦门市、泉州市、福州市、莆田市为代表的沿海集成电路产业带。厦门市是国家集成电路产业布局规划重点城市，致力构建集成电路全产业链，已初步覆盖集成电路设计业、制造业、封测业、设备业、材料业及系统应用等产业链环节。厦门市近几年在集成电路产业上的布局持续加快。2020 年，厦门市半导体产业销售额为 436.2 亿元人民币，同比增长 3.8%。其中，集成电路产业销售额为 265.6 亿元人民币，同比增长 11.6%，规划到 2025 年集成电路产业销售额将达 1 500 亿元人民币。2019 年，泉州市半导体产业销售额为 186 亿元人民币，力争到 2025 年，实现半导体产业年销售额超千亿元人民币。2019 年，福州市集成电路产业销售额为 30 亿元人民币。2020 年，福建省集成电路企业生产集成电路产品达 5 497 万块，同比增长 5.6%。

二、产业结构

福建省共有集成电路设计企业 100 多家，投产或在建 4in 至 12in 多种规格晶圆生产线有 16 条，不同层次的封装测试厂有 7 家，且产品覆盖移动智能终端、光通信、射频模拟等领域芯片和器件。福建省经认定列入国家享受税收优惠政策的集成电路企业有 15 家。福建省集成电路产业主要企业如表 14-1 所示。

表 14-1 福建省集成电路产业各行业主要企业

行　业	企　业	所在地
集成电路设计业	瑞芯微电子	福州市
	慧翰微电子	福州市
	福建省集成电路设计公共服务平台	福州市
	厦门紫光展锐	厦门市
	厦门市集成电路设计公共服务平台	厦门市
	国家集成电路深圳产业化基地厦门（海沧）基地 EDA 平台	厦门市
	厦门市集成电路研发设计实验中心	厦门市
集成电路制造业	福顺微电子	福州市
	联芯集成电路	厦门市
	三安集成电路	厦门市
	士兰微电子	厦门市
集成电路封测业	合顺微电子	福州市
	金柏科技	厦门市
	通富微电子	厦门市
	中国台湾恒劲芯舟科技	厦门市
	福顺半导体	福州市
集成电路材料业	美日丰创	厦门市
集成电路设备业	中微半导体设备（厦门）有限公司	厦门市
	应用材料（中国）有限公司厦门分公司	厦门市

资料来源：赛迪智库，2020 年 3 月

在集成电路设计领域，福建省已有企业 100 多家，主要集中在厦门市、福州市两地。其中，规模较大的企业有瑞芯微电子、厦门紫光展锐、厦门优讯等。2019 年，福建省共有 22 家集成电路设计企业实现营收，占企业总数的 56.4%。其中，厦门市和福州市集成电路设计企业销售额分别达到 41.2 亿元人民币和 18.2 亿元人民币；福州市有 1 家集成电路设计企业、厦门市有 6

家集成电路设计企业销售额过亿元人民币；福州市和厦门市有9家集成电路设计企业销售额过千万元人民币。2020年，瑞芯微电子销售额达到18.6亿元人民币。

福建省集成电路制造业主要以生产化合物半导体为主，拥有联芯集成电路、士兰微电子、三安集成电路、福联集成电路等行业领军企业。截至2019年年底，福建省共建成12条集成电路生产线。其中，已投产集成电路生产线有10条、在建/试产集成电路生产线有2条。按照建设规划，满产后12in晶圆代工生产线月产能可达9万片，化合物半导体生产线月产能可达17万片。近年来，三安集成电路、福联微电子、士兰微电子等龙头企业的化合物半导体生产线相继建成投产。其中，三安集成电路是国内IDM模式化合物半导体厂商，6in砷化镓、氮化镓生产线已量产且达到一定市场规模，2018年该公司销售额占全省集成电路制造业销售额近60%；福联微电子是我国具备大规模量产能力的化合物半导体芯片晶圆代工厂，良品率超过98%；联芯集成电路已建成福建省首条12in晶圆全自动化生产线，28nm芯片已能够规模化量产，良品率达98%以上，泉州晋华成功研制具备自主知识产权的25nm内存芯片并对其进行了小批量试产。

福建省已初步构建、完善集成电路封测业，可为全省集成电路制造项目提供配套服务，形成系统级封装（SIP）、芯片级封装（CSP）、圆片级封装（WLP）和硅通孔技术（TSV）等先进封装技术研发和产业化基地。其中，矽品电子主营逻辑芯片封测业务，具备现有最高端工艺7nm芯片封测能力，5nm芯片封测项目预计2020年第三季度投产；通富微电子的先进封测项目于2019年12月试投产，投产后将年新增封测集成电路100万片。

在集成电路设备和材料领域，美日丰创、安芯半导体设备、鑫天虹半导体设备、博纯材料等重点企业和项目相继落地，已实现部分量产，“补链、强链”成效初显。美日丰创致力于集成电路光罩的研发及生产，于2019年4月正式开工，年产量约4 000片；安芯半导体设备聚焦黄光光刻机设备的翻新、改造和安装调试，于新冠肺炎疫情防控期间为海康威视公司交付一台设备以用于额温枪零部件生产；鑫天虹半导体设备生产的PVD、ALD设备价格仅为世界排名第一的美国应用材料公司同类设备的60%；博纯材料专注于超高纯电子特气、混合气体等电子级材料研制，其锗烷、磷烷等气体材料已供货给长江存储、中芯国际、京东方、台积电等知名企业。

三、产业特点

福建省集成电路产业在市场、区位、化合物半导体方面具备优势，且发展潜力较大。

一是“数字福建”提供市场空间。近年来，福建省大力推进“数字福建”建设，需要集成电路产业作为重要基础底座，数字经济、数字政务、智慧城市、智能交通等建设为集成电路产业提供巨大市场空间。

二是闽台合作区位优势。中国台湾地区是我国大陆地区最大的集成电路贸易伙伴和全球集成电路产业重要的发展地区之一。中国（福建）自由贸易试验区和海峡两岸集成电路产业合作试验区的设立，为推进闽台集成电路产业合作提供了更好的平台空间。

三是化合物半导体领域先发优势。化合物半导体器件具有光电性能优异、高速、高频、大功率、耐高温和高辐射等特征，在 5G 等通信设备、光纤通信、照明及电力电子等领域优势明显。福建省对化合物半导体领域布局较早，三安集成电路、士兰微电子等企业已成为化合物半导体领域标志性企业，相比广东省、浙江省等相邻省份具有制造优势，可为后续产业发展提供重要基础。

企　业　篇

第十五章 集成电路设计业重点企业

第一节　上海韦尔半导体股份有限公司

上海韦尔半导体股份有限公司（简称韦尔股份，Will Semiconductor）成立于 2007 年 5 月，是一家以自主研发、销售服务为主体的半导体器件设计和销售公司，总部位于上海张江高科技园区，在深圳、中国台湾、中国香港等地区设有办事处。韦尔股份一直从事半导体产品的设计业务和分销业务，其中设计业务属于典型的 Fabless 模式，主要产品为分立器件、电源管理集成电路、射频器件及集成电路、卫星直播芯片、MEMS 麦克风传感器等。2019 年 8 月，该公司完成了收购北京豪威及思比科的重大资产重组事项；2020 年 4 月，该公司从 Synaptics Incorporated 收购了基于亚洲地区的单芯片液晶触控与显示驱动集成芯片（TDDI）业务。

根据公司年报，2020 年韦尔股份实现总营业收入达 198.24 亿元人民币，较 2019 年增长 45.43%；归属母公司股东的净利润为 27.06 亿元人民币，较 2019 年增加 481.17%。2020 年韦尔股份设计业务收入占主营业务收入的 87.42%。目前，韦尔股份设计业务的半导体产品主要为图像传感器产品、触控与显示驱动集成芯片和其他半导体器件产品。最主要的图像传感器产品为 CMOS 图像传感器芯片，2020 年实现营业收入达 146.97 亿元人民币，占半导体产品设计业务收入的 85.11%；触控与显示驱动集成芯片的核心团队为原 Synaptics 位于亚洲的 TDDI 产品研发和支持团队，2020 年实现营业收入达 7.44 亿元人民币，占半导体产品设计业务收入的 4.31%。

第二节　北京智芯微电子科技有限公司

北京智芯微电子科技有限公司（简称智芯微，Smartchip Microelectronics），成立于 2010 年，是国网信通产业集团全资子公司，业务范围覆盖电力、信息通信、节能环保、金融、市政和现代服务业等领域，形成芯片传感、通信控制、用电节能三大业务方向，致力于成为以智能芯片为核心的高端产品、技术、服务和整体解决方案提供商。该公司专业从事自主芯片产品设计研发及应用推广业务，是国家高新技术企业、国家技术创新示范企业、国家规划布局内重点集成电路设计企业，连续七年获评“中国十大集成电路设计企业”。目前，该公司拥有 9 家子公司（北京智芯半导体科技有限公司、深圳市国电科技通信有限公司、国网思极紫光微电子科技有限公司、杭州万高科技股份有限公司、北京芯可鉴科技有限公司、北京电科智芯科技有限公司、深圳智芯微电子科技有限公司、中关村芯海择优科技有限公司、广州分公司）。该公司在电力领域的安全、射频、主控芯片等细分领域占据领先地位，在电力通信芯片领域的市场占有率全国排名第一。

2019 年，智芯微实现营业收入达 102.8 亿元人民币，利润总额为 8.7 亿元人民币。2020 年，智芯微“混改引战”释放股权比例为 22%，募资规模达 85.6 亿元人民币，吸引了国改基金、紫光集团、国家集成电路大基金二期、国网英大产业投资基金、国铁建信的联合投资。

第三节　闻泰科技股份有限公司

闻泰科技股份有限公司（简称闻泰科技，Wingtech Technology），于 1993 年 1 月在湖北省黄石市注册成立，目前主营通信和半导体两大业务板块。该公司通信业务板块在上海、无锡、深圳、西安设有研发中心，在中国嘉兴和无锡、印度和印尼设有制造基地，在美国、韩国、日本设有创新中心，领域涵盖手机、平板电脑、笔记本电脑、IoT、汽车电子等，与主流品牌企业不断深化合作，连续多年出货量在全球手机 ODM（原始设计制造）行业中处于龙头地位。该公司半导体业务板块由旗下的安世半导体运营。安世半导体是全球知名的半导体 IDM 公司，原飞利浦半导体标准产品事业部，有 60 多年半导体研发和制造经验，总部位于荷兰奈梅亨，晶圆制造工厂设在德国汉堡和英国曼彻斯特，封测工厂设在中国东莞、菲律宾卡布尧和马来西亚芙蓉。

根据公司年报，2020 年闻泰科技实现营业收入达 517.07 亿元人民币，同比增长 24.36%；归属母公司股东的净利润为 24.15 亿元人民币，同比增长 92.68%；扣除非经常性损益的净利润为 21.13 亿元人民币，同比增长 91.13%。其中，闻泰科技半导体业务收入达 98.9 亿元人民币，受新冠肺炎疫情带来的成本影响，毛利率小幅下降至 27.16%，总出货量为 889.9 亿块。2020 年，闻泰科技半导体业务研发投入 6.5 亿元人民币，进一步加强中高压 MOSFET、SiC 和 GaN 产品，以及模拟类产品的研发投入。

第十六章

集成电路制造业重点企业

第一节　中芯国际集成电路制造有限公司

中芯国际集成电路制造有限公司（简称中芯国际）成立于 2002 年，目前是中国大陆地区规模最大、技术水平最先进、配套设施最完善的集成电路制造企业，是全球晶圆代工规模排名第四的企业，代工业务涵盖 0.35μm 到 14nm 芯片制程。中芯国际总部位于上海，现有超过一万名员工，分支机构和制造基地遍布全球，在美国、欧洲、日本和中国台湾地区均设立了办事处并提供客户服务。2004 年，中芯国际曾因大规模产能扩张面临严重亏损，后来由于高层变动陷入企业内部权力纷争。2011 年，邱慈云博士正式加入中芯国际后，该公司逐渐恢复盈利，重新走上正轨。2017 年 10 月，赵海军和梁孟松共同出任中芯国际首席执行官兼执行董事，专注于先进芯片制程的研发。2018 年，中芯国际 14nm 芯片制程研发成功并于 2019 年实现量产，先进芯片制程的研发突破将持续提升中芯国际在集成电路代工领域的国际竞争力。

在中美贸易摩擦的大背景下，2020 年 7 月中芯国际在科创板上市，发行价为 27.46 元人民币/股，境内发行股票总数为 16.86 亿股，其中 10.4 亿股于 2020 年 7 月 16 日起上市交易。按照 27.46 元人民币/股的价格来算，超额配售选择权行使前，该公司募集资金总额为 462.87 亿元人民币，成为十年来国内股市 IPO（Initial Public Offering）的最大规模融资。

2020 年 10 月 4 日晚间，中芯国际发布公告称，经过多日与供货商进行询问和讨论后获悉，美国 BIS 已根据美国出口管制条例 EAR744.21（b），向中芯国际的部分供货商发出信函，对于向中芯国际出口的部分美国设备、配件及原物料会受到美国出口管制规定的进一步限制，必须事前申请出口许可证后，才能向中芯国际继续供货。

2020 年 12 月 4 日，美国国防部官网宣布根据修订的《1999 财政年度国防授权法》第 1237 条的法定要求，正式将中芯国际等四家中国企业加入“军事最终用户”（Military End-User），此举将使得美国企业在向这四家企业供应相关技术或产品时，必须获得美国的许可。对于中芯国际来说，其目前仍严重依赖美系半导体设备供应商，包括美国应用材料、泛林集团等，这就给中芯国际预期业绩带来了不确定影响。

2020 年 12 月中旬，中芯国际发布公告，宣布蒋尚义博士获委任为中芯国际董事会副董事长、第二类执行董事及战略委员会成员，大力推动先进集成电路封装和电路板技术研发，开启中芯国际先进芯片制程工艺和先进集成电路封装技术两条路线并行策略。

在先进芯片制程工艺方面，2020 年年底，中芯国际 14nm 芯片制程工艺已经达到了 95%的良品率，基本上能够与台积电的技术水平持平；2021 年 3 月，中芯国际与阿斯麦签订了 12 亿美元的 DUV 光刻机协议，为 7nm 芯片风险试产做准备。第二代 N+1（7nm）芯片制程工艺和 14nm 芯片制程工艺相比，性能方面有所提升，功耗降低了 57%，逻辑面积缩小 63%。在功率和稳定性方面，第二代 N+1 芯片与 7nm 芯片非常相似。

2021 年 3 月 31 日晚间，中芯国际 2020 年年报披露，2020 年虽受全球新冠肺炎疫情影响，公司积极采取防疫措施，最大限度降低新冠肺炎疫情对公司产生的不良影响；同时受益于消费电子、信息通信等行业强劲的需求，芯片用量上涨，晶圆代工行业产能整体紧张，成熟芯片制程需求旺盛，公司全年营业收入实现增长。2020 年，中芯国际全年营业收入达 274.71 亿元人民币，同比增长 24.8%；净利润 43.32 亿元人民币，同比增长 141.5%；扣除非经营性损益的净利润为 16.97 亿元人民币，去年同期扣除非经常性损益的净利润为-5.22 亿元人民币，成功扭亏为盈。2020 年，中芯国际资本开支为 57 亿美元，主要用于拥有实际控制权的上海 300mm 晶圆厂、控股的北京 300mm 晶圆厂及天津 200mm 晶圆厂的产能扩充。

2020 年，中芯国际 90nm 及以下芯片制程的晶圆代工业务收入占公司营业总收入的 58.1%，而 2019 年该占比则为 50.6%。其中，55/65nm 芯片制程的营业收入占比由 2019 年的 27.3%增加至 2020 年的 30.5%。28nm 及以下芯片制程的营业收入占比由 2019 年的 4.3%增加至 2020 年的 9.2%。2020 年，中芯国际各芯片制程中第一大营业收入主要来自 150/180nm 芯片制程，占比为 32.5%，较 2019 年的 38.5%下降 6%。

2016—2020 年中芯国际营业收入如图 16-1 所示。

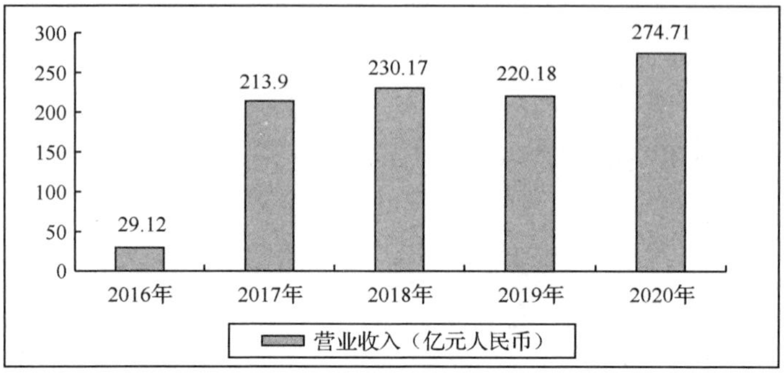

图 16-1　2016—2020 年中芯国际营业收入

数据来源：企业财报，2021.4

第二节　上海华虹（集团）有限公司

1995 年 12 月 13 日，国务院正式启动中国电子工业有史以来投资规模最大的一个国家项目“909 工程”：投资 100 亿元人民币，建设一条 8in 晶圆、从 0.5μm 芯片制程起步的集成电路生产线。后来经过多方谈判，最后与日本电气股份公司（简称 NEC）合作谈判成功，合资成立上海华虹 NEC 电子有限公司（简称华虹 NEC），初期注册 7 亿美元，中方——上海华虹（集团）有限公司（简称华虹集团）出资 5 亿美元，日方——NEC 出资 2 亿美元。华虹 NEC 依靠 NEC 给的存储器订单，实现投产即盈利，2000 年取得 30 亿元人民币的销售额，其中利润为 5.16 亿元人民币。但在 2000 年年底开始的全球半导体市场低迷期将 DRAM 价格拉低了九成多。在美国、韩国、日本存储器大混战中，日本企业节节败退，NEC 自顾不暇，华虹 NEC 全年亏损 13.84 亿元人民币。此后，NEC 于 2004 年前退出 DRAM 领域，华虹 NEC 转型 Foundy，开启代工之路。2009 年 3 月，华虹集团完成战略重组，成为上海国资控股企业，主业聚焦集成电路制造。2014 年 10 月，华虹集团红筹股中国香港联交所挂牌，8in 晶圆制造平台实现上市。2016 年 11 月，华虹集团启动“909 工程”二次升级改造华力二期 12in 晶圆生产线项目（华虹六厂）。

2020 年华虹集团现有员工 1 万余人，累计专利申请受理超过 13 000 件，超过 95%为发明专利，获授权超过 7 000 件。华虹集团实现了以生产 8in 晶圆为主转型为生产 12in 晶圆为主的跨越。目前，华虹集团 12in 晶圆营业收入首度超过 8in 晶圆营业收入。华虹集团在 2020 年推进了集团电路制造业规模扩大和工艺水平提升等工作，28nm 低功耗芯片和 HKMG 高性能平台均实现量产；12in CIS 图像传感器芯片制程工艺水平处于全球领先阵营；12in 蓝牙、NOR 型闪存等特色制程工艺平台市场占有率全国排名领先；华虹七厂全球首条 12in 功率器件代工生产线实现一定规模的量产；8in 平台在功率半导体、嵌入式存储器等方面成为国内制程工艺最全面和最领先的企业。华虹集团的制程工艺涵盖 1μm 至 55nm 产品，其嵌入式非易失性存储器、功率器件、模拟和电源管理器件、逻辑及射频器件等差异化制程工艺平台在全球业界极具竞争力，并拥有多年成功量产汽车电子芯片的经验；2019 年，华虹集团新研发的 65/55nm 节点的射频和 BCD 器件特色制程工艺平台，处于国际先进水平。

2020 年，华虹集团全年总营业收入为 9.61 亿美元，较 2019 年增长 3%，再创历史新高。其中，上海三座 8in 晶圆制造厂的总营业收入为 9 亿美元；无锡 12in 晶圆制造厂营业收入超过 6 000 万美元，是去年的近 9 倍。华虹集团在 2020 年第四季财报中，第一次公布了 55/65nm 和 90/95nm 产品的营业收入（之前都是被统计在 0.11/0.13μm 及以下产品的营业收入中）。华虹集团 2020 年第四季度 0.11/0.13μm、90/95nm、55/65nm 产品的营业收入合计占比为 39.3%。这得益于无锡基地的投产，预计华虹集团 2021 年第一季度该占比将突破 40%。

2020 年，华虹集团折合 8in 晶圆总产能为 250 万片，较 2019 年的 218 万片增加了 32 万片；2020 年付运量为 219 万片，较 2019 年的 197 万片增加 22 万片；2020 年总体产能利用率约为 93%，较 2019 年的增加约 1 百分点。2014—2020 年华虹半导体营业收入如图 16-2 所示。

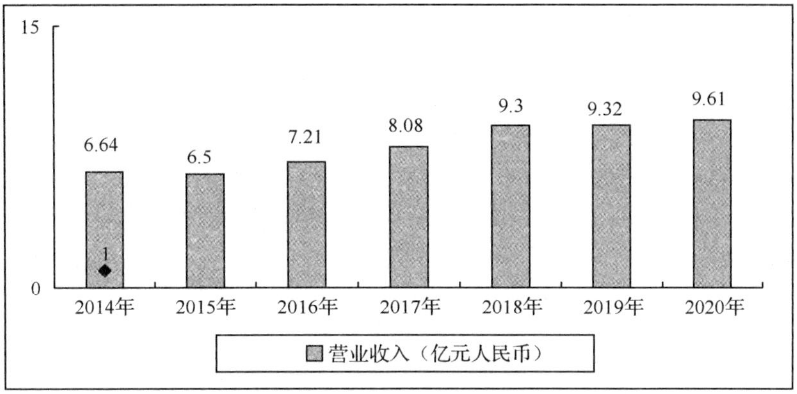

图 16-2　2014—2020 年华虹半导体营业收入

数据来源：企业财报，2021.4

第三节　华润微电子有限公司

华润微电子有限公司（简称华润微电子）成立于 2000 年，先后整合中国香港华科微电子、中国华晶电子、上华科技等公司，是我国具备完整产业链的模拟半导体集团公司。华润微电子曾承担国家七五、八五攻关项目、国家“908 工程”，主要业务涵盖集成电路设计、掩膜和晶圆制造、封装测试、分立器件等，目前拥有 3 家设计公司、5 条 6～8in 晶圆生产线、2 条封装生产线及一条掩膜生产线。华润上华为负责晶圆制造业务的子公司，其总部位于江苏无锡，在上海、中国香港和中国台湾均设有办事处。华润上华于 1997 年成立国内首家开放式晶圆代工厂，目前拥有国内最大的 6in 晶圆代工生产线。2017 年，华润微电子收购重庆中航微电子，获得 2 条 8in 晶圆生产线，极大扩充了公司 8in 晶圆生产线产能。2020 年 2 月 27 日，华润微电子在上海证券交易所科创板正式挂牌上市。

2019 年，受到半导体行业周期性波动的影响，华润微电子 2019 年营业收入约为 57.4 亿元人民币，营业收入、利润总额、归属母公司所有者的净利润较上年同期分别下滑 8.4%、14.33%、6.68% 。

2020 年，虽受全球新冠肺炎疫情影响，华润微电子积极采取措施做好防疫工作，最大限度降低新冠肺炎疫情对公司产生的不良影响。华润微电子紧抓市场机遇，扎实做好生产经营，经营状况保持增长向好态势。华润微电子接到的订单比较饱满，整体产能利用率较高，整体业绩明显好于去年同期，营业收入和毛利率同比有所增长，实现营业收入为 69.77 亿元人民币，同比增长 21.49%；营业利润为 10.68 亿元人民币，同比增长 123.64%。

华润微电子聚焦于模拟与功率半导体产品的设计与生产制造，具有完整的产业链结构，包括芯片设计、研磨制造、晶圆制造、封装测试等环节。当前，华润微电子具有设计 0.11μm 产品、制造 0.13/0.11μm 产品的能力。华润微电子产品主要面向工业控制、智能制造、信息安全、医疗健康、3C、新能源汽车等应用领域，并制定五大重点产品发展方向，分别为智能控制、模拟集成电路、功率器件、传感器和无线传输。2013—2020 年华润微电子营业收入情况如图 16-3 所示。

从特色工艺生产线情况来看，华润微电子采用 IDM 与代工制造相结合的方式。一是代工生产线方面，华润微电子原有 8in 和 6in 两条晶圆代工生产线，其中 8in 晶圆代工生产线月产能为 6 万片，6in 晶圆代工生产线月产能为 11 万片。2017 年，华润微电子并购重庆中航微电子后，新获得两条 8in 晶圆生产线。这两条生产线月产能均为 4.7 万片，具有生产 0.18μm 产品的能力，是制造 MEMS 和化合物半导体的特种工艺生产线。

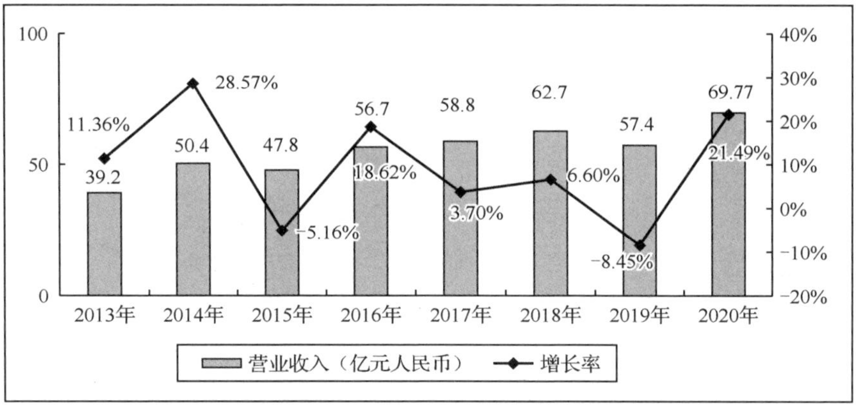

图 16-3 2013—2020 年华润微电子营业收入情况

数据来源：企业财报 2021.4

从 IDM 功率器件生产线来看，华润微电子由 4～5in 全面升级为 6in 及 5～6in 各 1 条功率器件生产线。其中，6in 功率器件生产线月产能为 10.5 万片，5～6in 功率器件生产线月产能为 1 万片。华润微电子还有 1 条分立器件测试封装生产线，月产功率器件达 1.9 亿片。

表 16-1 华润微电子生产线情况

编 号	模 式	尺寸/in	地 点	当前产能/（万片/月）	工艺线宽/μm	主 要 产 品
1	代工	8	无锡	6	0.13	特色工艺
2	代工	8	重庆	5	0.18	功率半导体
3	代工	6	无锡	12.0	1.0～0.35	特色工艺
4	IDM	6	无锡	9	1.0～0.35	功率半导体
5	在建	12	重庆	预计 2～3	0.13/0.11	功率半导体

数据来源：赛迪智库整理，2020.6

从工艺情况来看，华润微电子具有 BCD、双极、混合信号、SOI、射频、嵌入式存储、MEMS 等主流特色工艺。在 BCD 工艺方面，华润微电子推出超高压 700V BCD 系列工艺平台并实现量产，可定制 IP 到 LDMOS GDS。在 SOI 工艺方面，采用 SOI 工艺单片集成了 LIGBT、LDMOS 等高压器件结构，突破了高压器件结构的设计、高/低压器件集成和隔离等关键技术。在 MEMS 工艺方面，采用 MEMS 工艺生产各类 MEMS 产品，包括硅麦克风、压力传感器、非制冷红外传感器、加速度计、陀螺仪、微镜等。

第十七章

集成电路封测业重点企业

第一节　江苏长电科技股份有限公司

江苏长电科技股份有限公司（简称长电科技，JCET Group）是领先的集成电路系统集成和封测服务提供商，提供全方位的微系统集成一站式服务。长电科技成立于 1972 年，是国家集成电路封测业技术创新战略联盟理事长单位。2015 年，长电科技成功并购规模世界排名第四的集成电路封测企业——新加坡星科金朋。该公司在 2020 年实现营业收入为 264.64 亿元人民币，同比增长 12.49%；实现归属母公司股东的净利润为 13.04 亿元人民币，同比增长超过 1 000%。该公司经营持续向好，产品主要应用于 5G 通信网络、智能移动终端、汽车电子、大数据中心与存储、人工智能与工业自动化控制等电子整机和智能化领域。长电科技在高端封装技术（如 Fan-out、eWLB、WLCSP、SiP、BUMP、PoP 等）领域已与国际先进同行并行发展，在国内处于领先水平，并实现大规模生产。该公司目前提供的封测服务涵盖了高、中、低各种集成电路封测范围，涉及各种半导体产品终端市场应用领域，并在新加坡、韩国、中国江阴、中国滁州、中国宿迁均设有分工明确、各具技术特色和竞争优势的生产基地。星科金朋江阴厂、长电科技本部与长电先进发挥各自优势，已建立起从芯片凸块到 FC 倒装强大的一站式服务。长电科技计划在未来 5 年凭借雄厚的技术优势、全球先进制造和技术资源布局，聚焦 5G、人工智能、汽车电子、大数据存储等核心应用，支持国内外重点战略客户，加速推动国内重点技术的研发，推动国产设备材料软件开发产业链合作，在带动国内集成电路产业链全面提升方面发挥积极的作用。

第二节　通富微电子股份有限公司

通富微电子股份有限公司（简称通富微电）成立于 1994 年 2 月，并于 2007 年 8 月在深圳证券交易所上市。通富微电 2020 年实现营业收入为 107.69 亿元人民币，同比增长 30.2%。通富微电拥有 Bumping、WLCSP、FC、BGA、SiP 等先进集成电路封测技术，QFN、QFP、SO 等传统集成电路封测技术，汽车电子产品、MEMS 等集成电路封测技术，以及圆片测试、系统测试等测试技术。该公司在国内集成电路封测企业中率先实现 28nm 手机处理器芯片后工序全制程大规模生产，包括 Bumping、CP、FC、FT、SLT 等。该公司的产品和技术广泛应用于高端处理器芯片（CPU 、GPU）、存储器、信息终端、物联网、功率模块、汽车电子等面向智能化时代的云、管、端领域。近年来，通富微电通过海外并购策略助力公司在先进集成电路封测领域发展进入快车道。通富微电旗下的苏州通富超威和槟城通富超威具有封装 CPU 和 GPU 的能力，且手握 AMD 生产的 7nm EPYC 处理器订单，成为国内第一家 7nm 处理器封装公司。展望未来，5G、新能源车等领域驱动半导体需求旺盛，供需错配下集成电路封测环节议价能力有望显著提升。通富微电绑定优质客户，有望迎来收入及利润率的双增。AMD、MTK 等战略客户需求强劲增长，通富微电深度绑定这些大客户以实现业绩快速增长。通富微电与 AMD 形成了“合资+合作”的模式，且 2020 年约 51%的营业收入来自 AMD。受益于 AMD 产品需求强劲增长，2020 年通富微电旗下苏州通富超威、槟城通富超威合计实现营业收入为 59.55 亿元人民币，同比增长 37.55%，合计实现净利润 3.76 亿元人民币，同比增长 129.39%。通富微电有望 2021 年伴随大客户市场占有率的提升及营业收入的增长而实现快速成长。

第三节　天水华天科技股份有限公司

天水华天科技股份有限公司（简称华天集团）始建于 1969 年，是我国最早从事集成电路和半导体元器件研发、生产的半导体领军企业之一。目前，华天集团总资产为 228 亿元人民币，产品涵盖集成电路、电源模块、功率器件、LED，以及集成电路封测设备、材料、备件等领域，主导产品有塑封集成电路、半导体功率器件和电源模块等共十大类 2 000 多个品种，集成电路年封装能力已达 600 亿块，集成电路年测试能力达到 500 亿块，关键核心封测技术达到世界先进水平。

华天集团主营集成电路封测业务。目前，华天集团集成电路封装产品主要有 DIP/SDIP、SOT、SOP、SSOP、TSSOP/ETSSOP、QFP/LQFP/TQFP、QFN/DFN、BGA/LGA、FC、MCM（MCP）、SiP、WLP、TSV、Bumping、MEMS、Fan-Out 等多个系列。这些产品主要应用于计算机、网络通信、消费电子及智能移动终端、物联网、工业自动化控制、汽车电子等电子整机和智能化领域。受益于 2020 年集成电路市场景气度较 2019 年的大幅提升，华天集团订单饱满，净利润创历史新高。

2020 年，华天集团销售额为 106 亿元人民币。华天集团在先进集成电路封装技术的研发方面取得了长足的进展，先进集成电路封装能力得到很大提升。目前，华天集团拥有行业主流的先进集成电路封装平台，如 FC、Bumping、MEMS、SiP、FO、3D FO 等，可进行基带、FPGA、RFPA、3D-NAND、全包覆及定制塑封传感器等封测业务，特别是硅基扇出技术 eSiFO 和嵌入式系统级芯片技术 eSinC 已应用于毫米波、驱动 IC、GaAs、SiC、3D 医疗芯片的封装，并获得注册商标。华天集团拥有成熟完善的集成电路封装设计仿真平台（封装设计、电、热、机械仿真），可为客户提供一整套集成电路封装解决方案。

2019 年，华天集团收购了马来西亚 Unisem 58.94%的上市流通股。收购 Unisem 有助于发挥 Unisem 与华天集团的市场、客户资源、技术研发、运营管理等方面的协同效应，提高华天集团在全球的市场占有率和影响力。2020 年以来，Unisem 业绩显著提升。随着华天集团与 Unisem 在市场、客户、技术、运营及人员等方面的整合顺利推进，华天集团营利能力和综合竞争力进一步增强。

2020 年初，华天集团适时开展业务流程变革和数字化转型工作，梳理战略、营销、销售、服务、采购业务管理模式，并结合行业及公司定位，与时俱进，制定了面向未来的公司愿景和使命。华天集团启动并推进战略规划、执行流程、市场洞察流程及面向高端客户的变革项目，分析内部差距、识别外部机遇，持续关注创新焦点和关键业务举措，稳步提升公司运营管理能力。

2020 年 7 月 18 日，华天集团旗下华天科技（南京）有限公司（简称华天南京）举行了一期项目投产仪式。这标志着华天南京正式进入生产经营阶段。目前，华天南京的存储器、滤波器、MEMS 和所有的基板类产品（WBBGA、FCBGA）已向客户批量供货。

2021年5月28日，华天集团设立控股子公司——广东韶华科技有限公司，其主营业务为集成电路封测、显示器件及显示模组的生产销售。该公司是根据战略规划和经营发展需要，完善华天集团在珠江三角洲地区产业布局，进一步扩大华天集团主营业务的规模，提升华天集团的整体竞争能力和营利能力，实现华天集团持续稳定发展而设立的。

第四节　苏州晶方半导体科技股份有限公司

苏州晶方半导体科技股份有限公司（简称晶方科技）成立于2005年6月，在苏州工业园区建有2座现代化制造工厂，并在美国硅谷和荷兰设有研发中心。该公司是全球最大的新型传感器先进封装技术的开发商和提供商之一——拥有完整的8in和12in晶圆级芯片封装生产线；全球授权专利数量超过300个；2005—2020年累计封装100多亿颗各类传感器，包括影像传感芯片、指纹识别芯片、微机电系统芯片、医疗电子芯片等，广泛应用于手机、计算机、身份识别、安防、医疗电子、汽车电子等诸多领域，并在物联网、5G、人工智能和AR/VR等领域拥有广阔应用前景。该公司2020年营业收入为11.04亿元人民币，实现净利润为3.82亿元人民币。该公司在发展过程中，经历了一系列的技术引进、消化和再创新历程：2005—2008年，引进以色列shellcase技术并消化吸收，填补国内晶圆级芯片封装、量产技术的空白；2009—2011年，在江苏省成果转化项目支持下自主创新开发THINPAC技术，并在美国硅谷建立研发中心，进行全球知识产权体系布局；2012—2014年，在国家02专项的支持下，成功建立全球首条12in晶圆级芯片封装生产线；自主开发生物身份识别技术，成为全球领先的生物身份识别技术封装服务提供商；收购智瑞达科技，顺利拓展芯片封装服务能力；2015—2019年，自主创新推出针对高端产品领域的Fan-out技术；2019年成立晶方光电，成功并购荷兰Anteryon（前身为飞利浦光电事业部），拓展晶圆级微型光学器件核心制造技术。该公司目前拥有独具优势的四大核心技术：晶圆级先进封装技术、传感器微型化方案技术、光电一体化集成技术和异质结构系统化封装技术，服务了包括华为、小米、VIVO、OPPO、Apple、SONY、海康、大华等国内外众多企业。

第十八章

集成电路设备业重点企业

第一节　北方华创科技集团股份有限公司

北方华创科技集团股份有限公司（简称北方华创）是由北京七星华创电子有限公司和北京北方微电子基地设备技术研究中心有限公司战略重组的公司。2016 年、2019 年，该公司两次定增募资，而国家集成电路产业投资基金股份有限公司（简称大基金）两次参与认购，合计出资 15 亿元人民币。目前，大基金持有北方华创 9.94%股权，为其第三大股东。北方华创重点发展刻蚀设备（Etch）、物理气相沉积设备（PVD）和化学气相沉积设备（CVD）三大类设备。这些设备广泛应用于集成电路制造、先进封装、半导体照明（LED）、微机电系统（MEMS）等领域。

在集成电路领域，北方华创自主研发的 14nm 等离子硅刻蚀机、单片退火系统、LPCVD 已成功进入集成电路主流代工厂；28nm Hardmask PVD、Al-Pad PVD 设备已率先进入国际供应链体系；12in 清洗机累计流片量已突破 60 万片大关。

在先进集成电路封装领域，北方华创开发的刻蚀机和 PVD 设备已在全球主要先进集成电路封装企业中得到了广泛应用。北方华创开发的 PVD 设备性能优越，在全球 CIS 封装企业中的市场占有率名列前茅。北方华创开发的 TSV 刻蚀设备在我国最近几年的新增市场中也实现了较高的市场占有率。北方华创开发的应用于 Bumping 制程的 Descum 设备于 2016 年一经推出便收获了市场的积极关注。

在 LED 领域，北方华创的 ELEDE 系列刻蚀机自 2010 年面市以来销售量已经超过两百台。其中，氮化镓刻蚀机在 2014—2016 年连续三年的市场占有率、出货量大幅提升；PSS刻蚀机一直是全球主流PSS厂家的主要设备，且目前为止国内规模超卓的中图半导体公司已累计采购该机型近一百台；自主开发的AlN缓冲层溅射设备，更是引领了全球LED行业技术发展趋势，在2016年实现AlN缓冲层溅射设备的全球市场占有率提升，在技术上一举打破了多年来我国设备商只能处于追随状态的坚冰局面；面向LED芯片制造的EPEE550系列PECVD自推向市场以来，一直保持着新增市场占有率80%以上的业绩，稳居市场前沿。

在MEMS及新兴领域，北方华创的深硅刻蚀设备已批量销往多家科研机构及生产线，服务于微纳制造、光通信、化合物半导体、功率器件等多个新兴领域，客户安装量超过一百台；北方华创开发的应用于薄膜/厚膜硅外延的APCVD系统在2016年一举获得了硅外延市场认可。

在光伏制造领域，北方华创研发了国内应用于高效光伏电池生产的负压扩散炉，获得了市场认可，目前已成为市场主流产品；北方华创研发的晶硅电池生产线的大部分关键生产设备，如在线湿法刻蚀机、槽式单晶制绒机、卧式扩散炉、PECVD等设备均已替代了进口设备。

在平板显示领域，北方华创是国内TFT-LCD生产线的骨干设备供应商，多种产品在客户G5至G10.5各个世代TFT-LCD生产线及OLED生产线上批量应用；北方华创的CELL段的ODF工艺紫外固化炉UV Cure及Cutting工艺的Grind Cleaner等设备均在各世代生产线占据重要份额。2013—2020年北方华创销售情况如图18-1所示。

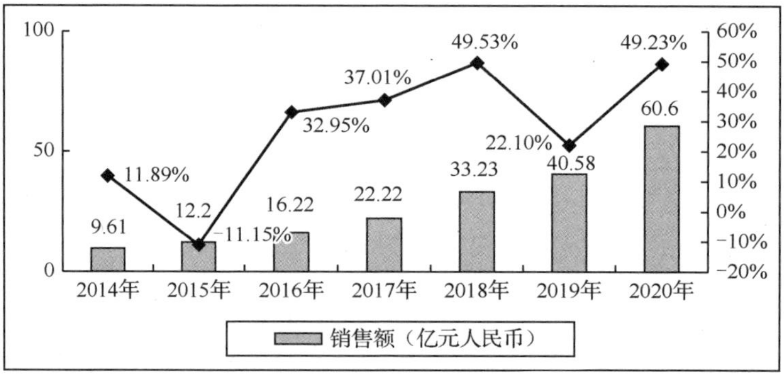

图18-1　2013—2020年北方华创销售情况

数据来源：企业财报　2021.4

持续加码研发投入是北方华创技术持续演进的重要保证。自2010年北方华创上市以来，研发投入逐年增长，至2020年达到6.70亿元人民币，研发投入占公司营业收入的11.1%。

2020年，北方华创积极开展产品研发及市场拓展、创新体制机制、实施员工股权激励等，做好全员新冠肺炎疫情防控，及时复工复产，保障客户订单按时生产及交付。北方华创电子工艺装备和电子元器件的市场营业收入和营业利润同比增长较大。2020年，北方华创营业收入为60.6亿元人民币，同比增长49.23%；营业利润为6.7亿元人民币，同比增长59.10%；归属上市公司股东的净利润为5.4亿元人民币，同比增长73.75%。截至2020年12月31日，北方华创总资产为175亿元人民币，同比增长27.55%，归属上市公司股东的所有者权益为67.8亿元人民币，同比增长15.80%。

目前，晶圆制造、封测产能紧缺，对工艺设备、封测设备的需求弹性大。国内对半导体设备需求的增长快于全球对半导体设备需求的增长；半导体设备国产化趋势不变，北方华创的PVD、硅基刻蚀、热处理设备在本土主流生产线上的市场份额稳中有升。预计2021年6月，北方华创于北京亦庄经济开发区的高端集成电路装备研发及产业化项目竣工，搭建5nm和7nm级先进制程工艺设备测试验证平台，进行先进半导体工艺装备研发及产业化。

第二节　中微半导体设备（上海）有限公司

中微半导体设备（上海）股份有限公司（简称中微半导体）成立于2004年5月，中微半导体基于半导体设备产业多年耕耘积累的专业技术，涉足半导体芯片前端制造、先进封装、LED生产、MEMS制造及其他微观制程的高端设备领域，瞄准世界科技前沿，坚持自主创新。中微半导体的等离子刻蚀设备已广泛应用于国际一线客户从65nm到5nm级制程工艺的众多刻蚀应用。中微半导体开发的用于LED和功率器件外延片生产的MOCVD设备已在客户生产线上投入量产。2018年，中微半导体在全球氮化镓基LED MOCVD设备市场占据领先地位。

中微半导体成立后，作为国家大基金投资的第一家企业，已成为中国领先的高端芯片设备企业之一。中微半导体研发与生产的刻蚀机是我国半导体装备业的代表之一。2019年，伴随科创板的正式开板，中微半导体正式登陆资本市场。2016—2018年，中微半导体研发投入金额占其营业收入的比例分别为49.62%、34.00%、24.65%，3年累计研发投入金额占其营业收入的32%，累计研发投入金额为 10.37 亿元人民币。

2021 年 2 月 25 日，中微半导体 2020 年业绩快报公告披露，公司实现营业收入为 22.73 亿元人民币，较上年同期增长 16.76%。该公告称，公司营业收入的增长主要受益于半导体设备市场发展及公司产品竞争优势，公司 2020 年刻蚀设备销售额为 12.89 亿元人民币，同比增长 58.49%；受市场影响，公司 2020 年 MOCVD 设备销售额为 4.96 亿元人民币，同比下降 34.47%。2016—2020 年中微半导体销售情况如图 18-2 所示。

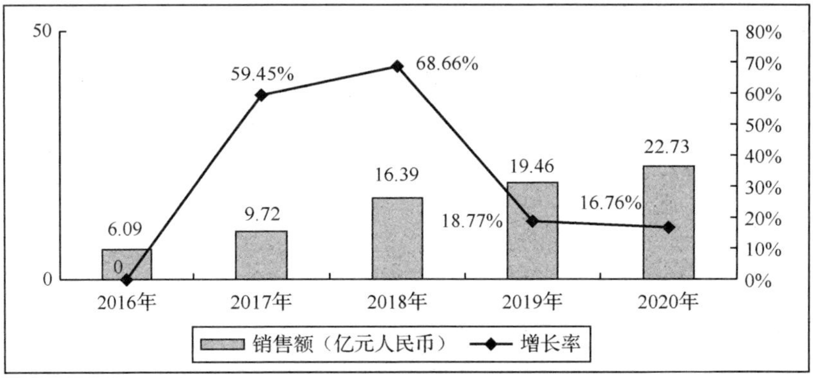

图 18-2　2016—2020 年中微半导体销售情况

数据来源：企业财报　2021.4

目前，中微半导体刻蚀设备、硅通孔刻蚀设备、MOCVD 设备等已成功进入太极、兆驰半导体、前照光电、聚灿光电、德贺伦达、石兰明芯、中芯国际等国内外众多企业的供应系统。中微半导体的等离子刻蚀设备和硅通孔刻蚀设备已经广泛用于国际主要芯片制造和封测厂商的生产线上，以及 45～7nm 级及更先进的加工工艺和最先进的封装工艺的生产线上。2018 年 12 月，由中微半导体公司自主研发的 5nm 等离子刻蚀机经台积电验证，用于世界上第一条 5nm 级制程工艺生产线。在全球最先进的 7nm 级制程工艺中，中微半导体已成为全球五大蚀刻机供应商之一。

第三节　中电科电子装备集团有限公司

中电科电子装备集团有限公司（简称电科装备）成立于 2013 年，是在中国电子科技集团有限公司二所、四十五所、四十八所三个国家级研究所及下属产业化公司基础上组建成立的二级成员单位，属中国电子科技集团有限公司独资公司，注册资金为 24.5 亿元人民币，总资产达 112 亿元人民币。

电科装备以“攻克半导体装备关键技术，解决军用核心电子元器件制造工艺装备短板问题”为主要责任，以高端电子制造装备研发与产业化为主业，聚焦离子注入机、CMP 等集成电路核心装备，着力打造国产集成电路和三代半导体装备验证平台，提升封装组装、新能源、新型显示装备及智能制造集成服务的核心竞争力。

多年来，电科装配利用自身雄厚的科研技术和人才优势，攻克了集成电路制造关键装备（如离子注入机、CMP 等）关键技术，解决了一批制约我国军工电子元器件自主可控发展的“卡脖子”问题。

2020 年，电科装配的产品涵盖了离子注入机全谱系产品并用于知名芯片制造企业 90nm、55nm、40nm、28nm 级制程工艺生产线；通过持续投入，电科装配建立了符合 SEMI 标准的离子注入机批量制造平台，具备年产 30 台的产业化能力。

目前，电科装配是国内主要集成电路装备、最大的高端显示装备、光伏制造装备、动力电池材料制造装备供应商，具备集成电路局部成套和系统集成能力，具备完整的光伏产业链和整线交钥匙能力。电科装配的集成电路装备的交付对象主要为中芯国际、长江存储、联芯等；电科装配的光伏装备的交付对象主要为通威、天合等国内前十大光伏公司；电科装配的平板显示装备的交付对象主要为天马、华星光电等

电科装备现有在职员工 6 000 余人。其中，专业技术人员有 2 000 人，高级工程师及其以上人员有 512 人，首席科学家、首席专家有 5 人，享受政府特殊津贴的专家有 33 人。“十二五”以来，电科装配获得授权的发明专利有 646 项，国际专利有 4 项，国际标准有 8 项，国家标准有 11 项，行业标准有 97 项，获得国家和省部级奖励项目有 70 余项。

第十九章

集成电路材料业重点企业

第一节　上海硅产业集团股份有限公司

上海硅产业集团股份有限公司（简称硅产业集团）主要从事半导体硅片的研发、生产和销售，旗下有三家控股子公司，分别为上海新昇半导体科技有限公司（简称上海新昇）、上海新傲科技股份有限公司（简称新傲科技）和芬兰 Okmetic。上海新昇主要负责 12in 硅片生产与研发，新傲科技和芬兰 Okmetic 主要负责 8in 及其以下 SOI 硅片、外延片和抛光片生产。硅产业集团主要客户包括台积电、台联电、格罗方德、意法半导体、Tower jazz、中芯国际、华虹宏力、华力微电子、长江存储、武汉新芯、长鑫存储、华润微等芯片制造企业。

2020 年，硅产业集团总销售额为 18.1 亿元人民币，同比增长 21.36%，归属上市公司股东的净利润为 8 707.08 万元人民币，实现扭亏盈利。其中，12in 硅片销售额为 3.2 亿元人民币，8in 及其以下硅片销售额为 12.3 亿元人民币，代工业务销售额为 2.3 亿元人民币。上海新昇 2020 年 12in 半导体硅片产能已经达到 20 万片/月，2021 年产能规模持续扩大，并实现 30 万片/月的产能目标。硅产业集团 2020 年 12in 硅片生产量为 103.36 万片，8in 及其以下硅片（含 SOI 硅片）生产量为 381 万片。

在研发和产品应用方面，硅产业集团承担的《40～28nm 集成电路用 300mm 硅片成套技术开发与产业化》项目已于 2020 年 9 月通过国家“02 专项”验收，承担的《20～14nm 集成电路用 300mm 硅片成套技术开发与产业化》国家“02 专项”重要任务基本完成技术目标，具备了 14nm 逻辑产品用硅片的供应能力，并且承担了《300mm 无缺陷硅片研发与产业化》等项目。

硅产业集团 19nm DRAM 用硅片和 128 层 3D NAND 用硅片的认证取得了较好的阶段性进展。综合来看，硅产业集团 12in 硅片产品在技术上涵盖了 14nm 级及其以上制程工艺；在生产上涵盖了国内 12in 芯片的制造；在产品上涵盖了逻辑芯片、图像传感器片、功率芯片，以及包括 DRAM、3D-NAND、NOR Flash 在内的存储芯片等主流芯片类型。

在技术竞争力方面，硅产业集团 12in 硅片制程工艺处于国内领先水平，并已实现规模化生产，主要竞争对手有日本信越、日本胜高、中国台湾环球晶圆、德国 siltronic AG、韩国 SK siltron 等，在产品规模和技术水平上与竞争对手存在差距。硅产业集团目前掌握了大尺寸硅片相关的直拉单晶生长、磁场直拉单晶生长、热场模拟和设计、大直径硅锭线切割、高精度滚圆、高效低应力线切割、化学腐蚀、双面研磨、边缘研磨、双面抛光、单面抛光、边缘抛光、硅片清洗、外延等技术，并掌握了 SOI 硅片生产领域内最全的技术，包括 SIMOX、Bonding、Simbond、Smart Cut 生产技术。

第二节　江苏南大光电材料股份有限公司

江苏南大光电材料股份有限公司（简称南大光电），主要从事先进前驱体、电子特气、光刻胶及配套材料三类半导体材料产品生产、研发和销售，对前驱体、电子特气、光刻胶三大关键半导体材料的布局基本形成，关键技术研发取得突破。

南大光电先进前驱体材料板块主要由 MO 源产品构成，同时布局高纯 ALD/CVD 前驱体、高 K 三甲基铝、硅前驱体和 OLED 材料等产品。南大光电在 MO 源的合成制备、纯化技术、分析检测、封装容器等方面已全面达到国际先进水平。其中，三甲基镓、三甲基铟、三乙基镓、三甲基铝等产品的纯度大于或等于 6N 级别，可以实现 MO 源产品的全系列配套供应。南大光电多种 ALD/CVD 前驱体材料具备规模化生产的能力，已经小批量供货给国内外技术先进的半导体企业，尚未打破该材料国外垄断的局面。

南大光电电子特气板块主要包括氢类电子特气产品和含氟电子特气产品。南大光电研发的高纯磷烷、砷烷产品纯度已达到 6N 级别，打破了这些产品国外技术封锁和垄断的局面。南大光电子公司飞源气体是国内主要的含氟电子特气生产企业，产品主要包括三氟化氮、六氟化硫及其副产品。

在光刻胶及配套材料板块，南大光电先后承担了国家“02 专项”的“高分辨率光刻胶与先进封装光刻胶产品关键技术研发项目”和“ArF光刻胶产品的开发和产业化项目”，正在自主研发和产业化的ArF光刻胶（包含干式及浸没式）可以达到90～14nm级的集成电路工艺节点。2020年12月，南大光电自主研发的ArF光刻胶产品成功通过下游客户的使用认证，成为通过客户验证的第一个国产ArF光刻胶产品。目前，南大光电已完成2条光刻胶生产线建设，已经完成安装并投入使用主要先进的光刻设备，如ASML浸没式光刻机等。

南大光电2020年总销售额为5.9亿元人民币，同比增长85.13%。其中，MO源产品、电子特气产品和其他产品的销售额分别为1.2亿元人民币、4.3亿元人民币和0.5亿元人民币，光刻胶产品尚未形成销售。

第三节　上海新阳半导体材料股份有限公司

上海新阳半导体材料股份有限公司（简称上海新阳）主要业务分为两类，一类为集成电路制造、先进集成电路封装用关键工艺材料及配套设备，另一类为环保型、功能性涂料。上海新阳的产品包括晶圆制造、先进集成电路封装用电镀液及添加剂系列产品，晶圆制造用清洗系列产品，集成电路封装用电子化学材料，集成电路制造用高端光刻胶系列产品，相关配套设备产品，氟碳涂料系列产品和其他产品。

上海新阳在传统集成电路封装用功能性化学材料领域具备较强实力。在集成电路制造关键工艺材料领域，上海新阳的芯片铜互连电镀液及添加剂、蚀刻后清洗液已实现大规模产业化，被国内集成电路生产线认定为Baseline（基准线/基准材料）的数量已超30条，是国内唯一一家能够为晶圆铜制程在90～28nm级工艺节点提供超纯电镀液及添加剂的本土企业。上海新阳的干法蚀刻后清洗液在技术上已经实现28nm级及其以上工艺节点全覆盖，20～14nm电镀液已完成量产测试并实现销售。上海新阳的用于存储器芯片的原创新产品——氮化硅蚀刻液在客户端实现量产，打破了国外对该产品的技术封锁局面。上海新阳的新产品——铜抛光后清洗液（PCMP）已被开发完成并进入客户验证阶段。上海新阳正在加快开发的第三大核心技术——光刻技术，在集成电路制造用ArF干法、KrF厚膜胶、I线等高端光刻胶领域有重大突破。同时，上海新阳积极布局半导体湿法工艺设备、平板液晶显示用光刻胶、化学机械研磨液等业务领域。

上海新阳承担的国家科技专项原创产品、用于存储器芯片的氮化硅蚀刻液在客户端实现量产。上海新阳的大马士革电镀添加剂在客户端已取得订单，实现规模化销售。上海新阳的化学机械抛光后清洗液（PCMP）正处于客户验证阶段。上海新阳的集成电路制造用 ArF 干法、KrF 厚膜等中试光刻胶产品已取得优异的客户端测试结果。上海新阳采购的用于 I 线光刻胶研发的 Nikon-i14 型光刻机、用于 KrF 光刻胶研发的 Nikon-205C 型光刻机、用于 ArF 干法光刻胶研发的 ASML-1400 型光刻机、用于 ArF 浸没式光刻胶研发的 ASML XT 1900 Gi 型光刻机已全部到厂。

上海新阳 2020 年总销售额为 6.9 亿元人民币，同比增长 8.25%，归属上市公司股东的净利润为 27 433.56 万元人民币，同比增长 30.44%。随着国内晶圆制造及先进集成电路封装客户的增长，上海新阳晶圆超纯化学材料产品销售规模也持续增长，同比增长超过 60%。上海新阳半导体产品销售额为 3.3 亿元人民币，其中电子化学材料销售额为 2.8 亿元人民币；涂料产品销售额为 3.7 亿元人民币。

展　望　篇

第二十章

主要研究机构对集成电路产业预测性观点综述

第一节　全球半导体市场规模预测

WSTS、IDC 和 Gartner 的统计数据显示，2020 年全球半导体市场实际表现均大幅超出预期，对比 2020 年年初的预测，这三家研究机构的预测都偏向悲观。对于 2021 年全球半导体市场表现，多家研究机构均持积极乐观看法，给出双位数的增长预测。其中，Gartner 和 IDC 均认为 2021 年全球半导体市场规模将首次突破 5 000 亿美元。2017—2021 年统计及预测的全球半导体销售情况如表 20-1 所示。

表 20-1　2017—2021 年统计及预测的全球半导体销售情况

研究机构	2018 年		2019 年		2020 年		2021 年	
	销售额/亿美元	增长率	销售额/亿美元	增长率	销售额/亿美元	增长率	销售额/亿美元	增长率
Gartner	4 746	12.5%	4 184	−11.8%	4 662	11.4%	5 451	16.9%
WSTS	4 688	13.7%	4 123	−12.1%	4 400	6.7%	4 883	11.0%
IDC	4 740	13.2%	4 188	−11.7%	4 640	10.8%	5 220	12.5%

数据来源：WSTS、IDC、Gartner，2021.5

第二节 主要研究机构观点

一、IDC

知名分析机构 IDC（国际数据公司的简称）报告显示，尽管新冠肺炎疫情对全球经济产生了影响，但全球半导体市场在 2020 年仍表现很好。这主要得益于在全球封锁引起的对远程办公和教育需求的提升，以及消费者购买行为的转变。根据 IDC 的数据，2020 年全球半导体销售额增长至 4 640 亿美元，同比增长 10.8%。IDC 预测，到 2021 年，全球半导体市场规模将达到 5 220 亿美元，同比增长 12.5%。IDC 预计，消费类、计算、5G 手机和汽车半导体的销售额将继续强劲增长；全球半导体供应限制将持续到 2021 年。虽然这种供应限制现象最初只出现在汽车半导体中，但在使用较旧技术节点制造的半导体中，这种供应限制现象正在全面显现。这就像交通拥堵和连锁反应一样，接近产能运行的半导体供应链中断会影响整个供应链。全球半导体行业将继续努力在不同的行业领域之间进行重新平衡，而现在的产能投资将在几年内提高该行业的弹性。展望 2021 年，IDC 认为，随着云技术的采用，以及对数据和服务的需求，全球半导体销售额将继续强劲增长。

IDC 表示，2020 年 PC 和服务器等计算系统中的半导体市场规模同比增长 17.3%，并超过总体半导体市场规模，达到 1 600 亿美元。2021 年，PC 处理器需求的增长仍然强劲，尤其在价值导向型市场中。IDC 预测，2021 年计算机系统销售额将增长 7.7%，达到 1 730 亿美元。2020 年手机半导体市场规模的增长保持稳定。2020 年，手机出货量下降 10%以上，但手机半导体向价格更高的 5G 半导体发展，给每部手机带来了更多的传感器和更多的内存，并支持更多频段，这帮助手机半导体销售额增长了 9.1%。对于半导体厂商来说，2021 年是特别重要的一年，因为 5G 手机出货量将占据所有手机出货量的 34%，而 5G 手机的半导体将占据该细分市场近 2/3 的销售额。IDC 预测，2021 年手机半导体销售额将增长 23.3%，达到 1 470 亿美元。

消费类半导体市场规模在 2020 年反弹。在游戏机、平板电脑、无线耳机和耳塞、智能手表、OTT 流媒体设备的强劲销售推动下，消费类领域半导体销售额同比增长 7.7%，达到 600 亿美元。随着消费者在家中升级其数字空间，苹果、AMD 和英特尔显示出惊人的销售额增长。随着微软和索尼的新游戏机、苹果可穿戴设备的持续强劲销售，以及由亚马逊 Alexa 和谷歌助理

（Google Assistant）管理的智能家庭网络的兴起，将使 2021 年的消费类半导体市场规模同比增长 8.9%。汽车销售量在 2020 年下半年反弹，但是由于火灾和工厂停工进一步影响了汽车半导体市场，某些产品在汽车半导体市场的供应限制持续到 2021 年。芯片在汽车生态系统中的传递需要时间，尤其在美国和欧洲。IDC 预测，到 2021 年汽车半导体销售额将增长 13.6%。

IDC 表示，总体而言，随着 2019 年年底开始的“超级周期”的加强，全球半导体行业有望今后继续实现强劲的增长。

二、WSTS

WSTS（世界半导体贸易协会简称）预计，2021 年全球半导体市场规模将增长至 4 883 亿美元，同比增长 10.9%。全球半导体市场主要驱动者是传感器（全球半导体市场占有率为 16.8%），其次是模拟器件（全球半导体市场占有率为 15.2%）和逻辑电路（全球半导体市场占有率为 13.0%）。预期全球所有主要类别半导体市场规模都将增长，且除美洲以外所有地理区域半导体市场规模都有望实现两位数的增长。

在器件种类方面，预计 2021 年，光电产品市场规模增长 8.8%；分立器件市场规模增长 10.0%，达 262 亿美元；传感器市场规模增长 16.8%，达 175 亿美元；集成电路市场规模增长 10.9%，达 4 006 亿美元。其中，模拟电路、微处理器、逻辑电路、存储器市场规模增幅分别为 15.2%、9.5%、13.0%、7.6%。在区域方面，预计 2021 年全球各区域半导体市场规模均呈现快速增长。其中，美洲半导体市场规模增长 9.7%，亚太地区（不含日本）、欧洲和日本半导体市场规模均达到两位数增长，分别为 10.8%和 14.5%和 10.8%。2019—2021 年统计及预测的全球半导体销售情况如表 20-2 所示。

表 20-2　2019—2021 年统计及预测的全球半导体销售情况

		销售额/亿美元			增长率		
		2019 年	2020 年	2021 年	2019 年	2020 年	2021 年
区域	美洲	786.2	953.7	1 046.6	−23.7%	21.3%	9.7%
	欧洲	398.2	375.2	429.8	−7.3%	−5.8%	14.5%
	日本	359.9	364.7	403.5	−9.9%	1.3%	10.6%
	亚太地区（不含日本）	2 578.8	2 710.3	3 002.9	−8.8%	5.1%	10.8%

续表

		销售额/亿美元			增长率		
		2019 年	2020 年	2021 年	2019 年	2020 年	2021 年
区域合计		4 123.1	4 403.9	4 882.7	−12.0%	6.8%	10.9%
器件	分立半导体	238.8	238.0	261.9	−0.9%	−0.3%	10.0%
	光电子	415.6	404.0	439.7	9.3%	−2.8%	8.8%
	传感器	135.1	149.6	174.7	1.2%	10.7%	16.8%
	集成电路	3 333.5	3 612.3	4 006.5	−15.2%	8.4%	10.9%
	模拟	539.4	556.6	641.1	−8.2%	3.2%	15.2%
	微器件	664.4	696.8	762.6	−1.2%	4.9%	9.5%
	逻辑	1 065.4	1 184.1	1 338.6	−2.5%	11.1%	13.0%
	存储器	1 064.4	1 174.8	1 264.2	−32.6%	10.4%	7.6%

数据来源：WSTS，2021 年 4 月

三、IC Insights

2020 年，全球新冠肺炎疫情加速了全球经济的数字化转型，导致新电子系统销量增加，下半年集成电路市场明显向好。尽管新冠肺炎疫情的形势仍然非常不稳定，但许多半导体公司预计 2021 年全年集成电路市场需求将持续增长。IC Insights 认为，相比 2020 年第四季度，2021 年第一季度全球集成电路销售额增长 2%。自十年以来，全球集成电路销售额第一次在第一季度比上年第四季度增长。2021 年第一季度比 2020 年第四季度的全球集成电路销售额增长 2%，达 1 131 亿美元。如果从 2021 年第二季度到第四季度的全球集成电路销售额持平，那么 2021 年全球集成电路销售额将有 12%的增长。但是，如果将 IC Insights 的预期（2021 年，第二季度的全球集成电路销售额增长 3%，第三季度的全球集成电路销售额增长 8%，第四季度的全球集成电路销售额增长 0%）考虑在内，那么 2021 年全球集成电路销售额将有 19%的增长。IC Insights 认为，这是对 2021 年全球集成电路市场规模相当保守的预测，而这 19%的全球集成电路销售额增长将由 2021 年集成电路出货量的 17%激增和平均售价的 1%增长推动。

IC Insights 预测了由 WSTS 定义的 33 种类别的集成电路产品销售额增长率。

在预计销售额增长率排名前十种类别的集成电路产品中，每种产品销售额都将实现两位数增长，但是预计仅排名前五种类别的集成电路产品销售额

增长率超过整体集成电路销售额增长率。2021 年预测销售额增长率排名前十的集成电路产品类别如表 20-3 所示。

表 20-3　2021 年预测销售额增长率排名前十的集成电路产品

排　名	集成电路产品类别	预测销售额增长率
1	DRAM	18%
2	NAND	17%
3	汽车—专用逻辑器件	16%
4	汽车—专用模拟器件	16%
5	嵌入式 MPU	15%
6	显示驱动器件	11%
7	有线通信—专用模拟器件	11%
8	32 位 MCU	10%
9	计算机及周边—专用逻辑器件	10%
10	无线通信—专用逻辑器件	10%

资料来源：IC Insights，2021.1

预计 DRAM 和 NAND 将成为 2021 年销售额增长最快的两个集成电路产品类别，销售额将分别增长 18%和 17%。DRAM 在 2013 年、2014 年、2017 年和 2018 年也被列为销售额增长最快的集成电路产品类别。DRAM 价格暴跌使其销售额在 2019 年下跌 37%，并在该年度 33 种类别的集成电路产品销售额增长率中排名最后。因为新冠肺炎疫情大流行迫使消费者、学校、企业和政府之间沟通和开展业务的方式发生了转变，所以笔记本电脑、平板电脑和服务器系统销量增长，从而使 2020 年 NAND 销售额增长了 24%。预计 2021 年，在这些相同的计算应用和智能手机中，向 5G 技术的过渡将使 NAND 销售额增长 17%。预计两个汽车专用集成电路产品类别，即“汽车—专用模拟器件”和“汽车—专用逻辑器件”将在 2021 年成为销售额增长最快的细分市场之一。在受新冠肺炎疫情困扰的 2020 年，汽车销售受到打击，这对汽车集成电路的销售产生了不利影响。但是汽车的需求量在 2021 年初回升，导致许多汽车集成电路产品短缺。预计 2021 年，额外的电子系统/功能、车载连接、自动驾驶技术的进步，以及全球电动汽车销售市场的扩大，将有助于每辆新车的平均半导体销售额提高到 550 美元以上。

近年来，随着智能手机销售额的增长放缓，高通、三星和联发科等许多片上系统 MPU 供应商已将更多的注意力转向集成了安全功能、机器学习 AI 加速、图形功能的 64 位嵌入式处理器，以用于自动车辆、自动驾驶无人机和物联网应用的视频功能。许多系统发展趋势正在推动嵌入式处理器的发展，包括车辆、工业设备和家用产品中自动化程度的提高。互联网连接在系统中的应用也变得越来越普遍。在越来越多的应用中，嵌入式处理器正在处理机器学习 AI 功能，以实现无须人工干预或控制的自主操作。由于嵌入式系统对精度要求的不断提高，以及传感器与几乎所有其他设备都连接到物联网的热潮，32 位 MCU 市场迅速扩张。许多新的 32 位 MCU 设计都支持无线连接和互联网协议（IP）通信。在汽车中，“智能”车载系统和实时传感器功能的增加推动了 32 位 MCU 的需求。这些功能可以满足越来越多的自动化安全功能，如电子稳定控制（ESC）和防撞功能。与此同时，随着集成电路供应商推出功能强大的微控制器设计，32 位微控制器正广泛应用于消费类电子产品和工业设备，其成本几乎与消费类电子产品和其他大容量系统中的 8 位和 16 位器件相当。

尽管新冠肺炎疫情席卷全球，但光电器件、传感器/执行器和分立半导体器件（O-S-D）的总销售额在 2020 年创下了历史新高。2021 年，光电器件销售额有望与传感器/执行器、分立半导体器件销售额一起强劲增长。在 2020 年新冠肺炎疫情暴发后，随着受压抑的需求和全球商业的稳定复苏，2021 年将实现广泛的经济反弹，从而使光电器件、传感器/执行器和分立半导体器件在 2021 年总销售额提升 13%，达到 994 亿美元。尽管经历了 74 年来最严重的全球经济衰退和新冠肺炎疫情的蔓延，2020 年光电器件、传感器/执行器和分立半导体器件的总销售额增长了 3%，达到创纪录的 883 亿美元。在 2021 年经济复苏反弹之后，预计 2022 年 O-S-D 的总销售额将增长 10%，达到 1 091 亿美元，并在 2021—2025 年将以 8.5%的年均复合增长率增长，五年内达到 1 326 亿美元。

2020 年，传感器/执行器销售额增长 11%，达到 165 亿美元；分立半导体器件销售额小幅增长 3%，达到 278 亿美元；光电器件销售额持平，在 2018 年和 2019 年强劲增长 9%后，在 2020 年达到 440 亿美元。2020 年传感器/执行器、分立半导体器件销售额的增长与 2019 年传感器/执行器、分立半导体器件市场疲软有很大关系。2019 年，传感器/执行器销售额仅增长 1%，分立半导体器件销售额下降 1%，但在 2020 年下半年业务状况似乎有所改善的情况下，这两类产品的采购订单量都出现强劲增长，一些产品的销售价格也有所上涨。尽管激光发射器销售额增长10%，CMOS图像传感器销售额增长4%，但LED主导的灯器件销售额下降6%、红外器件销售额下降4%和光传感器销售额下降3%，使2020年的光电器件销售陷入困境。2020年传感器总销售额增长8%，执行器销售额增长15%，这其中的部分原因是智能手机和无线系统对基于MEMS的RF滤波器的需求很高。2020年，使用MEMS制造的传感器/执行器销售额增长了11.4%，达到创纪录的138亿美元。与此同时，在某些终端用户市场从2020年第二季度新冠肺炎疫情停工冲击之中稳定下来之后，光电器件市场从2020年第三季度的库存补充中受益匪浅。

2021年，将在更多国家/地区投放高效疫苗，预计到2021年下半年将出现显著的经济回升，这将带动系统整机销售并加强半导体市场整体销售额增长。IC Insights预测，光电器件销售额将反弹14%，并再创新高达到501亿美元。传感器/执行器销售额预计将在2021年增长16%，达到191亿美元，连续第12次达到历史新高。在功率晶体管方面，预计2021年分立半导体器件销售额将强劲增长9%，达到302亿美元的历史最高水平。

2020年，微处理器市场整体销售额增长12%，达到创纪录的877亿美元。2020年，MPU销售额增长主要是由于对便携式PC和强大的大屏幕智能手机的需求强劲增长。数据中心计算机和系统扩展方面的投资也使MPU的销售额在2020年得到了提升。预计2021年MPU市场整体销售额增幅略有回落，将有9%的增幅，达到955亿美元。

在2020—2025年的预测期内，微处理器总销量预计将以5.1%的年增长率增长，而2024年将是微处理器的总销量唯一下降的年度，下降幅度为2%，这将是全球经济放缓的一年。预计2025年全球微处理器的年均复合增长率将达到2.3%。预计在整个预测期内，由于手机应用处理器的出货量增长持平，MPU的出货量增长受到抑制，而同期嵌入式处理器的每年出货量将有两位数增长。嵌入式处理器是过去五年销售额增长最快的微处理器产品类别，在2015—2020年的销售额增长了114%。在过去五年中，计算机CPU处理器的销售额增长了20%，而手机应用处理器的销售额在2015—2020年仅增长了15%，这是由于在过去的五年，成熟的智能手机销量减少了。

四、SEMI

SEMI（国际半导体设备和材料协会简称）预测，在新冠肺炎疫情激发的电子设备需求激增的推动下，全球半导体行业有望连续三年创下罕见的晶圆厂设备支出纪录。2020 年该支出增长率为 16%，预测 2021 年该支出增长率为 15.5%，2022 年该支出增长率为 12%。在预测期结束时，全球晶圆厂将在三年内每年增加约 100 亿美元的设备，同时晶圆厂设备支出将攀升至 800 亿美元以上。随着全世界都在团结起来遏制新冠肺炎疫情的传播，通信、计算、医疗保健和在线服务领域对新冠肺炎疫情的爆发做出了强有力的反应，而电子产品是这些行业的支柱，从而使这些电子产品的需求爆炸性增长。

晶圆厂设备支出历来是周期性的，通常增长一两年后再下降一两年的时间。从 2016 年开始，半导体行业的晶圆厂设备支出连续三年保持增长。在 20 世纪 90 年代中期，芯片行业有着长达四年的增长期。2021 年和 2022 年的大部分晶圆厂将投资晶圆代工和存储器领域。在先进工艺投资推动下，晶圆代工支出预计将在 2021 年增长 23%，达到 320 亿美元，并在 2022 年持平。存储器整体支出将有个位数增长，到 2021 年将达到 280 亿美元，而 DRAM 将超过 NAND 的支出。在 DRAM 和 3D NAND 投资的强劲推动下，存储器整体支出在 2022 年将激增 26%。在预测期内，功率器件和 MPU 细分领域的支出也将强劲增长。在对功率半导体器件强劲需求的推动下，预计 2021 年和 2022 年，功率器件支出将显示出强劲的增长，分别为 46%和 26%。随着微处理器支出的增加，MPU 支出将在 2022 年以 40%的速度增长。

SEMI 预测，全球半导体封装材料市场将跟随芯片产业市场的增长而增长，其销售额从 2019 年的 176 亿美元增长至 2024 年的 208 亿美元，年均复合增长率（CAGR）为 3.4%。许多半导体领域市场的增长驱动因素将推动全球半导体封装材料市场的增长，而这些领域包括大数据、高性能计算（HPC）、人工智能（AI）、边缘计算、先进存储、5G 基础设施建设、5G 智能手机应用、电动汽车应用及汽车安全等。这些领域市场的增长，使得先进集成电路封装技术能够支撑下一代芯片更高的性能、可靠性和集成度。在对系统级封装（SiP）和高性能器件需求增长的推动下，作为最大半导体封装材料领域市场——层压基板市场的年均复合增长率将超过 5%。在预测期内，晶圆级封装（WLP）电介质市场将以 9%的年均复合增长率增长最快。随着更小、更薄的半导体封装技术发展的趋势，引线框架、芯片连接和密封材料市场的增长将受到抑制。

第二十一章

2021 年中国半导体产业发展形势展望

2020 年，新冠肺炎疫情、全球单边主义抬头等因素为全球和我国集成电路产业发展带来诸多不确定性，但在线上办公、数据中心、5G 手机等有利因素推动下，全球及我国集成电路产业市场仍保持正向增长。展望 2021 年，伴随着全球经济逐渐复苏、我国集成电路产业政策和资金等保障要素的充分释放，以及 5G、AI 等技术的应用渗透，我国集成电路产业将迎来新发展阶段。

一、2021 年形势基本判断

（一）全球半导体市场预期增长，线上办公、数据中心等成为重要动力

2020 年，受新冠肺炎疫情影响，全球经济低迷，各国 GDP 普遍出现负增长，全球半导体市场却逆势增长，虽然智能手机、PC、汽车等市场相对低迷，但远程办公与教学、自动化、安防、在线医疗等领域带动相关基础设施的建设和个人需求的增长，并成为半导体市场增长的重要动力。根据 WSTS 统计数据，2020 年全球半导体市场规模为 4 403.89 亿美元，同比增长 6.8%，和 2019 年全球半导体市场规模 12%的负增长相比，全球半导体市场实现全面复苏。其中，集成电路市场规模为 3 612.26 亿美元，同比增长 8.4%。我国集成电路产业受益于新冠肺炎疫情控制迅速、产业结构优化升级等，仍然保持旺盛的市场需求。在集成电路产能逐步被释放、产业链价格上涨态势蔓延的带动下，预计 2021 年我国集成电路产业规模增速将近 20%。

预计 2021 年随着新冠肺炎疫苗的普及和推广，全球疫情将得到明显控制，各国经济也将开始复苏，全球半导体市场仍将保持较高增速。新冠肺炎疫情带来的生产办公模式的变化，导致各领域的数字化、电子化、智能化速度加快，促使手机、PC、汽车等市场的复苏，以及对半导体需求的持续增长。

各研究机构对 2021 年半导体市场普遍持乐观态度，即半导体市场将出现 4.4%～12%的正增长，且增长率平均预测值为 9.4%。数据中心、高性能计算、5G 通信等需求拉动存储器、处理器需求继续增长，存储器将继续成为半导体市场增长的主要动力。

（二）技术多样化、融合化趋势明显，新架构、新模式、新业态变革加快

2020 年，集成电路技术仍沿着摩尔定律持续演进，尺寸微缩研发方向预计将持续至 2030 年。台积电、三星 5nm 级先进制程工艺先后实现量产，并正在加快研发 3nm 级及其以下制程工艺，推动新材料、新结构、新工艺加快变革发展。随着信息技术持续演进，集成电路产业发展正在进入跨界融合、加速创新的新时期。

在新架构方面，万物互联带来非结构化数据的指数增长，驱动多样化计算发展，使得存算一体、异构计算、认知计算等新兴计算架构加速崛起。英特尔、英伟达、AMD 等围绕先进计算展开布局。

在新模式方面，芯片小型化、智能化、模块化的发展趋势让三维立体模块化封装等创新技术加速发展，推动集成电路生产前、后道工序相互融合。集成电路设计企业为保障产能购买设备支持代工厂，打造 Open Foundry 新模式，如联发科购买设备出租给力积电。

在新业态方面，围绕集成电路产品的研发和应用，苹果、谷歌、亚马逊等拥有应用市场优势的整机企业和系统集成商正在深化独立的芯片设计业务，通过产业链间技术融合实现差异化发展，深刻改变集成电路产业发展格局。

预计 2021 年，台积电将开始 3nm FinFET 制程工艺的风险试产，继续引领全球先进制程工艺演进。数据中心、高性能计算等应用推动异构计算、领域专用芯片、软件定义芯片等技术加快发展，ARM 架构处理器全面渗透高、中、低性能计算领域。芯粒（Chiplet）技术开启芯片设计 IP 新模式，逐渐成为技术演进的重要方向。我国在 5G、人工智能等芯片领域逐步缩小与国外先进技术水平的差距。中芯国际、华力继续推进先进制程工艺进步。集成电路设计企业加快自建产能，以应对在外部环境变化情况下的供应链保障。

（三）内外部环境变化交织，多元化带动产业发展

2020 年，我国半导体产业发展面临的环境和条件都发生了深刻变化。

从国内层面来看，我国经济发展进入新常态，正处于发展速度换挡、结构优化、动力转换的关键节点，新基建中的数据中心、物联网、人工智能等设施建设将为我国芯片带来超过一万亿元人民币的市场空间，成为国内半导体产业发展的重要机遇。

从国际层面来看，在中美竞争关系不确定性的大背景下，各国在半导体领域的博弈加剧，新冠肺炎疫情加剧了各国半导体产业供应链内顾倾向。我国也加快半导体产业供应链多元化建设，从而推动我国半导体产业规模增长。

2021 年是“十四五”开局之年，随着新冠肺炎疫情的控制，经济复苏与回暖将重启消费者和投资者信心，并释放部分受抑制的原有需求。新冠肺炎疫情防控常态化将加速经济社会生活中的信息化进程，带动国产计算、存储芯片需求增加。此外，国内 5G、新能源汽车等新基建市场将会进一步提升渗透率，带动国内在通信及射频器件、消费电子、功率半导体、汽车半导体等方面加速发展。在不出现大的系统性风险和外部环境变化的情况下，2021 年半导体产业预计仍能保持 20%以上市场增速，整体半导体产业规模有望超过一万亿元人民币。但也应注意，中美博弈常态化成为国内集成电路产业增长的重大不确定因素。

（四）产业并购重组活跃，我国资本市场热度不减

2020 年，全球半导体产业逐步进入以大并购、大重组为特征的新一轮深度调整期。全球半导体产业并购重组活跃，虽然部分案例尚未最终完成，但其并购规模、主体、领域都呈现出新的特点。在规模方面，2020 年全球半导体产业有 6 起大宗并购案，总规模近 1200 亿美元，为近几年之最。在主体方面，全球半导体头部企业之间巨量并购渐成主流，高资本估值成为促成交易的重要原因。例如，亚德诺和美信分别是全球第二和第三大模拟集成电路企业；环球晶圆和 Siltronic 分别占据全球晶圆第二和第三大市场份额；AMD、英伟达分别是 CPU 和 GPU 领域的龙头企业；赛灵思和 ARM 则分别是全球最大的 FPGA 厂商和半导体 IP 供应商。在领域方面，异构芯片组合成为底层算力基础，数据中心、自动驾驶等新兴应用算力体系成为竞争焦点。我国资本市场也热度不减，发生了韦尔股份以总价 1.2 亿美元收购 Synaptics 亚洲 TDDI 业务、英唐智控收购日本先锋微等案例。同时，国内科创板成立以来集成电路企业上市融资活跃。2020 年，我国共有 8 家芯片设计企业在科创板和主板上市，募集资金高达 98.5 亿元人民币。此外，紫光展锐、上海复旦微、

芯原微电子、苏州国芯、华大九天等企业也在积极筹备上市，相关领域将会迎来蓬勃发展。

尽管各国目前对半导体产业核心技术的监管加强和收购潜在标的减少，但是预计 2021 年，随着全球经济开始复苏，美国、欧盟和我国在半导体产业上的加速发力，以及 5G、AI 等技术带动，全球半导体市场处于上升趋势，在第三代半导体、光电器件等领域的并购将可能不断涌现。随着大宗并购案对全球半导体市场格局的冲击逐渐显现，预计还将继续出现系列并购整合，全球半导体产业新一轮并购周期蓄势待发。随着大基金二期的成立和进入投资期，我国资本市场仍保持较高热度。科创板进一步畅通了基金退出渠道，国内企业间并购整合机会增多，并在资本的助力下寻求海外并购机会。2020 年全球半导体领域主要大宗并购案例情况梳理如表 21-1 所示。

表 21-1　2020 年全球半导体领域主要大宗并购案例情况梳理

收购方		标的方		金额/亿美元	方式
亚德诺	全球第二大模拟集成电路企业	美信 Maxim	全球第三大模拟集成电路企业	210	全股票
英伟达	2019 年全球第五大集成电路设计企业	ARM	全球最大的半导体 IP 供应商	400	股票+现金
海力士	全球第六大 NAND 存储器企业	英特尔（NAND 闪存业务）	全球第五大 NAND 存储器企业	90	现金
AMD	2019 年全球第六大集成电路设计企业	赛灵思 Xilinx	2019 年全球第七大集成电路设计企业	350	全股票
美满	2019 年全球第八大集成电路设计企业	Inphi	全球有线数据互联领域前十大芯片厂商之一	100	股票+现金
环球晶圆	全球第三大半导体硅晶圆厂商	Siltronic	全球第四大半导体硅晶圆厂商	45	—

数据来源：赛迪智库，2020.12

（五）集成电路进出口仍保持高位，增长速度呈现放缓态势

2020 年，我国集成电路进出口额创历史新高。在进口方面，我国全年集成电路进口额为 3 500.4 亿美元，同比增长 14.6%，达到历史最高水平。其中，主要产品为处理器芯片，贡献了集成电路进口额增幅的 60%以上。其增长的主要原因是美国对华为的制裁打压导致一些企业加大处理器芯片的备货。据

统计，华为芯片库存水平达到 6 个月（智能手机）至 24 个月（网络设备），其他整机厂商出于保障供应链安全或与华为竞争市场份额考虑，提高芯片库存水平，抵消了手机出货量下跌影响。此外，受 5G、AI 等新兴应用驱动，以及 PC、服务器产品需求自 2020 年第二季度起回升，芯片进口需求持续提升。在出口方面，我国全年集成电路出口额为 1 166 亿美元，同比增长 14.8%，增长率比去年同期的 20%有所减少。我国集成电路出口额增加较大的产品主要是处理器。

预计 2021 年我国集成电路进出口额仍保持高位，但是其增长速度将有所放缓。一方面，十九届五中全会以来，我国提出加快畅通国内大循环，为增强自主供给能力，国内加快产业供应链自主化建设，推动在重点产品领域和基础环节的上、下游协同攻关，进一步降低对外进口产品的依赖。另一方面，预计美国对我国企业的制裁打压将在 2021 年有所缓和，国内恐慌性备货和提升库存将逐渐趋于理性，也会一定程度上放缓进出口额增长速度。

二、需要关注的几个问题

（一）国内晶圆代工产能紧张问题凸显

在先进工艺方面，在 5G 手机的加速渗透、高性能计算需求的持续带动下，以及受惠于服务器、游戏机新品与新平台应用需求的旺盛，台积电、三星 10nm 级以下产品的产能持续吃紧，仅有的产能在苹果、AMD、英伟达等少数大厂争抢下供不应求。在成熟工艺方面，新冠肺炎疫情带动大尺寸显示器等电子产品需求的上涨，以及 5G、汽车电子和物联网等市场快速发展，显示驱动集成电路、CMOS 图像传感器、电源管理芯片、NOR Flash 等芯片需求旺盛，同时新冠肺炎疫情使得中、小厂商加大货存等因素使得中芯国际、华虹、华润微等国内 8in 晶圆代工产能吃紧异常明显。此外，华为被制裁事件也对 2020 年晶圆产能形成了一定挤压效应。晶圆厂为了给华为赶工囤货，不得不将其他厂商的产品延后生产，增加了 2021 年的订单压力。晶圆代工产能紧张严重制约了我国集成电路设计企业的研发产品量产，预计这将持续到 2021 年下半年，并成为我国集成电路产业发展的重要瓶颈。

（二）供应链对外依存度过高掣肘产业发展

在产品上，我国高端芯片大部分依赖从欧美国家进口。在 EDA 工具方面，美国 Synopsys、Cadence 和美系的 Siemens EDA 三大巨头企业占领我国

95%以上的市场份额；我国除华大九天可以提供部分领域全流程 EDA 系统工具之外，其他公司以单点工具为主，且仅占 5%的市场份额。在 IP 核方面，IP 市场与 EDA 市场类似，全球前三大半导体 IP 供应商分别是 ARM、Synopsys、Cadence。ARM 占据移动处理器市场 90%以上的市场份额，Synopsys 在 USB、PCIe 等各类接口的市场占有率排名第一。其他还有诸如 GPU 领域的 Imagination、提供 DRAM 接口 IP 的 Rambus、主营非易失性存储 IP 的 eMemory 和 SST 等公司。在制造环节，我国量产工艺落后世界先进水平将近三代。在设备环节，北方华创、中微半导体、沈阳拓荆、华海清科、盛美半导体和屹唐半导体等厂商在薄膜沉积（包括 PVD 和 CVD）、刻蚀、CMP、清洗和热处理等设备实现了技术突破，但仅占有全球少量市场份额，在光刻机和离子注入机等关键核心设备领域国外更是处于垄断地位。华为被美国制裁事件充分反映了我国半导体供应链对外依存度高，已严重制约我国集成电路产业发展。

（三）全球半导体竞争态势和博弈加剧

半导体作为信息技术的基石，一直处于全球战略竞争和博弈的最前沿，在各国经济低迷和中美关系紧张的背景下竞争更加激烈。在美国方面，拜登政府上台后对我国半导体产业打压态势长期不会改变，虽然短期内可能会弱化正面冲突，但是不同于特朗普政府的单边政策，拜登政府更强调多边主义政策方向，推动美国重返全球性组织、修复同传统盟友关系等，可能采取联合日本、欧盟、韩国等众多传统盟友以“大联盟”方式遏制我国发展。同时，各国针对半导体产业竞争态势加剧的状况，纷纷加大对本土半导体产业的支持力度。我国半导体产业将面临更加激烈的国际竞争。例如，美国出台的《国防授权法案》，提出加大政府资金投入，促进美国半导体制造业和技术发展，成立多边微电子安全基金，加强半导体前沿技术研发等。欧盟提出为了打破美国技术的限制，欧盟 17 国达成协议将携手提高欧洲半导体市场地位，加大投资力度，提高欧洲设计和制造下一代可靠的低功耗处理器能力，减少对美国和亚洲的进口产品依赖。日本限制对韩国半导体材料出口以后，韩国政府加大支持力度，推动半导体材料的研发和国内供应链建设。

（四）警惕资本市场泡沫造成的风险

2020 年，我国集成电路产业投融资环境不断改善，国家集成电路产业投资基金二期的投资正在被释放。在民间资本方面，也出现武岳峰资本、璞华资本和华登国际等全球知名风险投资机构不断加大在我国集成电路产业的投资。同时科创板成立后，集成电路企业加快上市，进一步拓宽集成电路企业融资渠道。需要注意的是，一方面，我国集成电路企业和国外企业相比，估值水平普遍偏高，我国已上市的集成电路企业市盈率和市值都偏高，我国上市企业动态市盈率甚至为国外同类型企业的 10 倍。另一方面，资本市场的高利润使得企业都以上市融资为目标，进一步分散行业资源。天眼查专业版数据显示，截至 2020 年 12 月，2020 年我国新增超过 6 万家集成电路相关企业，同比增长 22.39%，使得我国企业小、散、弱的局面更加突出，行业资源分散导致企业难以做大做强。

第二十二章

2021 年中国集成电路人才发展形势展望

当前，全球新一轮科技革命和产业变革加速发展，以集成电路为核心的新一代信息技术产业以其强大的创新性、融合性、带动性和渗透性，已成为我国新旧动能转换、产业转型升级的核心驱动力，对国民经济和社会发展的战略性、基础性和先导性作用进一步凸显。党中央、国务院高度重视集成电路产业发展和专业人才培养，先后发布鼓励产业发展的系列政策，组织实施国家人才培养计划，出台《新时期促进集成电路产业和软件产业高质量发展的若干政策》(国发〔2020〕8 号)，明确提出加快推进集成电路一级学科设置工作，紧密结合产业发展需求及时调整课程设置、教学计划和教学方式，努力培养复合型、实用型的高水平人才；鼓励有条件的高校采取与集成电路企业合作的方式，加快推进示范性微电子学院建设等重要举措。

一、2021 年我国集成电路产业人才趋势

（一）集成电路产业保持发展势头，人才需求依然旺盛

相较于其他集成电路产业成熟国家和地区，我国从业人数增长较快。数据显示，近两年美国本土直接从事半导体产业的人数维持在 25 万左右；2019 年在欧洲约有 20 万个与半导体产业直接相关的岗位；日本的集成电路产业 2019 年从业人数约为 16.24 万，保持约 3%的增长率；韩国的半导体产业从业人数约为 17.6 万，同比增长 6.67%。中国台湾半导体从业人数约 23 万，和去年相比相差不大。相较其他集成电路产业成熟国家和地区，我国直接从事集成电路产业的从业人数较大且保持快速增长，截至 2019 年年底，我国直接从事集成电路产业的人员规模在 51.19 万人左右，比 2018 年增加了 5.09 万人，同比增长 11.04%。根据美国半导体行业协会的测算，平均每个集成电

路岗位都会创造4.89个间接就业机会，由此推算，我国间接从事集成电路产业的人员规模在250万人左右。从产业链环节来看，集成电路设计业、制造业和封测业的从业人员规模分别为18.12万人、17.19万人和15.88万人，比去年同期分别增长了13.22%、19.39%和1.34%。从人均产值来看，2019年集成电路产业人均产值为147.74万元人民币，比2018年同期提高了4.21%。中国半导体行业协会预测的数据显示，预计到2022年我国集成电路产业规模将达到11 662.7亿元人民币左右。按照人均产值156.65万元人民币测算，到2022年前后集成电路全行业人才需求将达到74.45万人左右。其中，集成电路设计业的人才需求为27.04万人，集成电路制造业的人才需求为26.43万人，集成电路封装测试业的人才需求为20.98万人。集成电路从业人员结构基本形成集成电路设计业和制造业“前中端重”、集成电路封测业“后端轻”的趋势。

我国半导体行业的就业景气度好于全国行业平均水平，受新冠肺炎疫情影响较小，整体人才市场稳定。自2018年以来，我国半导体行业的就业景气度随季度呈现波动，与全国就业趋势基本一致。从2018年一季度到2018年四季度，在集成电路行业国产产品替代进口产品加速背景下，我国半导体行业就业景气度（CIER）指数[①]远高于全国平均水平。从2019年一季度到2019年四季度，在集成电路行业国产产品替代进口产品加速背景下，我国半导体行业就业景气度CIER指数除第一季度外，其他三个季度均远高于全国平均水平。2020年年初，突如其来的新冠肺炎疫情给全行业就业带来了巨大的冲击，2020年一季度国内经济处于半停摆状态，整体招聘需求和求职人数都同比下降，我国半导体行业CIER指数与全行业CIER指数同步下跌，半导体行业CIER指数由2019年第四季度的3.91下降至2.09。2020年第二季度随着复工复产的推进，招聘需求的同比降幅有所减小，半导体行业CIER指数缓慢上升至2.66。随着新冠肺炎疫情的有效控制和秋季求职季的到来，2020年第三季度我国半导体行业CIER指数上升到3.91。由于我国集成电路行业就业环境不断完善，加之薪酬提升等因素共同影响，2019年我国集成电

① CIER指数=招聘需求人数/求职申请人数，CIER指数大于1，代表人才供不应求；CIER指数小于1，代表人才供过于求；CIER指数越高，代表就业市场景气度越高。

路行业的主动离职率为 12.51%，较 2018 年降低了 1.84%，但仍高于 5%～10% 的健康流动率。其中，集成电路设计业的主动离职率最低，为 10.84%；集成电路制造业主动离职率为 15.98%，虽较 2018 年的有所下降但仍处于高位；集成电路封测业由于其行业的特殊性，人才流动性较高，2019 年的主动离职率为 18.28%。从整体来看，随着半导体产业的高速发展、新冠肺炎疫情有效控制和秋季求职季的到来，2020 年下半年我国半导体行业就业景气度持续升高，2020 年全年半导体行业主动离职率保持去年同期水平。

我国集成电路产业正处于布局和发展期，行业薪酬不断提升，进入本行业的从业人员增多。在中美经贸摩擦的不确定性进一步增大和新冠肺炎疫情全球性爆发的背景下，我国半导体行业的就业景气度不降反涨，涌现出一批想要抓住历史机遇的新兴企业，同时行业薪酬也出现一定幅度上行。从薪酬来看，2019 年第二季度到 2020 年第一季度，我国半导体全行业平均薪酬为税前 12326 元人民币/月，同比上涨 4.75%。其中，研发岗位的平均薪酬为税前 20 601 元人民币/月，同比增长 9.49%；高管类职位的平均薪酬为税前 37 834 元人民币/月，同比增长 1.9%。从高校端来看，2019 年我国集成电路相关专业毕业生总数在 20 万人左右。其中，2.58 万人进入本行业就业，即有 12.92% 的毕业生选择进入集成电路行业从业。同时，从 2019 年 28 所示范性微电子学院毕业生的就业情况来看，有 55.08%的本科及以上学历毕业生选择进入集成电路行业从业，这一比例较 2018 年的提高了近 9 百分点，远高于集成电路相关专业毕业生进入本行业的平均水平；有 73.66%的硕士及以上学历毕业生进入本行业从业，这一比例与 2018 年的基本持平。可见，示范性微电子学院正在持续不断地向集成电路行业输送高层次专业人才。

从 2019—2020 年集成电路产业链各环节紧缺岗位来看，集成电路设计业稳稳占据了十个紧缺岗位。随着 5G、人工智能等新兴产业的发展，集成电路设计业职位迅速涌现且增量大于现有人才供给，其中大部分招聘需求来自本土集成电路企业。在排名前二十的紧缺岗位中，排名前五的芯片设计岗位分别是模拟芯片设计岗位、数字前端设计岗位、数字验证岗位、数字后端设计岗位和模拟版图设计岗位，这几个岗位也延续了 2019 年的紧缺程度，甚至有过之而无不及。具体来看，我国数字芯片设计的发展迅猛，不少优秀的企业诞生，像海思、展讯等企业都设计出了优秀的数字芯片或 SoC 解决方案。也正因如此，对数字芯片设计（包含数字前端设计、数字后端设计、数字验证、DFT）人才的需求量也直线上升。但我国高校输出的专业人才数量远不能满足该市场需求，集成电路行业对人才要求相较于其他行业更为严苛，所以数字芯片设计人才非常紧缺，模拟芯片设计人才也同属于稀缺人才。目前，我国尚未掌握高性能模拟芯片设计的核心技术，国内使用的模拟芯片大量依赖进口产品。近年来，我国正在加快核心芯片国产替代化的脚步。此外，模拟芯片设计工程师必须具有扎实的基础、多年的经验及对工艺的了解才能做出高性能的模拟芯片产品，因此优秀的模拟芯片设计工程师的入门槛更高。同时，模拟芯片设计工程师和射频芯片设计工程师在基础和经验要求上是相似的，就业面较窄，再加之很多模块正在受到数字芯片的吞噬，所以模拟芯片设计人才较稀缺。芯片设计软件研发及硬件研发的岗位市场需求量也逐渐加大，而其岗位对从业者要求也比较高，必须具有理工科背景和一定的半导体行业从业经验，因此这类岗位也成为 2020 年紧缺岗位。

二、我国集成电路产业人才发展存在的问题

人才是集成电路产业发展的第一要素。当前，我国集成电路产业在“引才”“育才”“流才”“留才”等方面存在一系列问题，在很大程度上制约了我国集成电路产业的高质量发展。

（一）我国领军和高端人才紧缺，对人才吸引力不足

集成电路行业高端人才和领军人才对于产业的发展十分重要，国际范围内的高端人才争夺也异常激烈。从现有人才结构来看，国内有经验的人才储备不足，尤其是掌握核心技术的关键人才紧缺，须要从产业发展成熟度较高的地区引进。尽管国内部分企业已从海外引进了部分高层次人才，但与产业发展的需求仍相去甚远。同时，我国在吸引和留住人才方面竞争力也不足，根据《2019 IMD 世界人才报告》显示，在 63 个国家和地区中，中国大陆在吸引和留住人才方面位列第 55 位，远低于美国、德国、日本、中国台湾和韩国等集成电路产业成熟国家和地区。除外部形势的不确定性外，国内的集成电路产业发展环境、配套政策，以及股权激励机制、薪酬等情况也是领军和高端人才关注的要素。

（二）我国人才培养师资和实训条件支撑不足，产教融合有待增强

师资队伍、评价体系和实训基地条件等在一定程度上决定了人才培养的质量。从师资队伍来看，目前，我国院校掌握国际前沿理论和技术、具备实

战能力的师资较为缺乏，而校企推动“双导师制”过程中企业师资也可能因工作强度较大、要时刻跟进机台及工艺进程等原因，在学生培养中发挥的作用有限。学校“唯论文”等考核导向也使得人才培养存在产教脱节问题。同时，由于集成电路行业人才流动性大，培训效果难以立竿见影，所以企业对培训的重视及投入不够，知识沉淀和传承受限。从实训基地来看，我国院校培养人才的实训环境缺乏并且培训师资稀缺。集成电路产业所涉及的工具和实践设备昂贵，而院校相关软硬件设备较为落后且数量不足，企业能够提供用于教学的设备较少，导致学生实操训练机会有限，特别是很多学生在校期间根本就没有经历过集成电路流片等经验，很难满足企业对集成电路人才的实际要求。

（三）我国集成电路企业间挖角现象普遍，导致人才流动频繁

由于集成电路行业的高技术属性及人才培养周期较长等因素，目前人才供给短期内难以满足集成电路产业发展需求，导致集成电路行业普遍存在较为严重的挖角现象，而这种现象主要集中在研发类、关键技术类、高级管理类等岗位。先行企业刚刚培养出炉的人才尚未在企业中发挥作用，却在其他企业高福利薪酬的条件下纷纷跳槽，导致先行企业成为“黄埔军校”。目前，我国集成电路企业的人才也从之前的持久性提升技能和经验来实现个人发展，转变为通过频繁换工作来实现高收入，如此恶性竞争其实挖的不是人的能力，而是短期有效的即时性资源，长期来看不利于集成电路产业的发展。

（四）我国对智力资本的重视程度不足，科研人员活力有待激发

当前，由于我国激励机制不完善，对智力资本的重视程度不足导致人才成长缺乏动力，尤其是对基础研究领域科研人员的支持条件不够，如科技人员收入水平偏低，智力资本的回报率较有形资产低，发明、专利等技术成果得不到社会的真正认可等方面问题突出，导致人才不愿从事科研工作或无法充分发挥其作用。同时，体制机制僵化等现象都不利于激发人才活力，工程技术人才培养与生产和创新实践脱节。此外，尊重科技人员氛围不足，在社会中涌现出“一切向钱看”的错误价值观，技术主导让位于资本主导，不利于科研技术创新和集成电路产业长远发展。

（五）人才培养体系尚未能有效满足“卡脖子”领域发展需求

近几年来，国际贸易环境越发恶劣，我国集成电路产业发展短板更加突

出，尤其是在集成电路产业上游的半导体设备、材料和 EDA 工具等方面。这几个领域的高端人才也是最为缺乏的，但目前的人才培养体系中，尚未形成有效的针对这几个急需人才领域实施因材施教的手段。后续应尽快利用一级学科建设，以及现代制造业学院建设契机，借鉴韩国当前突破半导体材料的人才培养方式，尽快补足人才发展短板。

光 伏 篇

第二十三章

光伏产业发展概况

一、产业规模

尽管受到2020年年初新冠肺炎疫情的冲击，7—8月多晶硅料企业安全事故、新疆地区新冠肺炎疫情导致的硅材料供应紧张，以及7月开始由于光伏玻璃、EVA胶膜等供应紧张导致的原辅材料价格上涨等黑天鹅事件，在国内外市场的推动下，我国光伏产业市场规模仍持续扩大。其中，多晶硅产量为39.6万吨，同比增长15.8%；硅片产量为161.4GW，同比增长19.8%；电池片产量为134.8GW，同比增长22.2%；组件产量为124.6GW，同比增长26.4%。2020年我国光伏产品产量情况如表23-1所示。

表23-1　2020年我国光伏产品产量情况

	多晶硅	硅片	电池片	组件
产量	39.6万吨	161.4GW	134.8GW	124.6GW
增长率	15.8%	19.8%	22.2%	26.4%

数据来源：赛迪智库，2021.4

二、进出口情况

2020年，我国光伏产品出口额约为197.5亿美元，同比下降5%。其中硅片出口额为17.7亿美元，出口量约为27GW；电池片出口额约为9.9亿美元，出口量约为9GW，硅片和电池片出口量与去年同期相比略有下降。组件出口额为169.9亿美元，出口量约为78.8GW，同比增长18%。随着国外新冠肺炎疫情的爆发，对国外光伏市场需求的预期下降，导致2020年第二季度光伏产品价格大幅下降，这是我国光伏产品出口额下降的主要原因。同时，国外工厂产能利用率下降导致硅片、电池片的出口量下降，但全球以光伏为代表的可再生能源市场发展并未受到新冠肺炎疫情较大影响，继续拉动组件出口量的上升。在多晶硅进口方面，随着国内多晶硅供应大幅提升，以及国外多晶硅产能的逐步退出，2020 年，我国太阳能级多晶硅进口量约为 9.9 万吨，同比下降 29.6%，进口额约为 9 亿美元。2011—2020 年我国光伏产品出口情况如图 23-1 所示。

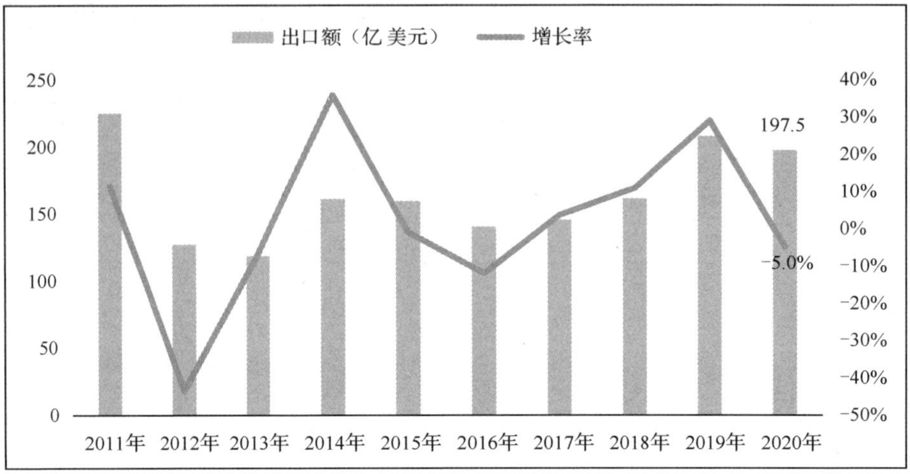

图 23-1　2011—2020 年我国光伏产品出口情况

数据来源：赛迪智库，2021.4

从光伏组件市场来看，2020 年，在光伏组件主要市场中，传统光伏组件市场活力不减。其中，荷兰和越南光伏组件市场份额增长明显；在光伏发电成本持续降低及欧盟绿色协议的背景下，欧洲光伏组件市场保持增长势头，荷兰作为欧洲光伏组件市场的集散中心出口量持续增长；越南新一轮 FIT 政策引发了越南屋顶光伏产品的抢装热潮。越南工贸部的公告显示，2020 年越南光伏产品新增装机为 10.75GW，成为全球前三大光伏组件市场，其中屋顶光伏产品装机超过 9GW。越南光伏产品新增装机猛增，对我国光伏组件需求明显增长，成为我国光伏组件第二大出口市场。印度光伏组件市场受新冠肺炎疫情影响，市场需求下降较为明显。曾经的新兴光伏组件市场乌克兰因其国内电价的下降致使光伏项目的收益有所降低，投资热情减退，市场需求下降。墨西哥光伏组件市场受到清洁能源拍卖的取消及后续政策不确定性的影响，未能延续之前的增长势头，市场需求有所下降。2019—2020 年我国光伏组件主要出口市场情况如图 23-2 所示。

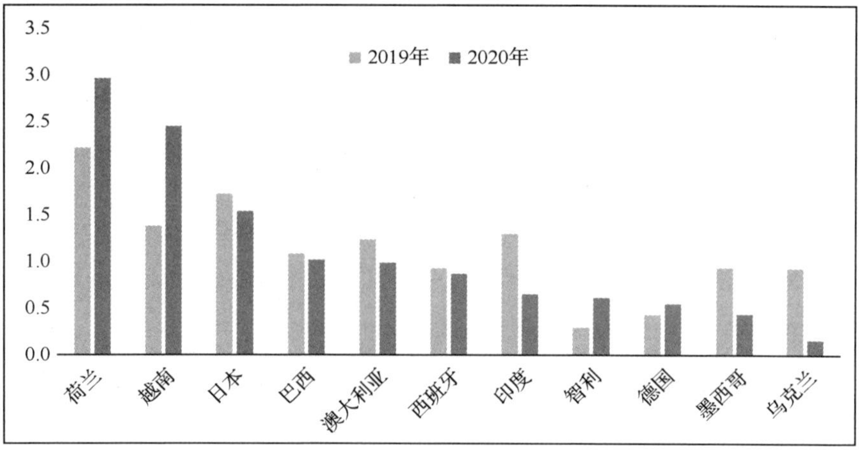

图 23-2　2019—2020 年我国光伏组件主要出口市场情况（单位：十亿美元）

数据来源：赛迪智库，2021.4

三、技术创新

在产业化技术方面，我国多晶硅生产综合电耗已降至 66.5kW·h/kg，单炉致密料占比提升为 70%～80%；在硅片方面，单炉投料量提升至 1 900kg，较 2019 年的 1 300kg 有大幅提升；158.75mm 和 166mm 尺寸硅片在硅片市场的占比合计达到 77.8%，182mm、210mm 大尺寸硅片正在逐步进入市场；在晶硅电池方面，规模化生产的 P 型单晶电池均采用 PERC（Passivated Emitter and Rear Cell）技术，平均光电转换效率达到 22.8%，较 2019 年提高 0.5 百分点，而先进企业生产的 P 型单晶电池光电转换效率已达到 23%；在组件方面，166mm、72 片单晶 PERC 组件主流功率为 450W。我国光伏电池平均光电转换效率情况如图 23-3 所示。

在实验室方面，2020 年 4 月，晶科研发的多晶硅（Multicrystalline）电池片实验室光电转换效率达到 23.3%，并被收录于 NREL（National Renewable Energy Laboratory）电池片光电转换效率纪录表中。随后，阿特斯宣布将该光电转换效率提高至 23.81%。2020 年 7 月，晶科宣布其研发的 N 型单晶硅单结电池片光电转换效率达到 24.79%，2021 年 1 月，该纪录再次被刷新到 24.90%，创造了新的大面积 N 型单晶钝化接触电池片光电转换效率世界纪录。我国除在晶硅电池技术方面领先全球外，钙钛矿、有机电池等电池片实验室光电转换效率也走在世界前列。2020 年 7 月，杭州纤纳光电以 18.04% 的钙钛矿小组件光电转换效率的成绩，第七次蝉联了钙钛矿小组件光电转换效率世界纪录榜首。目前，在NREL电池片光电转换效率纪录表中，上海交大/北航、中科院化学所和汉能分别研发的有机电池、有机叠层电池和薄膜电池光电转换效率仍保持着世界纪录。我国光伏晶硅电池实验室光电转换效率刷新纪录情况如图23-4所示。

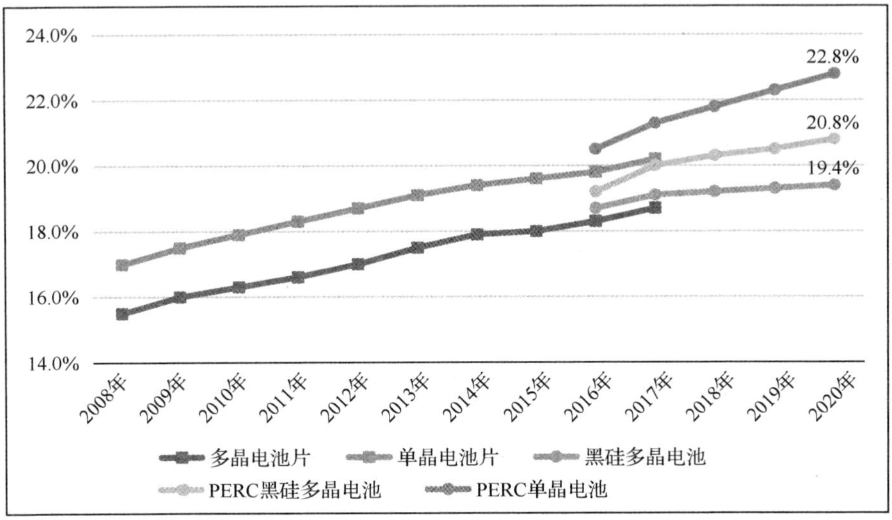

图23-3　我国光伏电池平均光电转换效率情况

数据来源：赛迪智库，2021.4

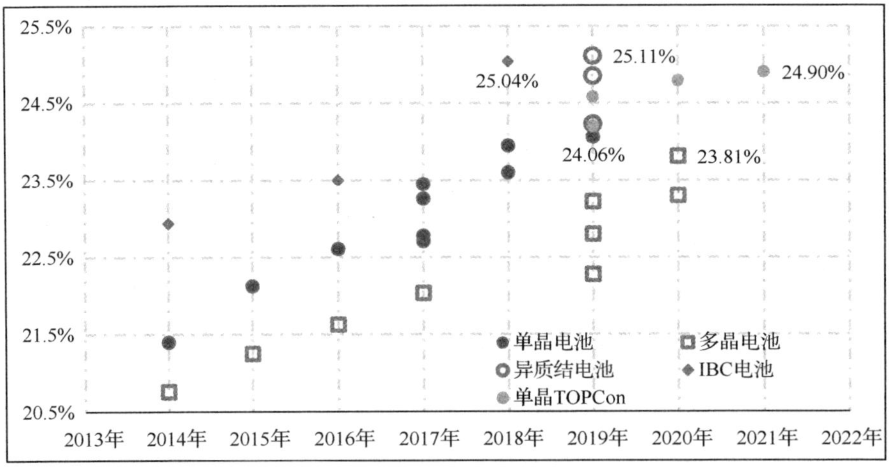

图23-4　我国光伏晶硅电池实验室光电转换效率刷新纪录情况

数据来源：赛迪智库，2021.4

四、价格和盈利

2020 年，全球光伏发电中标电价继续下降，仅一年中全球就有三个项目接连创造了最低中标电价。2020 年 8 月，位于葡萄牙的一个光伏项目中标电价达到了 0.011 2 欧元/kW・h（约 1.32 美分/kW・h），当时约折合 0.091 元人民币/kW・h。这一电价比 2019 年最低中标电价降低了 0.324 美分/kW・h，降幅达到 19.7%。2020 年，我国光伏发电项目中标电价也刷新最低纪录，青海海南州的一个光伏发电竞价项目中标电价为 0.242 7 元人民币/kW・h（约 3.46 美分/kW・h），低于 2019 年达拉特旗光伏项目 0.26 元人民币/kW・h 的电价。除此之外，卡塔尔、阿联酋、印度等国光伏中标电价也打破了原来的最低纪录。光伏发电价格已经在全球越来越多的国家及地区低于火电发电价格，成了最具竞争力的电力产品。2013—2020 年光伏发电最低中标电价如图 23-5 所示。

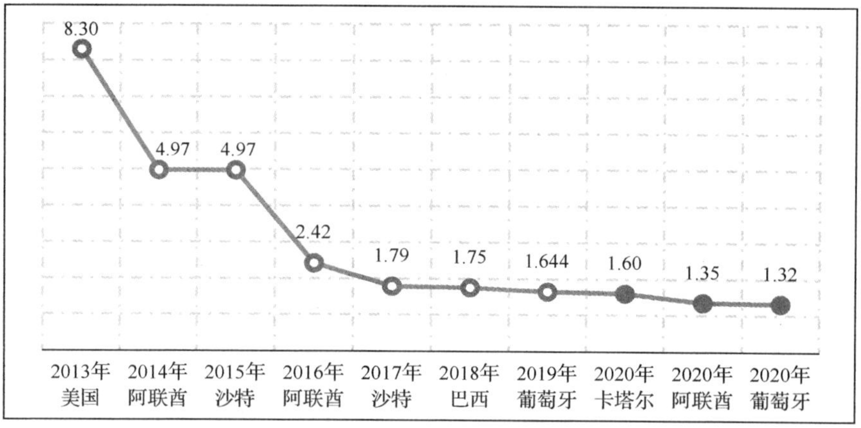

图 23-5　2013—2020 年光伏发电最低中标电价（美分/kW・h）

数据来源：赛迪智库，2021.4

2020 年，我国光伏组件及系统价格继续降低，光伏组件全年平均价格约为 1.57 元/W，较 2019 年下降 10.3%；光伏系统全年平均价格约为 3.99 元/W，较 2019 年下降 12.3%。2020 年第三季度以来，多晶硅料、光伏玻璃、EVA 胶膜等供应紧张，导致原辅材料价格上涨，随之光伏组件价格反弹，全年光伏组件价格降幅不及预期，光伏组件在整个光伏系统成本中占比较 2019 年提升了 0.8 百分点。在非技术成本方面，2020 年我国地面光伏系统初始全投资中，非技术成本占比较 2019 年降低了 0.3 百分点。但土地费用在初始全投资中的占比不降反升，提高了1百分点，用地贵仍是降低成本的一大难题。

五、融资环境

据国金证券和中国光伏行业协会（China Photovoltaic Industry Association，CPIA）的不完全统计，2020年光伏行业完成了33项融资，同比增加230%，对应融资规模为682亿元人民币，同比增加279%。其中，占比较大的定增募资有18项，对应募资规模为421亿元人民币；其次是7项可转债融资，对应融资规模为122亿元人民币。以上规模均远超2019年同期水平。募资主要用于企业扩产，且以电池、光伏组件为主，辅材以玻璃为主，在较为紧缺的硅料环节在2020年没有募资。除此之外，科创板、创业板注册制与核准制相比，降低了入市标准，缩短企业IPO（Initial Public Offering）时间。2020年全年累计完成上市的企业共计14家，其中辅材辅料上市企业数量明显增多，这充分说明我国光伏行业的综合实力正在逐渐增强。2020年12月初，A股市场第一只光伏ETF基金顺利发行，覆盖光伏产业链上、中、下游的多个细分领域。紧接着天弘中证光伏产业指数型投资基金于2020年12月15日获得中国证监会准予注册的批复，现已正式发行上市。

六、产业环境

（一）中央层面

2020年9月22日，习近平总书记在第七十五届联合国大会一般性辩论上提出了“碳达峰、碳中和”目标，至今在重大国际场合就“碳达峰、碳中和”目标已发表过7次重要讲话。2020年10月31日，《求是》发表习近平总书记重要文章《国家中长期经济社会发展战略若干重大问题》，文中明确表示，要拉长长板，尤其可以通过新能源等领域的全产业链优势来拉紧国际产业链对我国的依存关系，充分肯定了我国光伏产业在国际上的领先地位。2020年12月12日，习近平总书记在气候雄心峰会上强调“到2030年，非化石能源占一次能源消费比重将达到25%左右”，再一次为我国可再生能源的发展指明了方向。

（二）金融市场方面

自“碳达峰、碳中和”目标提出以来，金融市场对光伏产业板块的关注度开始快速上升。光伏产业相关的基金陆续上市发行；政策性银行、商业银行等纷纷表态要向风电和光伏等可再生能源行业倾斜；国家绿色发展基金重点关注光伏领域。

（三）新闻媒体方面

2020 年，新闻联播、焦点访谈、财经对话、人民日报、新华社等主流媒体对光伏产业做了诸多报道。《新闻联播》报道了国内首家智慧能源小镇，聚焦光伏屋顶、光伏建筑一体化；新华社就中国最大的光伏发电基地进行了报道；光伏产品 3 次亮相于 2021 年春晚舞台。

第二十四章

光伏产业各环节发展情况

一、多晶硅

2020 年，我国多晶硅产能达到 45.7 万吨，同比下降 1.9%，产量约为 39.6 万吨，同比增加 15.8%。2020 年我国多晶硅产能下降主要由于 2019 年年底江苏康博、宁夏东梦、盾安光伏的停产，以及洛阳中硅的大幅减产，而其产量增加主要由于头部企业产能利用率较高，均在 99%以上，部分企业产量甚至超过名义产能。2008—2020 年我国多晶硅产能/产量如图 24-1 所示。

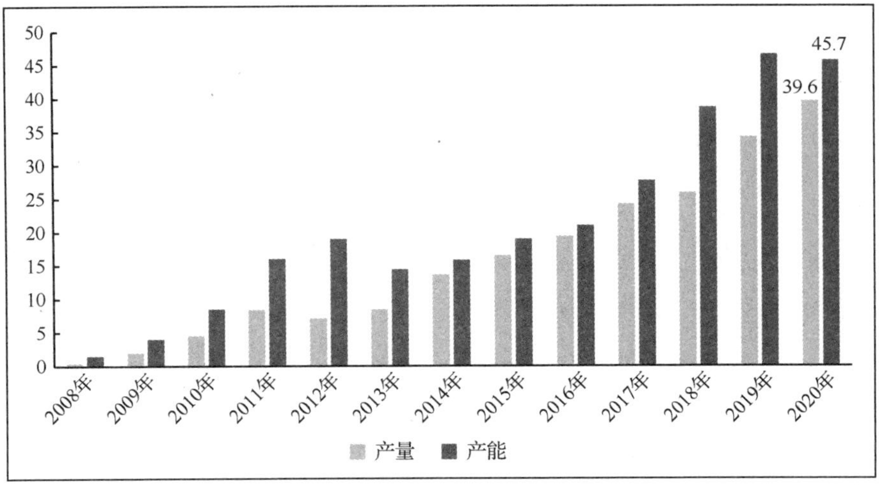

图 24-1　2008—2020 年我国多晶硅产能/产量（单位：万吨）

数据来源：赛迪智库，2021.3

2020 年，我国在产多晶硅企业数量为 11 家，较 2019 年年底减少 1 家，而在多晶硅领域排名前十的多晶硅企业产能占比为 98.2%，产量占比更是高达 99.5%。产量位居前五名的多晶硅企业依次为四川永祥、新疆大全、江苏中能、新特能源和东方希望，其产能总和为 37.7 万吨，占全国多晶硅总产能的 82.5%；其产量总和为 34.3 万吨，占全国多晶硅总产量的 86.6%。

从地域分布来看，我国多晶硅生产主要集中于新疆、四川、内蒙古，这些地区电价较低，能源资源优势明显。新疆生产的多晶硅最多，占全国多晶硅总产量的一半以上，达 53.7%，其次是四川，产量占比达 13.7%，内蒙古、江苏的占比也超过 10%。

二、硅片

在全球能源转型加速、我国提出“双碳”目标的大背景下，硅片环节加速扩产，以应对下游环节快速增长的需求。我国除主要单晶硅片龙头企业凭借着其先进技术及成本控制优势，持续加码其产能之外，垂直一体化企业、硅片设备企业、原多晶硅片企业、局外企业也在积极布局硅片产能。2020 年，我国大陆硅片产能约为 240GW，同比增长 38.2%；产量约为 161.4GW，同比增长 19.8%，占全球硅片产量的 96.2%，在全球硅片领域占据绝对主导地位。2008—2020 年我国硅片产能/产量如图 24-2 所示。

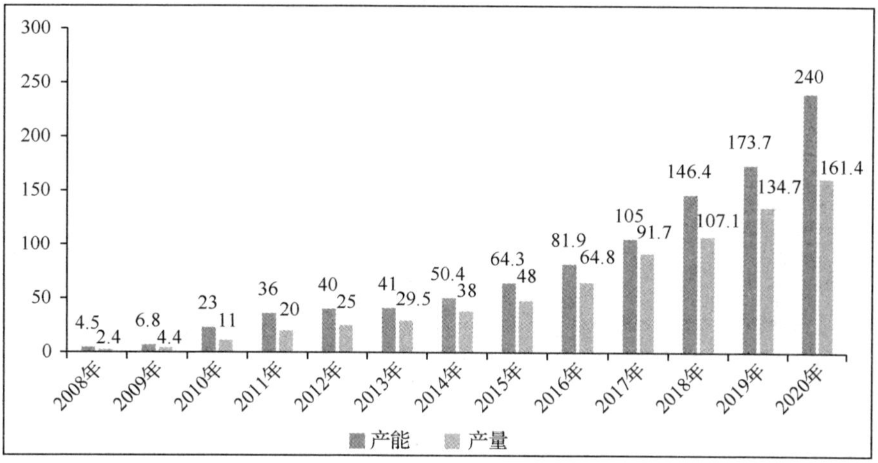

图 24-2　2008—2020 年我国硅片产能/产量（单位：GW）

数据来源：CPIA，2021.4

2020 年，单晶硅棒产能较 2019 年年底增长近 100GW。传统单晶硅片企业隆基、中环持续加速单晶硅片产能布局，2020 年这两家企业单晶硅棒产能约为 137GW，为全国硅棒产能的 64.3%，同比下降约 4 百分点；同时，晶科、晶澳等一体化企业也在加快产业链布局；单晶硅片环节的非传统生产企业，如上机数控、京运通等，凭借其单晶环节拉晶或切片主要设备生产企业的行业背景和技术积累，也在以较快的速度继续提升新产能，2020 年更是有高景、双良节能等新晋企业宣布进入硅片环节。2020 年，多晶硅片产能较 2019 年下降约 27.4GW，降幅约为 40%。主要多晶硅片企业均没有扩大其多晶硅片产能，而协鑫则在扩大单晶产能，美科硅由多晶硅片转向单晶硅片的生产，多晶硅片现有产能继续呈现退出和萎缩趋势。2020 年，我国单晶硅片在全球的市场占有率已由 2016 年的 20%提升到 90%。

大尺寸化成为 2020 年我国硅片环节的主要发展特点。从 2020 年全年情况来看，158.75mm 和 166mm 尺寸硅片在全国硅片的市场占比合计达到 77.8%，182mm 和 210mm 尺寸硅片在全国硅片的市场占比合计约为 4.5%，预计在 2021 年其占比将快速扩大，或将占据半壁江山，且呈持续扩大趋势。

三、电池片

2020 年，我国大陆电池片总产能已达到 201.2GW，同比增加 22.8%，占全球电池片总产能的 80.7%。电池片产能超 20GW 的企业有通威、隆基、爱旭三家，而这三家合计电池片产能占全球总产能的 38.1%。除以上三家企业外，电池片产能超过 10GW 的企业有两家，分别为晶澳和润阳悦达。2020 年，我国大陆电池片总产量为 134.8GW，同比增长 22.2%，占全球电池片产量的 82.5%，全球电池片产业继续向我国集中。2020 年，我国企业单体扩大产能规模普遍在 5GW 以上，规模效应逐步体现。2010—2020 年我国电池片产量情况如图 24-3 所示。

从产业集中度来看，2020 年我国大陆前十大电池片企业电池片总产能达到 142.3GW，约占全国电池片总产能的 70.7%，较 2019 年提升超过 17 百分点。通威继续蝉联全国电池片产能第一。在 2020 年全国电池片产能前十企业中，专业化电池片厂商占据半壁江山，分别为通威、爱旭、润阳、潞安、苏民，电池片总产能为 75.6GW，占这前十企业电池片总产能的 53.1%。2020 年全国电池片产量前十企业的电池片产量合计约为 100GW，约占全国电池片总产量的 74.2%，较 2019 年提升约 20 百分点。

从产品类型来看，2020 年，单晶 PERC 电池继续稳固市场主流位置，市场占有率达到 86.4%。虽然全国电池片产能已远超实际需求，但是老旧生产线生产的电池片逐渐失去竞争力，先进电池片产能（以头部企业为主）仍会出现阶段性供应紧张情况。在单晶 PERC 电池稳步发展的同时，TOPCon 和 HJT 电池也得到了稳步发展。中来已经发布 J-TOPCon2.0 技术，其光电转换效率达到 23.8%，生产步骤已缩减至 9 步，并有计划未来缩减至 7 步。TOPcon 电池性价比优势或在 3 年内开始凸显。HJT 电池市场仍然火热，2020 年东方日升、钧石等企业均在 HJT 电池上有所作为，并表示其光电转换效率已达到 24%以上。随着迈为、捷佳伟创等设备公司新产品的发布，HJT 技术的突破仍值得重点关注。

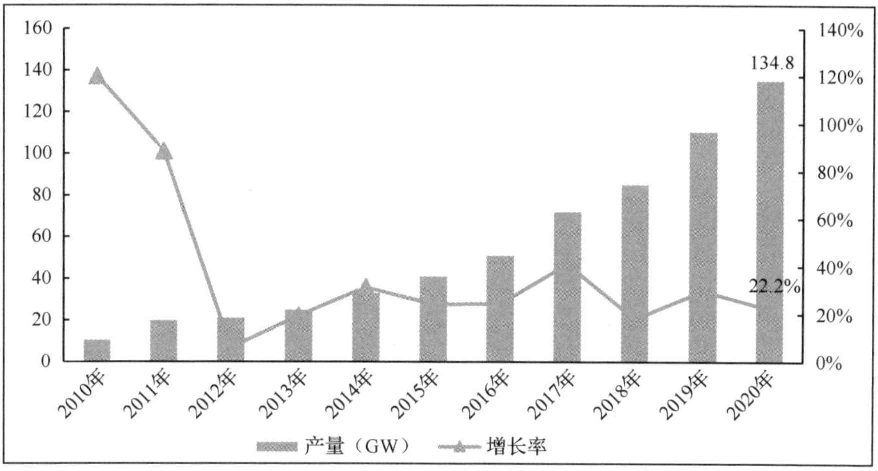

图 24-3　2010—2020 年我国电池片产量情况

数据来源：赛迪智库，2021.4

四、组件

2020 年我国光伏组件产能、产量分别达 244.3GW、124.6GW，同比增长 61.4%、26.4%，产业整体规模进一步扩大。2009—2020 年我国光伏组件产量情况如图 24-4 所示。

从出口情况来看，2020 年光伏组件出口量约为 78.8GW，同比增长 18.3%，约占我国光伏组件产量的 62.3%，创历史新高。在光伏发电成本不断下降的推动下，新兴市场不断涌现。自 2017 年开始，我国光伏组件出口量持续增长。在光伏组件出口市场中，出口额排名全球前十的组件出口额合计为 120.9 亿美元，占光伏组件总出口额的 71.2%。其中，出口额排在全球前两名的光伏组件的市场占有率达到 31.8%，较 2019 年提升 9 百分点。光伏组件出口额超过 1 亿美元的国家和地区有 24 个，较 2019 年下降 4 个，但光伏组件出口量超过 1GW 的国家和地区达到 16 个，较 2019 年增加 1 个，表现出了全球新冠肺炎疫情下光伏发电行业的较强韧性。从前十大光伏组件出口市场的分布来看，欧洲有 3 个，亚洲有 3 个，南美洲有 3 个，大洋洲有 1 个。

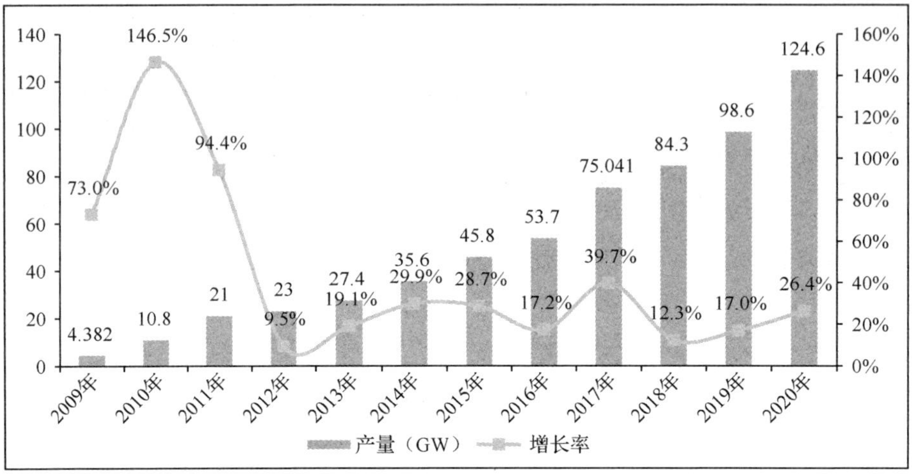

图 24-4　2009—2020 年我国光伏组件产量情况

数据来源：赛迪智库，2021.4

第二十五章

我国光伏产业重点企业发展情况

一、隆基绿能科技股份有限公司

2020年，隆基绿能科技股份有限公司（简称隆基绿能）单晶硅片产量为58.9GW，同比增长67.11%，出货量为58.15GW。其中，对外销售量为31.84GW，同比增长25.65%，自用量为26.31GW。隆基绿能单晶组件产量为26.60GW，同比增长198.68%，出货量为24.53GW。其中，对外销售量为23.96GW，同比增长223.98%，自用量为0.57GW。2020年，隆基绿能单晶硅片和单晶组件出货量均位列全球第一，销售额为545.8亿元人民币，同比增长65.9%，净利润为85.5亿元人民币，同比增长62%。

截至2020年年底，隆基绿能单晶硅片、单晶电池和单晶组件产能分别达到85GW、30GW和50GW。其中，银川年产15GW单晶硅棒和硅片项目、腾冲年产10GW单晶硅棒项目、曲靖年产10GW单晶硅棒和硅片项目、西安航天一期年产7.5GW电池项目、西安泾渭新城年产5GW单晶电池项目、泰州二期年产5GW单晶组件项目、咸阳年产5GW单晶组件项目、滁州二期年产5GW单晶组件项目、嘉兴年产5GW单晶组件项目均已投产。目前，隆基绿能单晶硅棒、硅片生产基地主要集中于陕西（西安）、宁夏（银川、中宁）、云南（丽江、保山、曲靖、楚雄）、江苏（无锡）和马来西亚（古晋）；单晶电池生产基地主要集中于陕西（西安）、宁夏（银川）、江苏（泰州）、马来西亚（古晋）和越南（北江）；单晶组件生产基地主要集中于安徽（滁州）、浙江（衢州和嘉兴）、江苏（泰州）、陕西（西安和咸阳）、山西（大同）、马来西亚（古晋）和越南（北江）。预计至2021年年底，隆基绿能单晶硅片、单晶电池和单晶组件年产能分别达到105GW、38GW和65GW。

在技术研发方面，隆基绿能量产的 72 片型 PERC 组件（M6）平均功率达到 445～460W，72 片型 PERC 组件（M10）平均功率达到 540～550W。隆基绿能研发的 72 片型 PERC 组件（M10）最高功率达到 555W，并完成 BIPV“隆顶”产品的下线及市场推广。

在全球化运营方面，隆基绿能全年海外销售额达 214.61 亿元人民币，同比增长 70%，占公司总销售额的 39.3%。在海外产能建设方面，2020 年隆基绿能完成了对宁波宜则的收购，该公司在越南拥有光伏电池年产能超 3GW、光伏组件年产能超 7GW 的生产基地。通过此次收购，隆基绿能加大了马来西亚基地和越南基地的技术改造和效率提升，有效保障了海外市场的产能供给。

在未来发展战略上，隆基绿能首次倡议“零碳光伏”理念，成为首个同时加入联合国“三个 100”（“RE100”“EV100”“EP100”）倡议的光伏企业。隆基绿能承诺 2028 年实现在全球范围内的生产及运营所需电力 100%使用可再生能源；承诺未来十年内，安装充足的电动车设施，引导员工将家庭用车转换为电动汽车；承诺在 2025 年完成能源管理系统的部署，并以 2015 年为基准年，提高 35%能源使用效率。

二、晶科能源控股有限公司

2020 年，晶科能源控股有限公司（简称晶科能源）光伏组件出货量为 18.8GW，同比增长 31.4%，其中单晶组件占比达到 98%。2020 年，晶科能源销售额为 51.3 亿美元，同比增长 18.1%，全年毛利率为 17.6%。预计 2021 年，晶科能源光伏组件出货量将达到 25～30GW，其中 100%为单晶高效组件。2020 年第一季度至第四季度晶科能源光伏组件经营数据如表 25-1 所示。

表 25-1　2020 年第一季度至第四季度晶科能源光伏组件经营数据

	出货量/MW	销售额/百万美元	毛利率	净利润/百万美元
2020 年第一季度	3 411	1 198	19.5%	32
2020 年第二季度	4 469	1 196	17.9%	53
2020 年第三季度	5 117	1 292	17%	47
2020 年第四季度	5 774	1 444	16%	5

数据来源：企业财报，赛迪智库整理，2021.5

晶科能源现有 12 个全球生产基地（江西上饶、浙江海宁、浙江玉环、浙江义乌、安徽滁州、新疆伊犁、四川乐山、青海西宁、云南楚雄、马来西亚槟城、美国佛罗里达州、越南广宁在建）、25 000 多名员工、20 多个仓储中心、30 多个全球服务中心、3 000 多全球客户，产品销往 160 多个国家。

统计及预测 2019—2021 年晶科能源产能情况如表 25-2 所示。

表 25-2　统计及预测 2019—2021 年晶科能源产能情况

年　份	硅片产能/GW	电池产能/GW	组件产能/GW
2019 年	11.5	10.6	16
2020 年	22	11	31
2021 年 E	33	27	37

数据来源：企业财报，赛迪智库整理，2021.4

在技术研发方面，2020 年 1 月，晶科能源最新研发的双面电池组件，其正面光电转换效率达到 22.49%，刷新量产组件光电转换效率世界纪录。2020 年 7 月，晶科能源将其 N 型单晶组件的实验室光电转换效率提升至 23.01%。2020 年 8 月，晶科能源将其 N 型 TOPCon 电池的实验室光电转换效率提升至 24.9%。2021 年 1 月，晶科能源量产 N 型 TOPCon 电池的光电转换效率达到 24%。2020 年 5 月，晶科能源发布了面向分布式光伏市场的 Tiger Pro 组件，采用 182mm 电池片 54 片封装。该组件功率最高可达 415W，光电转换效率高达 21.6%。

在战略合作方面，2020 年，晶科能源通过多种方式保证供应链安全，包括签署长期协议，确保核心材料的稳定供应；建立上、下游共生伙伴关系；持续跟踪和寻找替代材料和技术等。为在政策引导下开拓综合能源业务，2020 年 7 月 6 日，晶科科技与 bp 中国签署战略合作协议，双方将探索在技术创新、能源服务的能力孵化、太阳能项目开发及共同投资等方面的战略合作，深度布局综合能源服务领域。2020 年 12 月 16 日，晶科能源与北京能源国际控股有限公司签署战略合作协议并进行座谈，双方未来计划就国内光伏发电项目开发与建设、先进光伏系统设计方案、电站运行维护等领域展开全面合作。

在资本运作方面，2020 年 9 月，晶科能源发布公告，要通过其主要运营子公司——江西晶科太阳能有限公司在未来三年内在上海证券交易所科技创新板上市。

三、天合光能股份有限公司

2020年，天合光能股份有限公司（简称天合光能）销售额为294.2亿元人民币，同比增长26.1%，其中海外业务销售额占比为71.1%；净利润为12.3亿元人民币，同比增长91.9%；毛利率为16.04%，同比减少1.6百分点。2020年，天合光能硅片产量为3.285GW，其中单晶硅片产量为1.805GW，多晶硅片产量为1.48GW；电池产量为7.865GW，其中多晶电池产量为1.715GW，单晶电池产量为6.15GW；光伏组件产量为12.36GW；跟踪支架出货量超过2GW。

天合光能在2020年年底光伏组件总产能达到22GW左右，光伏电站持有量为1 126.48MW。预计到2021年年底，天合光能电池总产能达到35GW左右，其中210mm大尺寸电池产能占比超过70%；组件总产能预计达到50GW左右。在技术研发方面，2020年，天合光能P型PERC电池166&210量产电池最高光电转换效率分别达到23.25%和23.05%，量产平均转换效率达到22.83%（210）；高效PERC+电池实验室光电转换效率提升至23.81%；HJT技术的量产电池光电转换效率已经可以实现24%以上；N型i-TOPCon电池实验室最高光电转换效率稳定在24.58%（单晶）及23.22%（多晶），量产的实验批次电池平均光电转换效率达到23.6%，最高达到24.05%。天合光能的基于210mm大尺寸硅片，采用创新性版型设计、多主栅技术、叠加无损切割、高密度封装等先进技术，并推出600W+至尊系列组件。天合光能自主研发设计的智能跟踪控制算法，经铜川领跑者基地实证，与传统天文算法跟踪支架相比发电量增加3.1%；开发智能跟踪控制器并在江西电建400MW项目中实现产业化，成本环比下降约0.03元/W；开发了适配210mm超高功率组件的开拓者（Vanguard）600W+和安捷（Agile）600W+支架；天合智能优配方案应用在青海省海南州特高压外送基地3GW光伏项目并顺利并网。

在业务拓展方面，天合光能持续在储能智能解决方案业务发力，与广州鹏辉能源科技股份有限公司成立合资公司，合资建设磷酸铁锂电芯生产线一期项目、PACK生产线一期项目，另有储能集装箱系统组装生产线等产能项目。该合资公司已经规划了累计超过10GW·h的总体产能布局；同时配套集成了BMS、PCS、EMS系统等，致力于通过模块化、可扩展、高效率的一体化集装箱式储能系统为客户提供安全可靠的新能源侧解决方案、电网侧解决方案、用户侧定制化解决方案及微电网储能解决方案。天合光能通过能源物联网，稳步推进 EMS 效率管理系统、MOTA 能源管理系统、天合智能优配管理平台等多个解决方案应用业务。

在合作发展方面，2020 年 7 月，天合光能作为牵头人倡导成立了“600W+产品创新开放生态联盟”。该联盟成员包括硅片、电池、组件、跟踪支架、逆变器、材料及设备等光伏产业链上、下游企业，以共同推进 210mm 大尺寸硅片产业供应链的完善。

四、晶澳太阳能科技股份有限公司

晶澳太阳能科技股份有限公司（简称晶澳太阳能）2020 年销售额达到 258.5 亿元人民币，同比增长 22.17%；净利润为 15.1 亿元人民币，同比增长 20.3%。晶澳太阳能电池组件出货量为 15.88GW（含通过出售电站的出货量），其中国外组件出货量占比为 68.3%。预计 2021 年，晶澳太阳能电池组件出货量达到 25～30GW（含自用）。

晶澳太阳能生产工厂在国内外均有布局，其中国内的主要分布在河北邢台和廊坊、江苏扬州和连云港、安徽合肥、上海奉贤、浙江义乌、云南曲靖和内蒙古包头；国外的分布在越南北江和马来西亚槟城。截至 2020 年年底，晶澳太阳能拥有组件产能 23GW，上游硅片和电池产能约为组件产能的 80%。预计到 2021 年年底，晶澳太阳能组件产能将超过 40GW，硅片和电池产能会继续保持组件产能的 80%左右。

在技术研发方面，晶澳太阳能电池片以魄秀系列高效 182-11BB 单晶硅电池片为主，量产主流产品的光电转换效率已达 23.20%，处于行业领先水平。标准 72 片单晶组件的主流功率可达 530～550W。晶澳太阳能研发的 N 型电池光电转换效率近 24%。

第二十六章

2021 年光伏产业发展形势展望

一、光伏将占据可再生能源增量市场半壁江山

IEA 统计数据显示，2020 年全球电力需求下降 2%，然而在全球电力供应中，可再生能源发电量提升 7%，光伏发电量提升 20%。随着全球经济的复苏，预计 2021 年全球电力需求将增加 3%（约 700TW·h），可再生能源装机预计比 2020 年提升 10%，而光伏新增装机将占据新能源新增装机半壁江山，约为 54%。目前，越来越多的国家和地区采取一定的措施来应对全球气候变化，共同推动新冠肺炎疫情后世界经济"绿色复苏"。除中国以外，日本、韩国等许多国家和经济体也陆续提出了各自实现"碳中和"的目标，欧盟成员国将 2030 年温室气体减排目标提高至 55%，可持续性的政策支持及电价不断下降带来的竞争力，使可再生能源的发展上升至空前的战略高度，全球光伏市场增速将加快。中国光伏行业协会预计 2021 年全球光伏市场规模仍将加速扩大，总装机量将达到 150～170GW。其中，国外光伏装机规模也有望创历史新高，达到 100GW。BNEF、IHS 等机构均预测 2021 年全球光伏装机规模将超过 150GW。

二、我国光伏市场将进入快速发展新阶段

在中国"碳达峰、碳中和"目标引领下，地区、企业也相继发布自身"碳达峰、碳中和"行动目标。据不完全统计，目前有 13 余省在政府工作报告或其他政策文件中提及"碳达峰、碳中和"。其中，上海、海南表示将提前达到"碳达峰、碳中和"目标；其余省表示将通过新能源建设实现"碳达峰、碳中和"目标。而这一目标的实现须要进一步加快发展风电、光伏发电、生

物质发电等可再生能源。另据不完全统计，目前 23 余省在发布“十四五”规划建议时，提及新能源建设。其中，13 余省明确表示将支持新能源中光伏的发展。特别是在 2021 年 3 月 15 日召开的中央财经委员会第九次会议上，提出要把“碳达峰、碳中和”纳入生态文明建设整体布局，实施可再生能源替代行动，构建以新能源为主体的新型电力系统，更为光伏产业发展带来巨大机遇和市场空间。2021 年是“十四五”规划的开局之年，也是我国光伏发电进入平价上网的关键之年。2021 年我国光伏应用市场将继续保持快速增长势头，预计新增装机规模可达 55～65GW。其中，竞价结转项目新增装机规模为 10GW 左右，户用市场新增装机规模有望达到 15GW，工商业分布式新增装机规模预计在 10GW 左右，外送及平价地面电站新增装机规模在 20～30GW 左右。受“碳达峰、碳中和”政策及平价上网的推动，“十四五”期间我国光伏市场将迎来市场化建设高峰，预计国内年均新增装机规模在 70～90GW，有望进一步加速我国能源转型。2011—2025 年全球光伏新增装机预测如图 26-1 所示。

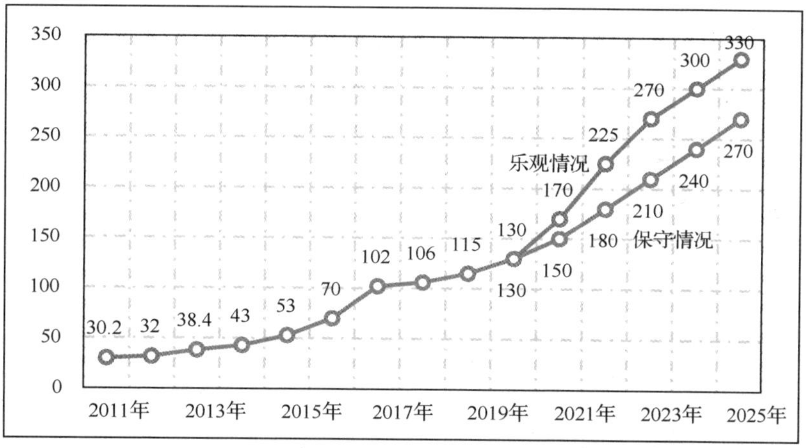

图 26-1　2011—2025 年全球光伏新增装机预测（单位 GW）

数据来源：赛迪智库，2021.4

三、大尺寸、高功率产品将快速放量

大尺寸化是降本增效的重要途径，可以有效提升组件效率，降低制造及发电成本。随着市场对大尺寸、高功率产品的接受和认可，加上老旧生产线的技术改造、新生产线产能的释放，以及大宽幅光伏玻璃、背板、胶膜产能的加速配套，大尺寸、高功率产品将在 2021 年进入快速放量的阶段。预计

2021年，182mm和210mm尺寸硅片占比将达到50%左右，以500W+和600W+为代表的高功率组件产品也将会快速导入市场，助推光伏市场进入平价时代。而158.75mm尺寸硅片占比则将被压缩到5%左右，156.75mm尺寸硅片将会成为历史。

四、出口贸易环境依然复杂

美国"双反"、美国201调查、印度保障性关税、土耳其反倾销、韩华PERC专利诉讼等贸易纠纷仍在延续。2021年3月9日，印度新能源和可再生能源部宣布，从2022年4月1日起，对进口太阳能电池和组件分别征收25%和40%的基本关税。近期，美国部分咨询公司发布报告，污蔑我国新疆地区以多晶硅生产为主的光伏公司涉嫌强迫劳动，美国相关行业组织已借机发表声明，号召所有光伏企业连同供应链抵制强迫劳动。若此事件持续发酵，并蔓延至其他地区，也将对我国光伏产品出口造成较大负面影响（新疆多晶硅供应能力占全球多晶硅供应能力的48.2%）。

五、光伏将助力多个领域清洁低碳发展

《中国长期低碳发展战略与转型路径研究》综合报告指出，当前工业部门的能耗占全国总终端能耗的65%，是最主要的能源消费和二氧化碳排放部门。建筑、交通行业能耗占全国总终端能耗分别为20%和10%左右。目前，相关部门纷纷行动，针对"碳达峰、碳中和"给出了指导性意见。在电力方面，国家发改委表示要大力调整能源结构，推进能源体系清洁低碳发展，加快光伏和风电发展，加快构建适应高比例可再生能源发展的新型电力系统，完善清洁能源消纳长效机制。在交通领域，交通运输部表示要打造融合高效的智慧交通基础设施，鼓励在服务区、边坡等公路沿线合理布局光伏发电设施，与市电等并网供电，制定高速公路路侧光伏工程技术规范。在建筑领域，住建部发布《太阳能发电工程项目规范（征求意见稿）》，面向社会广泛公开征求意见。光伏在建筑方面的多样化应用有望逐步落地，并开始进入规范化、标准化发展阶段。在工业领域，工信部表示要制定重点行业"碳达峰"行动方案和路线图，鼓励工业企业、园区建设绿色微电网，优先利用可再生能源，在各行业各地区建设绿色工厂和绿色工业园区。

新型显示篇

第二十七章

新型显示产业发展概况

第一节　发展情况

一、产业规模

2020 年，全球新型显示行业产值达到 2189 亿美元，同比上涨 10%。其中，显示器件产值为 1192 亿美元，与上年基本持平；显示材料产值为 837 亿美元，同比上涨近 30%；显示装备产值为 160 亿美元，同比上涨 15%以上。总体来看，新冠肺炎疫情全年给新型显示产业带来的影响呈现先抑后扬的态势。2020 年上半年受新冠肺炎疫情影响，企业生产、供应链物流和线下产品销售均受到较大打击，新型显示产业整体出货量同比下降 20%以上。但是，各地的隔离管控措施极大推动了全国消费者对线上办公、线上教育和居家娱乐的需求增长。从 2020 年夏天国际新冠肺炎疫情暂缓阶段开始，消费电子市场报复性反弹明显。同时，韩国企业退出液晶面板生产速度因市场好转而放缓，但长期退出意愿依然强烈，在需求增长和供应减少的双重影响下，液晶面板价格经历了 2017 年以来的低谷后在 2020 年下半年快速回升，55in 液晶面板价格从 2020 年年初的 105 美元涨至 2021 年 4 月的 217 美元，涨幅已超过 100%，这种态势还有望持续一段时间。

从应用市场来看，传统显示应用经历了前几年的平台调整阶段后，在新冠肺炎疫情带来的远程办公、在线教育等拉动下需求有所反弹。2020 年，全球彩色电视机市场出货量达到 2.47 亿台，同比上涨 2.6%。其中，2020 年第三季度全球电视销售量环比上涨 38%，创历史新高。个人计算机 2020 年全球出货量超 3 亿台，在连续六年下滑后，迎来 13.1%的同比增长，并在 2021

年继续保持上涨势头，2021 年第一季度实现 1.22 亿台出货量。平板计算机也在 2020 年实现 1.64 亿台出货量，同比增长 13.6%。同时，新冠肺炎疫情促进了红外测温监控、远程影像诊断等医疗显示应用领域的快速发展，显示产业应用范围得到进一步扩展。2019 年，我国已经开始推进 5G+远程医疗应用试点。未来几年，我国医疗显示市场将进入高速发展阶段。

从区域布局来看，随着市场和技术的发展，新型显示产业传统的“三国四地”格局悄然发生变化，呈现出“区位特色分化，错位发展”的态势。日本近年来显示面板产能收缩严重，主要凭借在相关领域的长期投入和技术积累，在上游材料和设备方面优势仍然明显，具有较大的话语权。韩国作为当前显示产业的引领者，将 AMOLED 作为其保持领先地位的重要选择，目前占有 AMOLED 90%以上的市场份额，三星和 LG 都在加大在这一领域的投资和研发力度，同时逐渐降低 TFT-LCD 产能。我国台湾地区在 21 世纪初 TFT-LCD 产业发展较快，但后续投资不足，如今选择 Micro LED 作为突破重点，已经形成较为完整的技术研发产业链。中国大陆地区显示面板生产能力和技术水平进一步提升，TFT-LCD 面板产能在全球的占比达到 60%，成为国际显示产业的重要一员，但目前在上游配套和新兴技术引领方面仍存在不足。

二、产业结构

（一）产品创新

当前显示产品创新发展呈现出尺寸大型化、形态柔性化、性能高端化的特点。电视显示面板平均尺寸在过去几年中增长较为迅速，2020 年达到 47.3in，预计 2021 年还将有 2in 以上的增长。手机柔性化产品不断推陈出新，大曲率瀑布屏产品已全面铺开，折叠屏产品通过迭代更新已基本形成稳定市场，拉伸屏、卷轴屏等产品也有望正式进入市场，同时折叠屏产品开始向笔记本电脑等市场延伸，联想、戴尔等公司纷纷推出相关产品。5G 商用进程提速，进一步提高了人们对画面和视频传输质量的要求，4K/8K 超高清显示、120Hz 超快刷新率、黑场超高对比度、宽色域等性能指标要求不断被提升，尤其在电竞显示、高端电视市场成为消费者的关注重点。

（二）产业链建设

近年来，随着显示面板产能的提升，我国新型显示产业上游材料和装备配套成为产业建设热点。2020 年 9 月，默克在上海投资 2 200 万欧元建设 OLED 材料研发和生产基地，并与国内京东方、华星光电等龙头企业建立了战略合作关系。2020 年 8 月，中电彩虹 G7.5（兼容 G6）LTPS 基板玻璃生产线和 G7.5 盖板玻璃生产线分别在安徽合肥和湖南邵阳成功点火。另外，光掩模板、光刻胶、靶材等多种显示材料都成为产业发展重点。资本市场对于显示产业的上游材料的关注不断增加。据不完全统计，2019—2020 年，超过 10 家企业成功登陆中国股市，还有多家企业正在 IPO 进程当中。我国新型显示产业链建设总体呈现"面板领跑、材料完善、装备增长"的态势。但综合来看，我国关键上游材料和装备对外依存度仍然偏高，未来几年还要加速追赶。

（三）技术方向

新型显示产业在未来十几年中预计将呈现多种技术并行发展的态势。目前，TFT-LCD 和 AMOLED 仍然是市场发展的主流，占据了 95%以上的市场份额，尤其是 TFT-LCD，在其他显示技术进一步成熟之前，凭借庞大的产业基础、系统的供应链体系、持续优化的性能和不断下降的成本，仍将在大尺寸液晶面板市场极具竞争力。另一方面，AMOLED 处于快速发展期，随着工艺的持续改进、成本的不断下降，将有望占据更大的市场份额。此外，Mini/Micro LED、电子纸、激光显示也将快速发展，并在细分市场占据一席之地。除显示技术的演进外，以交叉融合为特征的集成化创新将成为新型显示产业创新的重要方向。5G+8K、Mini LED+液晶、传感器+OLED 正在成为发展的重要方向。

第二节　发展特点

一、产业规模全球第一

2020 年，我国显示产业产能规模继续增长，全年显示面板出货面积达到 1.32 亿平方米，全球占比超过 50%，TFT-LCD 出货面积位居世界第一，总销售额达到 4 344 亿元人民币，同比保持 20%以上增长。2020 年，我国有多条高世代液晶面板线和柔性 AMOLED 实现大规模出货，产能和产量不断创出新高。我国在新型显示产业的实力和水平得到进一步增强。截至 2020 年年底，我国显示面板总产能达到 22 076 万平方米/年，同时在建显示面板生产线 3 条。目前，我国新型显示产业累计总投资已超过 13 000 亿元人民币。从进出口规模来看，2020 年我国液晶面板进口额为 190.96 亿美元，同比下降 8.1%，出口额为 197.91 亿美元，同比下降 7.6%。

二、四大产业集聚区初步形成

我国新型显示产业在快速发展过程中已经形成了以北京为核心的环渤海地区，以合肥、上海、南京和昆山为代表的长江三角洲地区，以深圳、广州、厦门为代表的珠江三角洲地区，以及以重庆、成都、武汉为代表的中西部地区的四大产业集聚区的空间布局。这四大产业集聚区特点鲜明、优势各异。其中，以北京为核心的环渤海地区“产、学、研”结合紧密，技术创新能力相对较强；以合肥、上海、南京和昆山为代表的长江三角洲地区产业链上游基础良好；以深圳、广州、厦门为代表的珠江三角洲地区具有贴近下游用户的优势；以重庆、成都、武汉为代表的中西部地区则通过加快生产线建设，形成了我国新型显示产业新的增长极。按照产能来看，广东、安徽、四川是我国产能规模最大的三个省份，占产能总体规模的 61%。

三、创新实力显著增强

伴随产业规模的壮大，我国企业技术创新实力不断增强，新技术布局质量显著提高。TFT-LCD 领域，低温多晶硅、氧化物等产品量产能力不断提升，BD 叠屏技术、屏下指纹识别、Mini LED 动态分区背光等新技术的开发进一步提升了我国在 TFT-LCD 领域的优势地位。在 AMOLED 领域，我国企业产品逐渐得到品牌企业的认可，出货量快速提升，折叠屏、透明屏、屏下摄像头等技术创新取得丰硕成果。2021 年 2 月，华为发布新一代折叠屏手机 Mate X2，仍由京东方独家供货，技术水平得到市场长期认可。此外，京东方、天马、华星光电、维信诺等企业在 Micro LED、电子纸、硅基 OLED 等新兴技术领域，通过合作、并购等方式与国内外企业联手，积极开展前期研发和产业化探索。

四、企业兼并重组进程加快

进入 2020 年，我国企业间的兼并重组速度明显加快。2020 年 12 月，京东方完成对中电熊猫在南京、成都的两条显示面板生产线的股权收购，总斥资达 121 亿元人民币，成为这两条生产线的实际控制人和运营方。2021 年 4 月，TCL 华星完成对苏州三星显示面板生产线的收购，收购金额为 76.22 亿元人民币。这两笔收购完成后，京东方和 TCL 华星两家公司 TFT-LCD 产能位居全球前两位，行业集中度大幅提升，龙头企业实力有望在这一进程中进一步增强。同时在配套领域，我国企业在彩色光刻胶、偏光片、靶材和设备方面均有并购案例发生，相关收购无论是对于企业本身还是对于我国新型显示产业供应链建设，都将产生很大影响。

第二十八章

新型显示产业各环节发展情况

第一节　我国新型显示产业显示面板制造环节

截至 2020 年年底，我国大陆地区已投产显示面板生产线 50 条。其中，37 条为 TFT-LCD 面板生产线，13 条为 AMOLED 生产线，在建 2 条生产线，拟建 3 条生产线。在建生产线分别为京东方重庆 6 代柔性 AMOLED 生产线和天马厦门 6 代柔性 AMOLED 生产线；拟建生产线分别为福州京东方二期 6 代柔性 AMOLED 生产线、TCL 华星广州 8.5 代印刷 OLED 生产线和 TCL 华星广州 8.6 代 IPS LCD 生产线。这些生产线总投资额达到 1.24 万亿元人民币，年产能达到 22 184 万平方米。截至 2020 年我国大陆地区已建成 6 代及以上显示面板生产线情况如表 28-1 所示。

表 28-1　截至 2020 年我国大陆地区已建成 6 代及以上显示面板生产线情况

序号	代线	企　业	地点	显示面板技术	投资额/亿元人民币	状态
1	6	京东方	合肥	LCD	175	量产
2	6	京东方（CEC）	南京	LCD	138	量产
3	6	京东方	成都	柔性 AMOLED	465	量产
4	6	京东方	绵阳	柔性 AMOLED	465	量产
5	6	华星光电	武汉	LCD	160	量产
6	6	华星光电	武汉	OLED	350	爬坡
7	6	友达	昆山	LCD	120	量产
8	6	天马	武汉	OLED	265	量产
9	6	天马	厦门	LCD	120	量产

续表

序号	代线	企　业	地点	显示面板技术	投资额/亿元人民币	状态
10	6	华佳彩	莆田	LCD	120	爬坡
11	6	维信诺	固安	OLED	300	量产
12	6	维信诺	合肥	OLED	440	爬坡
13	6	柔宇	深圳	OLED	90	量产
14	6	和辉光电	上海	OLED	273	量产
15	8.5	京东方	北京	LCD	280	量产
16	8.5	京东方（CEC）	南京	LCD	291.5	量产
17	8.5	京东方	合肥	LCD	285	量产
18	8.5	京东方	重庆	LCD	328	量产
19	8.5	京东方	福清	LCD	300	量产
20	8.6	京东方（CEC）	成都	LCD	280	量产
21	8.5	华星光电	深圳	LCD	245	量产
22	8.5	华星光电	深圳	LCD	244	量产
23	8.5	三星	苏州	LCD	210	量产
24	8.5	乐金	广州	LCD	280	量产
25	8.5	乐金	广州	OLED	305	量产
26	8.6	惠科	重庆	LCD	120	量产
27	8.6	惠科	滁州	LCD	240	量产
28	8.6	惠科	绵阳	LCD	240	爬坡
29	8.6	惠科	长沙	LCD	320	爬坡
30	8.6	CEC 彩虹	咸阳	LCD	280	量产
31	10.5	京东方	合肥	LCD	458	量产
32	10.5	京东方	武汉	LCD	460	爬坡
33	10.5	华星光电	深圳	LCD	465	量产
34	10.5	华星光电	深圳	LCD	426.8	爬坡
35	10.5	富士康	广州	LCD	610	爬坡

数据来源：赛迪智库，2021.4

我国企业近年来在 OLED 领域不断发力，发展势头稳步向好，已成为继韩国之后，第二个拥有柔性 AMOLED 面板大规模生产能力的国家。我国大陆地区已建成生产线 13 条，总投资额接近 5000 亿元人民币。其中，可生产柔性显示面板的 6 代生产线有 6 条，在建和拟建生产线各有 2 条。

从生产区域来看，我国显示面板制造环节主要分布在产业集群方面。

环渤海地区主要以北京、河北固安为主，依托北京市的人才优势，河北积极吸纳人力资源和资金支持。在河北省发布电子信息产业重点攻坚行动计划（2020—2022年）中，新型显示成为河北省九大重点产业攻坚中位列第一的产业，明确指出要发展液晶玻璃基板、载板、光刻胶、光学膜等新型显示上游材料。环渤海地区吸引了京东方、维信诺、诚志永华、东旭光电、鼎材、羿光等新型显示上、下游企业，形成了产业集群，产业链条正在逐渐完善。

长江三角洲地区拥有较为齐全的产业门类，自20世纪70年代中后期以来，在光电显示领域已建立起较完整的产业链，产品类型多种多样，企业密集分布。2020年11月20日，上海市经信委、江苏省工信厅、浙江省经信厅和安徽省经信厅在合肥签署《共同推进长三角新型显示产业一体化高质量发展战略合作协议》，共同推进长江三角洲地区新型显示产业一体化高质量发展。“三省一市”将加强沟通，协作交流，构建长江三角洲新型显示产业一体化高质量发展体系，促进区域新型显示产业融合创新和迭代升级，努力将其打造成具有全球影响力和竞争力的新型显示产业高质量发展的示范区。

珠江三角洲地区是我国信息产业发展的最前沿，而广东省是我国新型显示产业发展较早、最为发达的地区之一。深圳市拥有华为、中兴、创维、TCL、康佳、华星光电等众多知名企业，同时拥有清溢光电、路维光电、大族激光、三利谱、道尔顿等创新型企业，覆盖了显示全产业链，且龙头企业不仅在国内领跑，同时在国际市场也拥有强大的竞争力。广州市新型显示产业逐渐形成以高世代平板显示项目为核心，以彩电整机、平板显示面板模组、平板显示关键配套件、平板显示专用制造与测试设备为重点的较完备产业链。福建省依托京东方福州8.5代线、天马厦门6代LTPS生产线，带来上、下游产业链集聚，推动形成了新型显示产业生态圈。

中西部地区是我国新型显示产业发展的后起之秀。武汉市聚集了武汉天马、武汉华星光电、京东方、精测电子等20多家知名新型显示企业。近年来，武汉市重大项目相继落地，为湖北省显示产业持续发展增加动力。成都市已聚集京东方、深天马、中电熊猫、富士康、戴尔、联想、TCL、长虹等显示产业龙头企业，形成了从上游原材料、中游显示面板到下游终端生产的全产业链。重庆市通过龙头企业带动配套企业发展，打通了从液晶材料、玻璃基板、液晶面板、集成电路绑定、液晶显示模组到整机的新型显示全产业链。

第二节　我国新型显示产业上游材料及装备环节

一、总体概述

我国新型显示产业的劣势环节是上、下游配套环节。近年来，我国新型显示产业取得较快增长，但是在上游材料和装备方面，依然存在被封锁和制裁的风险，国内生产线必需的玻璃基板、光刻胶、金属掩模板、曝光机、蒸镀机、激光剥离、发光材料等核心材料和关键设备不具有自给能力，对外依赖性极高，在市场竞争中处于被“卡脖子”地位，对显示面板正常生产和相关企业的经营影响巨大。

显示面板产能的增长陆续给上游材料企业带来了巨大的利好。尤其是在中西部地区，材料企业的密集落地与当地的显示面板企业形成了产业集群，提升了地区实力。在偏光片方面，2020 年 6 月，宁波杉杉集团出价 7.7 亿美元收购 LG 化学 LCD 偏光片业务及相关资产。本次交易完成后，杉杉股份和 LG 化学将分别持有公司 70%和 30%的股权。杉杉股份将于未来三年分阶段继续购买持股公司剩余 30%的股权，以实现对持股公司 100%控股。在玻璃基板方面，2020 年 11 月，彩虹溢流法 G8.5+基板玻璃生产线宣布量产，标志着彩虹已经全面掌握基板玻璃高世代、大流量、低缺陷、超薄宽板幅、高平整度系列量产核心技术。该生产线项目先后获得授权专利 600 余件，形成完整的知识产权体系。在设备方面，我国企业以后段或检测/包装等周边设备为主，如武汉精测模组段 AOI 检测设备、合肥欣奕华洁净搬运机器人在国内市场占有率均已超过 70%，

在前端和终端设备工艺方面，我国企业差距依然较大。我国显示面板企业在日趋激烈的市场竞争中将逐渐认识到上游产业的重要性，进而加快对上游产业链的渗透，玻璃基板、掩模板、光刻胶、偏光片、有机发光材料等领域的投资和并购将进一步增多，相关产品本土化程度有望得到大幅提升。

二、核心材料

（一）液晶材料

液晶材料在以 TFT-LCD 为主的新型显示产业中的地位十分重要，应用领域覆盖全尺寸产品。液晶材料在显示面板成本中占比不到 5%，但对显示面板性能却具有决定性的影响。目前，全球主要的液晶材料供应企业分别有

默克、JNC、DIC 等，我国的江苏和成、诚志永华和八亿时空经过多年努力，取得了长足进步，目前国产化配套率达到 30%左右。但在高端液晶材料方面，与国外企业仍有一定差距。

（二）驱动集成电路

我国集成电路驱动产业从集成电路设计到晶圆制造、光罩、封测及显示面板厂的整个生态链已经开始初现端倪。我国集成电路设计企业，如集创北方、敦泰等企业已能够提供全尺寸显示面板（LCD/AMOLED）驱动芯片、触控芯片、指纹识别芯片、电源管理芯片、信号转换芯片、时序控制芯片、LED 显示驱动芯片等适用于不同显示场景的解决方案，有效加强了我国显示技术的自主可控能力。然而，由于我国半导体核心芯片自给率依然较低，大量芯片仍要进口，显示系统中的 Display Driver，目前主要供货商仍以美国、韩国、日本及中国台湾地区为主。

（三）靶材

我国大陆地区动高纯度钼（Mo）、铝（Al）、钛（Ti）、铜（Cu）等金属靶、氧化铟锡（ITO）靶材、氧化铟镓锌（IGZO）靶材的研发和产业化不断加快，广西晶联、宁波江丰等国内靶材企业进步明显，正在以批量生产 Al、Cu、Mo 平面靶材为目标，推动旋转靶研发和国产化生产配套。

（四）掩模板

我国 8 代以上光掩模板及 6 代以上精细金属掩模板（FMM）产品的研发和产业化有待加强。虽然出现了清溢光电、深圳路维等一批企业，但在企业规模、竞争实力等方面与国外企业仍有一定差距，尤其是掩模板材料的国产化依然有待加强。

（五）柔性基板

随着折叠屏手机的问世，开发适用于柔性和可穿戴显示的柔性聚合物基板材料的设计及其制备技术，开发柔性 OLED 显示用聚合物基板的产业化技术日益受到人们关注。我国鼎材科技、时代新材、新纶科技等企业正在加快实现柔性基板材料的规模量产；加强与显示面板企业的合作，推动柔性 OLED 面板制程的进步。

三、关键装备

从产业规模来看，虽然液晶面板价格反弹明显，但市场对显示面板产线的建设热情依然不高，全球新建显示面板生产线速度有所减缓，新投资计划相对较少，国内外主要设备企业普遍反映订单数量不足。另一方面，随着我国在新型显示产业的重心地位确立，国内主要显示面板企业对于提高上游产品国产化水平日益重视，部分国产设备开始出现突破，整体市场占比有所提升。2020 年，全球新型显示设备市场规模可能缩减至 160 亿美元左右，同比下降 11%。其中，我国大陆地区显示设备销售额在 85～90 亿元人民币，同比上涨 10%左右。TFT-LCD 设备本地化制造的发展趋势实际上也为我国设备企业提供了参与市场的机会，并推动我国企业在光学膜设备、清洗/焊接/热压设备、激光设备、检测设备等领域取得长足的发展。

第二十九章

中国新型显示产业重点企业发展情况

第一节　京东方科技集团股份有限公司

京东方科技集团股份有限公司（简称京东方）创立于 1993 年 4 月，是一家物联网技术、产品与服务提供商。京东方核心产品包括显示器件、智慧系统和健康服务。京东方产品主要应用于手机、平板电脑、笔记本电脑、显示器、电视、车载、数字信息显示、健康医疗、金融应用、可穿戴设备等领域。2020 年，京东方实现营业收入 1 355.53 亿元人民币，同比增长 16.8%；归属于上市公司股东的净利润为 50.36 亿元人民币，同比增长 162.5%，营业收入和净利润双双实现大幅增长。同时，京东方现金流也更加充沛，2020 年实现经营性净现金流约 392.5 亿元人民币，年末在手现金流约为 736.9 亿元人民币，均创历史新高。

目前，京东方拥有 17 条半导体显示生产线（其中在建、拟建生产线各有 2 条）。京东方拥有多个制造基地，营销和服务体系覆盖欧洲、美洲、亚洲等全球主要地区。作为全球半导体显示领域龙头企业，2020 年京东方显示屏总体出货量位列全球第一。其中，在智能手机、平板电脑、笔记本电脑、显示器、电视五大应用领域显示屏出货量也均保持全球第一；同时，在细分市场，京东方 8in 以上车载显示面板市场占有率跃升至全球第一；65in、75in 大尺寸显示屏市场占有率位列全球第一。在柔性显示领域，京东方柔性屏市场占有率位居国内行业第一、全球第二，不仅实现了国内首个 OLED 柔性折叠屏的大规模量产及产品上市，还推出了多款包括内折、外折、滑卷屏等多种形态的全球领先柔性折叠产品。近两年，京东方柔性显示屏被荣耀、OPPO、摩托罗拉、LG、努比亚等全球知名手机品牌采用，并得到业内高度认可。此外，京东方完成对中电熊猫南京8.5代和成都8.6代液晶面板生产线收购后，京东方的技术和产品布局日趋完善，规模优势也得到增强，进一步稳固了其在半导体显示领域的龙头地位。

第二节　维信诺科技股份有限公司

维信诺科技股份有限公司（简称维信诺）前身是1996年成立的清华大学OLED项目组，2001年成立企业以加快技术产业化进程。目前，维信诺拥有员工5 700名，主营业务为AMOLED新型显示产品的研发、生产、销售和技术服务，主要产品为中、小尺寸AMOLED显示器件，应用领域涵盖智能手机、智能穿戴、车载显示等方面，在技术自主研发、产业化及行业标准化等方面一直走在国内前列。

维信诺2020年实现营业收入34.34亿元人民币，同比增长27.7%；归属于上市公司股东的净利润为2.04亿元人民币，同比增长217.9%；研发费用为6.6亿元人民币，同比增长13.2%，在屏下摄像、高刷新率屏幕、3D双曲面柔性屏等技术领域进步迅速。维信诺生产线经营顺利开展，昆山第5.5代AMOLED生产线、固安第6代柔性AMOLED生产线产能持续释放，良品率、稼动率进一步提升，运营水平持续精进；合肥第6代柔性AMOLED生产线、广州增城柔性模组生产线已于报告期内建成并逐步投产，随着产能释放将进一步提升对一线品牌客户的响应能力，实现更高效能的终端交付。2020年，维信诺实现了屏下摄像技术解决方案、144Hz刷新率AMOLED产品方案在全球首发并量产交付；积极主导修订行业标准助力产业发展，已参与制/修订4项国际标准、6项国家标准和4项行业标准。

第三节　TCL华星光电技术有限公司

TCL华星光电技术有限公司（简称TCL华星）成立于2009年，是“TCL科技集团”半导体显示业务板块的主体之一，主要专注于半导体显示领域的创新型科技，利用产业垂直一体化优势，产品覆盖大、中、小尺寸显示面板、触控模组，以及电子白板、拼接墙、车载、电竞等高端显示应用领域。TCL华星已建显示面板生产线有6条，其中TFT-LCD生产线有5条，AMOLED生产线有1条，合计投资额近2000亿元人民币，已规划TFT-LCD生产线有1条，并于2021年4月完成对原苏州三星8.5代TFT-LCD面板生产线的收购。目前，TFT-LCD 产能规模居全球和我国第二。近年来，TCL 华星围绕印刷 OLED、QLED 及 Mirco-LED 等新型显示技术、关键材料和设备领域持续加大研发投入，累计 PCT 专利申请数量达到 12 797 件。

2020 年，TCL 科技实现营业收入 766.8 亿元人民币，同比增长 33.9%；净利润达 50.7 亿元人民币，同比增长 42.1%；归属于上市公司股东的净利润达 43.9 亿元人民币，同比增长 67.6%。其中，TCL 华星营业收入为 467.7 亿元人民币，同比增长 37.6%，净利润为 24.2 亿元人民币，同比增长 151.1%。受新冠肺炎疫情影响，全球液晶产品市场需求增长。2020 年 6 月以来，大尺寸液晶产品价格持续上涨，TCL 华星净利润逐月提高，2020 年第四季度实现净利润达 18.6 亿元人民币，占全年净利润的 76%；2021 年第一季度净利润达 23.96 亿元人民币，同比增长 25.70 亿元人民币，环比增长 29.12%。

第四节　天马微电子股份有限公司

天马微电子股份有限公司（简称天马微电子）1983 年成立于广东省深圳市，主营业务包括显示面板的研发、设计、生产、销售和服务。天马微电子是中航国际控股股份有限公司的附属公司，主要聚焦以智能手机、平板电脑、高阶笔记本电脑为代表的消费电子显示市场和以车载、医疗、POS、HMI 等为代表的专业显示市场，在车载显示、高端医疗、航空娱乐、航海、VOIP 等领域市场份额保持领先地位。目前，天马微电子已建 6 条 TFT-LCD 面板生产线和 2 条 AMOLED 面板生产线，在建 1 条柔性 AMOLED 面板生产线。

2020 年，天马微电子实现营业收入 292.3 亿元人民币，同比减少 3.5%；归母公司净利润达 14.8 亿元人民币，同比增长 77.8%；扣非净利润达 8.8 亿元人民币，同比增长 258.9%。天马微电子多年来在中、小尺寸液晶面板领域发展良好，LTPS 智能手机面板市场份额连续三年居全球第一，车载仪表盘市场份额全球第一，并坚持前瞻技术领域布局，于 2020 年 7 月举行线上发布会，发布 Micro LED、折叠 OLED、屏下摄像头、屏内指纹识别、Acrus 五大前瞻技术。2019 年 8 月，天马微电子在武汉投资 15 亿元人民币，成立湖北长江新型显示产业创新中心有限公司。湖北长江新型显示产业创新中心有限公司拥有完整制程的研发技术平台，配置高精度研发设备，将通过独立研发实验生产线平台对 OLED 技术进行研发，并对 Micro-LED 等远期技术进行兼容性扩展和设备优化。2021 年 3 月，湖北长江新型显示产业创新中心有限公司举行实验生产线首款产品点亮仪式。

LED 篇

第三十章

LED 产业发展概况

第一节 LED 产业概述

LED 产业主要可分为 LED 外延和芯片制造、LED 封装、LED 应用等细分产业。其中，LED 外延和芯片制造（包括半导体衬底材料）为上游产业 LED 封装；器件封装为中游产业，具有资本密集与技术密集特征，产品高度标准化，市场相对集中；LED 应用是下游产业，需求相对个性化，多品类，市场集中度较低。LED 下游产业极为广泛，涉及日常生活的各个领域，主要涵盖照明、显示、汽车、医疗、农业等应用。照明应用主要分为户外照明应用和室内照明应用。其中，户外照明应用主要包括道路灯、景观灯等应用；室内照明应用主要包括壁灯、射灯、聚光灯等应用。LED 显示应用主要分为传统 LED 显示应用和小间距 LED 显示应用。LED 显示应用主要包括安防监控显示、企业教育显示、公共交通显示、零售展览显示、影院娱乐显示等应用。LED 汽车应用主要分为车外照明应用和车内照明应用。其中，车外照明应用主要分为头灯、尾灯、转向灯及其模组应用；车内照明应用主要包括氛围灯、仪表板、中控面板、电子后照镜等应用。医疗应用主要包括表面杀菌、空气杀菌、水杀菌、食品杀菌等应用。农业应用主要分为生长照明应用与信号照明应用。其中，生长照明应用主要包括全人工光生长灯、补光灯等应用；信号照明应用主要包括催芽灯、花期灯、着色灯等应用。

第二节 LED产业现状

一、全球产业现状

在产业规模方面，受产能过剩和新冠肺炎疫情影响，2020 年全球 LED 上游 LED 外延和芯片制造产业和中游 LED 封装产业出现一定萎缩，但下游应用市场仍体现较强韧性。2020 年全球 LED 产业整体规模仍达到 348.1 亿美元，同比降低 13.2%。其中，由于光源价格下行，上游 LED 外延和芯片规模预计为 96.4 亿美元，同比降低 18.7%；由于中游 LED 封装产能过剩、盈利减少，其规模预计为 251.7 亿美元，同比降低 11%。由于 LED 产业链各环节成本下降趋势基本遵循"海兹定律"，即成本每年持续降低 20%，LED 外延和芯片制造、封装产业规模降低体现出该领域实际市场需求趋于饱和，而 LED 应用产业增长体现出市场实际需求大于 20%的显著增长。展望 2021 年，预计在全球新冠肺炎疫情持续的情况下，全球 LED 产业将得益于灯丝灯、防疫照明、植物照明等下游应用需求增长而出现小幅回暖，产值达到 378.9 亿美元，同比增长 8.9%。其中，LED 外延和芯片制造产业规模预计达 100.6 亿美元，同比增长 4.3%；LED 封装产业规模预计达 278.3 亿美元，同比增长 10.6%。2015—2021 年全球 LED 产业规模情况如图 30-1 所示。LED 产业链各环节成本下降趋势如表 30-1 所示。

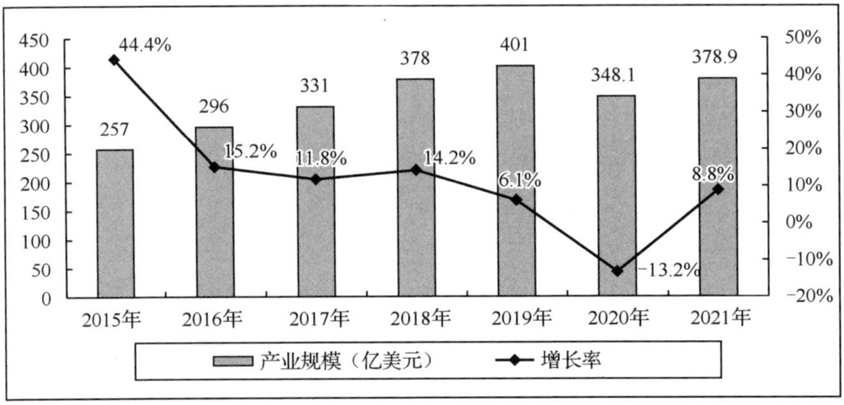

图 30-1 2015—2021 年全球 LED 产业规模情况

数据来源：赛迪智库整理，2021.4

表 30-1　LED 产业链各环节成本下降趋势

	2011 年	2013 年	2015 年	2020 年	CAGR
LED 衬底	14.0%	7.6%	3.3%	1.4%	−22.6%
LED 芯片	30.8%	16.3%	10.6%	5.3%	−17.8%
LED 封装	55.2%	35.2%	25.7%	7.5%	−19.9%
LED 整体	100%	59%	39.6%	14.2%	−19.5%

数据来源：LEDinside，赛迪智库整理，2021.4

在区域发展方面，全球 LED 产业可以分为四大地区。一是欧美地区，以通用照明为主攻方向，产品特点是高可靠性和高亮度；二是日本，在通用照明和背光显示领域技术领先，并且兼顾通用照明、汽车、手机和电视；三是韩国和中国台湾地区，以背光显示为主线，包含手机、TV、计算机背光，出货量大但毛利率低；四是中国大陆地区，主要业务为户外显示屏、广告屏和照明灯等领域。2020 年，我国仍然为全球最大的 LED 照明产地。此外，以新兴经济体为主的亚太 LED 市场发展明显好于以发达经济体为主的欧美 LED 市场。在亚太 LED 市场中，东亚、西亚、东南亚、大洋洲 LED 市场发展较好,但南亚 LED 市场受到占比超过 60%的印度 LED 市场下滑影响较大。沙特、韩国、泰国 LED 市场分别作为西亚、东亚和东南亚的代表在新冠肺炎疫情的负面影响下仍取得超高增长，体现了较强发展活力。在欧美 LED 市场中，北美 LED 市场恢复程度好于欧洲 LED 市场和南美 LED 市场，其中欧洲 LED 市场下滑幅度最大，同比下滑超过 10%，德、英、荷、法等欧洲主要经济体 LED 市场均出现不同程度下滑。

二、国内产业现状

2020 年受新冠肺炎疫情影响，房地产、文旅景观、大型购物中心等建设放缓，造成 2020 年第一季度国内 LED 市场需求出现显著下滑。虽然 2020 年第二、三季度市场逐步回暖，但整体仍呈现小幅负增长态势。国家半导体照明工程研发及产业联盟（CSA）数据显示，2020 年我国 LED 产业规模达到 7 013 亿元人民币，同比降低 7.1%。其中，上游 LED 外延和芯片制造产业规模为 221 亿元人民币，同比增长 10.0%，占比为 3.2%；中游 LED 封装产业规模为 825 亿元人民币，同比降低 14.0%，占比为 11.7%；下游应用产业规模为 5 967 亿元人民币，同比降低 11.5%，占比 85.1%。由于海外新冠肺炎疫情高发带来显著替代转移效应，2020 年我国 LED 出口额再创新高。中国照明电器协会（CALI）数据显示，2020 年我国 LED 产品累计出口额为 335.9 亿美元，同比增长 17.9%。2021 年第一季度我国照明产品出口额出现显著增长，预计将带动 LED 产业规模全年回归正增长。赛迪智库预计，2021 年我国 LED 产业规模将达到 7 305 亿元人民币，同比增长 4.2%。其中，上游 LED 外延和芯片产业规模为 241 亿元人民币，同比增长 9.0%；中游 LED 封装产业规模为 774 亿元人民币，同比降低 6.2%；下游应用产业规模为 6 290 亿元人民币，同比增长 5.4%。据 CSA 统计，2020 年 LED 产业投资扩产金额超过 700 亿元人民币，其中，LED 外延和芯片制造产业占比为 15.5%，LED 封装产业占比为 33.4%，LED 应用产业占比为 19.5%，其他占比 31.6%。2015—2021 年我国 LED 产业规模情况如图 30-2 所示。

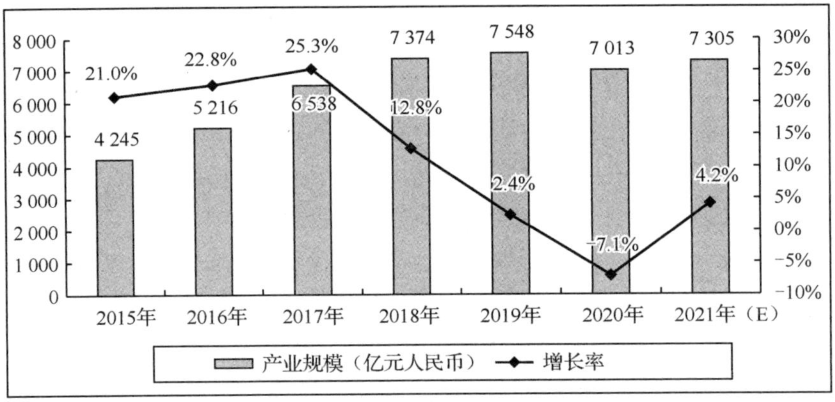

图 30-2　2015—2021 年我国 LED 产业规模情况

数据来源：CSA，赛迪智库整理，2021.4

三、技术发展

总体来看，我国 LED 芯片制造能力较强且性价比较高，部分技术和工艺已达到国际先进水平，但自主 LED 专利未完全突破国际专利壁垒，造成核心竞争力欠缺，特别是在大尺寸硅衬底等技术方面，与国外存在较大差距。目前，通过蓝宝石或碳化硅衬底外延生长宽带隙半导体氮化镓较为昂贵且其技术为国外企业垄断，而我国研究机构和 LED 企业已从硅衬底材料着手研究，取得了一定成果。2020 年，我国 LED 器件和材料关键技术持续进步，部分工艺实现国际领先。我国 LED 芯片国产化率已超过 80%。三安光电开发了高致密膜技术，产品可靠性得到有效提升；优化 P 型结构外延层和电极层吸收，出光效率得到进一步提升。圆融光电 LED 产品良品率不断提升，深紫外 LED 芯片制造良品率已由 60%提升至 80%。南昌大学江风益院士利用 V 形坑技术，率先突破了黄光和红光 LED 发光效率瓶颈，大幅提升了辐射复合速率，将各波段黄光 LED 光效提升 27.9%～47.9%，红光 LED 光效提升 16.8%～30.1%。随着蓝宝石 AlN 工艺改进和位错密度降低，紫外 LED 器件效率得到进一步提升。UVA 波段（320～400nm），395nm LED 外量子器件效率达到 80%，365nm LED 外量子器件效率达到 40%，295～355nm LED 外量子器件效率达到 8%。UVC 波段（200～275nm），275nm LED 外量子器件效率达到 20%。三安光电 280nm 深紫外 LED 在 350mA 电流下发光效率已达到 55mW，封装后产品光辐射功率达到 89mW。

第三十一章

LED 产业环节发展情况

我国 LED 产业已形成了较为完整的产业链，LED 芯片国产化率较高，并在全球占据大部分市场份额。2020 年受新冠肺炎疫情蔓延影响，我国 LED 产业各环节呈现了先抑后扬的发展态势。2020 年上半年由于 LED 产业市场需求降低，企业业绩出现下滑；2020 年下半年由于国际产能替代转移，出现 LED 产业市场回暖。随着 LED 产业结构继续调整，各环节产业发展状况存在差异。例如，新兴领域增长带动 LED 外延和芯片制造产业出现较大增长；传统集成电路封装价格持续下跌造成 LED 封装出现较大萎缩；LED 显示和景观照明受新冠肺炎疫情冲击明显，造成 LED 下游应用产值出现小幅下滑。2020 年 LED 产业各环节投资方向主要为 Mini/Micro LED、紫外 LED 和高端照明，预示 2021 年这些新兴领域将持续驱动 LED 产业发展。

一、LED 外延和芯片制造产业

我国大陆地区 LED 外延和芯片制造产业自 2018 年扩产高峰后市场出现了持续供过于求。2018 年，中国大陆地区 LED 外延和芯片厂商占据了全球约 85%的 MOCVD 机台增量（约 270 台）和 93%的 LED 外延和芯片产能增量（约 280 万片/月）。其中，MOCVD 累计装机量已超过全球的 50%；LED 外延和芯片产能已超过全球的 60%。LED 外延和芯片产能过剩造成 LED 芯片价格的快速下滑，也加剧了 LED 产业上游厂商日益增大的库存压力。2019 年，我国大陆地区 LED 芯片市场份额继续提高，全球占比达到 70%，同比提升了 3 百分点，LED 芯片的国产化率达到 81%，维持相对稳定状态。在 2019 年 LED 芯片供过于求、库存高的背景下，2020 年 LED 外延和芯片制造产业加速结构调整，随着龙头企业在 Mini LED、高品质照明、植物照明和紫外照明等新兴市场领域取得快速成长，LED 外延和芯片制造产业集中度进一步提升。CSA 数据显示，2020 年我国大陆地区 LED 外延和芯片制造产业规模达到 221 亿元人民币，同比增长约 10%。其中，三安光电、华灿光电、兆驰股份、乾照光电、聚灿光电、蔚蓝锂芯 6 家龙头企业营业收入占比合计达到 LED 外延和芯片产业整体规模的 80%。赛迪智库预计，2021 年 LED 外延和芯片制造产业规模将达到 241 亿元人民币，同比增长为 9%。2015—2021 年我国 LED 外延和芯片制造产业规模情况如图 31-1 所示。

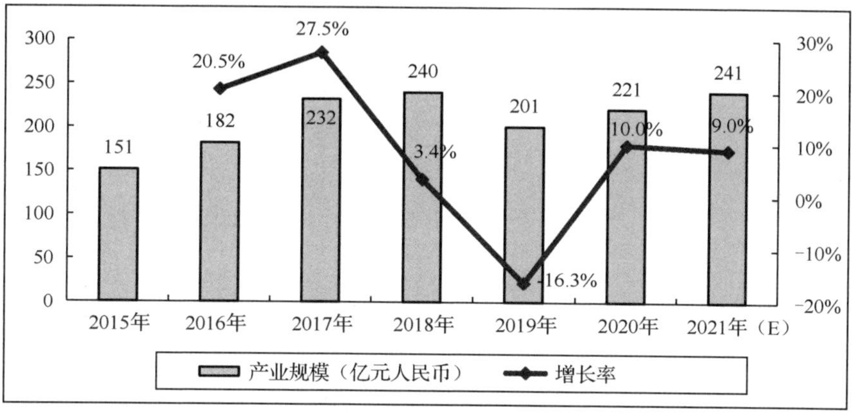

图 31-1　2015—2021 年我国 LED 外延和芯片制造产业规模情况

数据来源：CSA、赛迪智库整理，2021.4

从企业营业收入来看，2020 年前三季度，我国主营 LED 外延和芯片上市公司营业收入合计达到 95.8 亿元人民币，同比增长 9.0%，利润总额为 7.7 亿元人民币，同比增长 35.1%，整体实现了营业收入和利润双增。LED 芯片企业利润增长主要归因于产品结构调整和国际市场需求出现替代转移效应。2020 年上半年，LED 芯片受新冠肺炎疫情影响而市场需求降低，加速了 LED 芯片企业低价出清库存。2020 年下半年，三安光电、华灿等龙头企业基于成本管控，将白光芯片价格调涨 10%～20%，并增加了 Mini LED、高品质照明产品比例；随着国外新冠肺炎疫情蔓延，国内 LED 照明产品出口出现替代转移效应而得到大幅增长，LED 芯片市场出现回暖。CSA 数据显示，2020 年 LED 外延和芯片制造产业生产线建设和扩产项目累计金额达到 250 亿元人民币，其中 Mini/Micro LED 占比为 30%。

二、LED 封装产业

我国 LED 封装产业整体工艺水平与国际主流水平差距不大，且一些 LED

封装企业的单项指标已达到国际领先。在封装形式方面，随着户外表贴和Mini LED的发展，COB封装市场份额不断扩大。2020年我国LED封装产业受产能过剩和传统产品价格下跌影响，LED封装器件价格持续下行，出货量增长乏力，LED封装产业整体规模出现了较大幅度下降。CSA数据显示，2020年我国大陆地区LED封装产业规模为825亿元人民币，同比下降约14%。量大面广的LED封装器件（如传统白光封装和中小功率产品封装）市场出现了较大萎缩，而高显色指数、全光谱、RGB显示、Mini LED背光和显示、植物照明、紫外照明等LED新兴市场出现了较大增长。受市场更迭影响，LED封装产业集中度进一步提升，中小LED封装企业生存空间受到挤压，其中部分企业面临较大经营压力。2020年，长方集团宣布出售惠州长方100%股权，国星光电剥离照明业务，德豪润达决定关停LED显示业务。赛迪智库预计，2021年我国大陆地区LED封装产业规模为774亿元人民币，同比下降约6.2%。2015—2021年我国LED封装产业规模情况如图31-2所示。

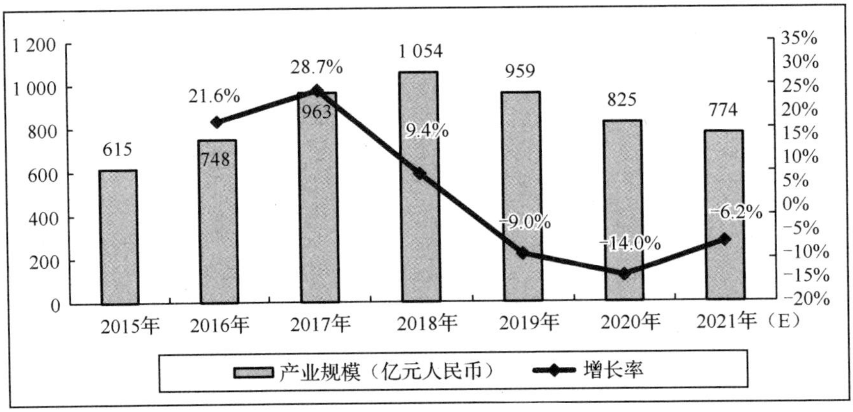

图31-2　2015—2021年我国LED封装产业规模情况

数据来源：CSA、赛迪智库整理，2021.4

从企业营业收入来看，2020年前三季度，我国主营LED封装上市公司营业收入合计为229.9亿元人民币，同比降低15.9%，利润额为17.3亿元人民币，同比增长26.3%。2020年龙头LED封装企业加速低价出清库存，存货同比下降29.8%，有效降低了呆滞库存风险，利润增长主要来自生产线自动化管理下的成本降低。2020年我国主营LED封装上市公司毛利率为22.1%，同比降低7.1%；净利率为6.5%，同比增长58.3%。木林森、国星光电、东山精密、兆驰股份等企业占据产业龙头地位，鸿利光电、瑞丰光电、聚飞光电等企业在细分市场具备一定竞争力。据 CSA 统计，2020 年 LED 封装产业累计投资额超过230亿元人民币，投资方向主要为Mini/Micro LED、紫外 LED 和高端照明领域。

三、LED 应用产业

2020 年，我国 LED 应用产业体现了较强的发展韧性。CSA 数据显示，2020 年我国 LED 应用产业规模达到 5 967.2 亿元人民币，同比下滑约 6.6%。其中，通用照明发展平稳，产值达到 2 733.8 亿元人民币，占比约为 46%；LED 显示和景观照明受新冠肺炎疫情影响出现小幅下滑，LED 显示产值达到 895 亿元人民币，占比约为 15%，而景观照明产值达到 716.1 亿元人民币，占比约为 12%；LED 背光产值达到 477.4 亿元人民币，占比约为 8%。深紫外、植物照明、医疗、光通信、红外等新兴市场呈现增长。赛迪智库预计，2021 年我国 LED 应用产业规模将达到 6 290 亿元人民币。其中，通用照明产值为 2 893 亿元人民币；LED 显示产值为 944 亿元人民币；景观照明产值为 755 亿元人民币；LED 背光产值为 503 亿元人民币；汽车照明产值为 126 亿元人民币；信号及指示产值为 63 亿元人民币。2015—2021 年我国 LED 应用产业规模如图 31-3 所示。

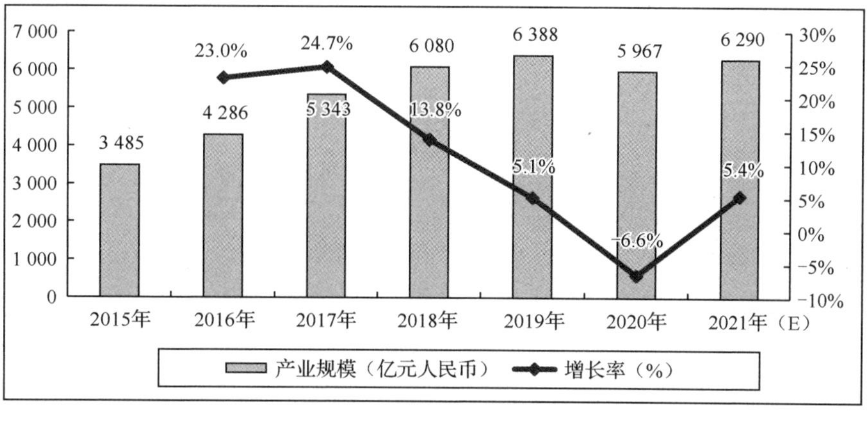

图 31-3 2015—2021 年我国 LED 应用产业规模情况

数据来源：CSA、赛迪智库整理，2021.4

从企业营业收入来看，2020 年前三季度，我国 27 家主营 LED 应用上市企业营业收入合计为 389 亿元人民币，同比降低 10.7%，利润合计为 39.4 亿元人民币，同比下降 20.5%。在上述企业中，通用照明净利润保持 30%以上的增幅，但由于 LED 显示和景观照明受新冠肺炎疫情冲击净利率下滑约40%，LED 应用产业整体净利润仍出现了 27.8%的下滑。在出口方面，2020年我国 LED 产品出口保持高速增长，出口额达到 335.9 亿美元，同比增长17.9%，但出口产品单价仍出现了较大跌幅，以出口业务为主的中小企业仍面临较大生存压力。据 CSA 统计，2020 年 LED 应用产业扩产项目投资超 100亿元人民币，化合物半导体、紫外 LED、景观照明、Mini LED 领域为主要投资方向。2015—2020 年我国 LED 应用产业规模如表 31-1 所示。

表 31-1　2015—2020 年我国 LED 应用产业规模　（单位：亿元人民币）

	2015 年	2016 年	2017 年	2018 年	2019 年	2020 年	2021 年（E）
通用照明	1551	2040	2551	2679	2707	2734	2893
景观照明	478	579	799	1007	1108	716	755
显示屏	425	549	727	947	1089	895	944
背光照明	475	519	513	505	503	477	503
信号指示	90	90	91	92	84	60	63
汽车照明	45	60	75	90	97	119	126
其他	415	449	587	760	800	966	1006

资料来源：CSA、赛迪智库整理，2021.4

第三十二章

中国 LED 重点企业发展情况

第一节 三安光电股份有限公司

三安光电股份有限公司（简称三安光电）主要从事化合物半导体材料的研发与应用，以砷化镓、氮化镓、碳化硅、磷化铟、氮化铝、蓝宝石等半导体新材料所涉及的外延片、芯片为核心主业，产品主要应用于照明、显示、背光、农业、医疗、微波射频、激光通信、功率器件、光通信、感应传感等领域。该公司主要从事的外延片和芯片制造是产业链核心环节，也是附加值高的环节，属于技术、资本密集型的产业。三安光电制造工艺所用设备包括 MOCVD 外延炉、蒸镀机、光刻机、蚀刻机、研磨机、抛光机、划片机和各类检测等设备，价格昂贵且技术壁垒较高。

三安光电是我国产销规模居于首位的全色系超高亮度 LED 外延片及芯片的生产企业，也是科技部及工信部认定的“半导体照明工程龙头企业”。三安光电拥有 10 000 级到 100 级的现代化洁净厂房，数万台（套）国际最先进的外延生长和芯片制造等设备，配备国际标准化厂务动力设施，拥有的 MOCVD 设备产能居于国内首位。三安光电积极布局上游原材料衬底领域并形成部分自给能力，设立厂中厂配套辅料气体自制；下游布局特殊应用领域，推进应用进程，围绕 LED 外延和芯片制造产业链和辅助系统配套比较齐全。在现有生产线基础上，三安光电正积极布局 Mini/Micro LED、高光效 LED、车用 LED、紫外/红外 LED 等新兴应用领域，巩固化合物半导体的优势地位。截至 2020 年 8 月，三安光电已拥有国内外专利 2 100 余项，主要为发明专利。2020 年 1—9 月，三安光电营业收入达到 59.0 亿元人民币，同比增长 10.7%；净利润为 5.2 亿元人民币，同比降低 24.3%。

第二节　木林森股份有限公司

木林森股份有限公司（简称木林森）是提供智能化健康照明产品的全球领先企业，打造上、下游产业链一体化综合平台，拥有世界级照明品牌欧司朗通用照明品牌“朗德万斯”及国内新兴品牌“木林森”，以及遍布全球140多个国家的销售渠道，拥有全球领先的中、上游灯珠、核心原材料的技术工艺和制造产能。木林森一直专注于LED封装及应用产品的研发、设计及生产，是国内较早从事LED封装及应用产品生产的供应商。木林森目前产品涵盖SMDLED、LampLED和LED应用产品（LED照明、传统灯具及其他）三大类，产品系列丰富、型号多样、种类齐全，能满足客户对产品标准化和个性化的不同需求。木林森LED封装产品广泛应用于家用电子产品、灯饰、景观照明、交通信号、平板显示及亮化工程等领域。该公司下游应用客户群遍布于不同LED应用子行业。全资子公司朗德万斯聚焦于通用照明、智能照明及专业工程照明系统解决方案，产品包括应用广泛且品种多样的LED灯具、位居行业前列的LED光源产品组合及传统光源。木林森拥有全球化的中心，国内主要以广东省中山市为中心，主要负责MiniLED、MicroLED技术的研发；德国以加尔兴和艾希斯特为全球创新中心，主要负责制定和指导全球研发战略，预开发生产技术，专注于高端产品（如HCL产品），以及技术孵化。2020年1—9月，木林森营业收入达到117.3亿元人民币，同比降低18.0%；净利润为0.65亿元人民币，同比增长128.4%。

第三节　欧普照明股份有限公司

欧普照明股份有限公司（简称欧普照明）是定位于绿色节能智慧照明企业，主要从事家居照明灯具、商用照明灯具、光源，以及控制类产品的研发、生产和销售，并逐步转型为照明系统综合解决方案服务商。作为照明行业率先研发节能产品的企业之一，欧普照明2007年被认定为“中国驰名商标”，2020年欧普照明连续第六年位居“中国轻工业照明电器行业十强企业”榜首，展现了龙头企业综合实力。欧普照明不断提升商用、电子商务、海外渠道的渗透力，实现多元化、立体化的全渠道覆盖。在商用照明领域，持续输出高标准的综合照明解决方案；在电子商务领域，形成了多平台、多品类的产品和服务。欧普照明建立了先进的技术管理平台，围绕人因照明，基于不同细分场景、不同人群特点，陆续推出多项专利光谱，为用户提供更加健康的照明光环境。该公司在物联网、传感器、近距离通信平台、1 云计算、大数据处理等方面也逐步建立了核心技术优势。欧普照明策略性地走出“规模化批量生产+高端定制化柔性化生产”的道路，一方面整合资源扩大成本优势，另一方面灵活满足部分客户的高端定制化需求。从 2013 年起，在产品模块化设计与开发、零部件标准化及通用化应用的基础上，该公司陆续投产多条自动化生产线，大量引入工业机器人、各种自动与半自动设备，并同时得到自主开发、具有知识产权的信息化软件系统的有力支持。该公司不仅降低了对人工的依赖，更是大大提升了产品的质量和生产效率，直接降低了产品的单位成本。2020 年，欧普照明营业收入达到 79.7 亿元人民币，同比降低 4.6%；净利润为 6.7 亿元人民币，同比降低 1.6%。

第三十三章

2021 年 LED 产业发展形势展望

一、LED 产业发展展望

展望 2021 年，预计在新冠肺炎疫情持续高发的情况下，全球 LED 产业将得益于上游 LED 外延和芯片制造产业和中游 LED 封装产业的小幅回暖，以及下游应用市场较强的发展韧性，LED 产业规模将达到 1 796 亿美元，同比增长 8.2%。其中，上游 LED 外延和芯片制造产业规模预计达 100.6 亿美元，同比增长 4.3%；中游 LED 封装产业规模预计达 160 亿美元，同比降低 5%；下游 LED 应用产业规模预计达 1 535 亿美元，同比增长 10%。

在国内方面，替代转移效应将在海外新冠肺炎疫情高发情况下得到延续，我国 LED 产业将恢复高速发展，特别是 2021 年第一季度我国照明产品出口出现显著增长，预计将带动 LED 产业全年回归正增长。预计 2021 年我国 LED 产业规模将达到 7 305 亿元人民币，同比增长 4.2%。其中，上游 LED 外延和芯片制造产业规模为 241 亿元人民币，同比增长 9.0%；中游 LED 封装产业规模为 774 亿元人民币，同比降低 6.2%；下游 LED 应用产业规模为 6 290 亿元人民币，同比增长 5.4%。

在区域发展方面，我国已成为全球最大的 LED 照明产地。2021 年，以新兴经济体为主的亚太 LED 市场发展预计仍将好于以发达经济体为主的欧美 LED 市场。在亚太 LED 市场中，印度的占比超过 60%，受新冠肺炎疫情影响预计亚太 LED 市场下滑将较为显著。在欧美 LED 市场中，预计北美 LED 市场恢复程度好于欧洲 LED 市场和南美 LED 市场。

二、LED 产业发展形势

一是 LED 产业步入结构性调整阶段，产业集中度不断上升。在上游 LED

外延和芯片制造领域，龙头企业去库存压力不断增大，过剩产能向中低端产品转移，造成通用 LED 芯片市场竞争激烈和价格持续下降；中小 LED 芯片企业出现压缩产能甚至关停现象，造成 LED 前端设备市场需求下降。在中游 LED 封装领域，受 LED 封装产能不断释放、利润不断减薄影响，中小功率产品封装价格下降幅度较大，大功率器件价格也呈现小幅下滑趋势；中小型低端 LED 封装企业生存空间受到挤压，被迫向定制化光源特色化方向发展。在下游 LED 应用领域，传统通用照明领域受到渠道变革冲击；拥有较强设计能力、掌握渠道资源、具有品牌优势的大型企业保持逆势增长，但中小型企业生存日益艰难。

二是产业技术和应用不断创新，市场出现新兴增长点。在 LED 技术工艺成熟引领下，功率型白光 LED 芯片、硅基 LED 芯片转换功率效率不断提高，大面积制备工艺不断突破，已出现多种高品质、全光谱 LED 技术路线。LED 通用照明趋向高品质化和智能化，提升了通用照明附加值，引领智能建筑、智能家居及智慧路灯等细分领域逆势增长。小间距 LED 显示应用在专业显示、商业显示市场渗透率持续增高，成为推动超高清电视、高阶显示器市场的强劲动力。其中，小间距 LED 背光显示器在性能上具备显著优势，被行业认为是可延长液晶显示器生命周期的下一代主流显示技术，未来 1～2 年有机会抢占高端显示器市场。

三是欧美 LED 市场接近饱和，亚非 LED 市场增长势头看好。欧美 LED 照明市场虽然认证标准比较完善、市场开放度高，但国际合作仍以传统照明原合作客户为主，且市场规模出现饱和趋势。相比之下，东南亚、西亚、拉美、南亚/中亚和非洲 LED 市场因半导体照明基础建设投资大和低关税政策优势，已逐渐成为我国 LED 照明产品出口主要目的地。以中东地区为例，虽然由于经济发展，新兴市场对 LED 照明产品价格较敏感，追求性价比高的产品，但该区域国家对基础建设投资和举办世界级活动、重大赛事热情较高，LED 产品进口需求较为强烈。

电子元器件篇

第三十四章

电子元器件产业发展概况

一、产业形势

电子元器件是组成电子信息产品的电子元件和器件的总称，其质量和可靠性直接决定了电子系统和整机产品的性能，在电子信息产业链上处于上游位置。2020 年全球智能手机出货量延续了小幅下降的趋势，但随着 5G 网络建设的加快和 5G 新机的推出，智能手机行业景气度有望逐步回暖，同时智能可穿戴装备及汽车电子等市场需求的放量也有望带动电子元器件市场需求的增长。

近年来，电子元器件细分领域通过产能扩张和兼并重组，产业集中度不断提升，新技术、新工艺对企业研发能力提出更高要求。我国电子元器件厂商在技术上仍与国际先进水平存在代差，未来具有更强规模优势和技术优势的企业有望在产业链中获得更突出竞争地位。

我国电子元器件领域核心产品及设备进口依赖度高，尽管国家陆续出台多项政策支持集成电路等电子制造业发展，但美国关税政策及出口管制措施等为外贸环境带来诸多不确定因素，国产化替代空间巨大但也面临多方面压力。

二、产业分布

分地区来看，中国大陆及亚洲地区强大的电子生产基地是全球无源电子元器件最重要的需求市场，中国大陆出货量占比高达 43%，其次亚洲（除日本、中国大陆以外）出货量排名第二，占比为 20%。全球无源电子元器件出货量分布情况如图 34-1 所示。

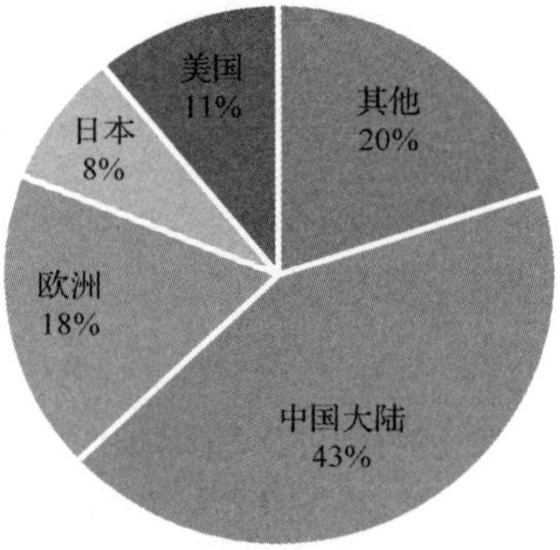

图 34-1　全球无源电子元器件出货量分布情况

资料来源：ECIA，华经产业研究院，赛迪智库整理，2019.10

三、竞争格局

日本、韩国和中国台湾厂商在无源电子元器件领域地位较为领先。从营业收入规模来看，总体处于第一梯队的日韩系行业龙头企业，如村田（Murata）、东电化（TDK）、三星电机（SEMCO）等，营业收入显著高于其他厂商，其中，村田和 TDK 营业收入位居前列，而二三梯队的我国厂商仍处于加速布局追赶阶段。我国无源电子元器件行业虽起步较晚，但近年来快速发展，已陆续涌现出多家优质厂商，在各自细分市场挤入全球前十。

我国企业在电声器件、光电线缆、磁性器件、磁性材料元件、控制继电器等产品产量和销售额位居世界首位，阻容感元件、连接器、光通信器件等领域自主水平不断提升。2020 年，虽然受到新冠肺炎疫情和全球经济波动等影响，我国电子元器件产业仍然保持增长势头，出口贸易额总体较为平稳。

四、产业规模

近年来，中国电子工业持续高速增长，带动电子元器件产业强劲发展。中国许多门类的电子元器件产量已稳居全球第一位。电子元器件产业在国际市场上占据很重要的地位。中国已经成为扬声器、铝电解电容器、显像管、印制电路板、半导体分立器件等电子元器件的世界生产基地。同时，国内外电子信息产业的迅猛发展给上游电子元器件产业带来了广阔的市场应用前景。汽车电子、PDA、互联网应用、机顶盒等产品的迅速启动及飞速发展，极大地带动中国电子元器件市场的发展。在通信类产品中，移动通信、光通信网络、普通电话等都需要大量的元器件。另外，计算机及相关产品、消费电子产品等领域的需求依然强劲，这些都将成为中国电子元器件市场发展的动力。

我国已成为全球电子元器件第一大生产国。2020 年全国电子元器件产业整体销售额超过 19 000 亿元人民币，企业数量超过一万家。大部分产品产/销量均居全球领先地位，一批产/销规模领先、技术质量过硬、管理规范的本土优秀企业已初步形成国际竞争力。我国电子元器件的产量已占全球的近 39%以上。我国电子元器件产量居世界第一的产品有电阻器、电容器、电声器件、磁性材料、压电石英晶体、微特电机、电子变压器、印制电路板。伴随我国电子信息产业规模的扩大，珠江三角洲地区、长江三角洲地区、环渤海地区、部分中西部地区四大电子信息产业基地初步形成。这些地区的电子信息企业集中，产业链较完整，具有相当的规模和配套能力。

随着 5G、移动支付、信息安全、汽车电子、物联网等领域的发展，集成电路产业进入快速发展期；另外，LED 产业规模也在不断扩大，半导体领域日益成熟，面板价格止跌、需求关系略有改善等都为产业发展带来了广阔的发展空间。基于市场需求的新特点，电子元器件正在向超微化、片式化、数字化、智能化、绿色化方向发展，中国电子元器件产业发展前景乐观。在国家的政策扶持、重点发展下，中国电子元器件产业总体向上，高端产品依赖进口，处于快速发展期。

五、产业特点

（一）产品类别繁多

电子元器件包括电阻、电容、电感、频率元器件、电位器、继电器、连接器、微特电机、敏感元件和传感器、光电器件、半导体分立器件、集成电路、电子显示器件、印制电路板、化学与物理电源等近 20 类，具体产品类型更是数量众多。据国外研究机构数据，当前全球量产的电子元器件型号超过 2 000 万种。

（二）基础作用突出

电子元器件已渗透至社会经济的每个角落，广泛应用于智能终端、汽车电子、5G 通信、物联网、航空航天、能源交通、军事装备等领域，发挥着关键的基础作用。随着新一代信息技术与各产业加速融合，电子元器件对产业经济的影响更日益凸显。

（三）规模特征明显

电子元器件在下游应用上具有量大面广特征，以多层片式陶瓷电容器（MLCC）为例，每台 iPhone 手机平均使用 MLCC 数量超过 1 000 只、每座通信基站使用量超过 6 000 只、每辆新能源汽车使用量超过 10 000 只。相应地，电子元器件产业也具有批量化要求严、标准化程度高、生产转换快。

（四）产品迭代发展

受摩尔定律和泛半导体发展影响，电子元器件技术迭代效应明显。一方面采用半导体工艺生产的电子元器件在加速演进，新技术新产品层出不穷。另一方面由于市场差异性等因素，不同档次的电子元器件并存。

六、元件百强

2019 年，全球经济低迷，电子元件主要下游应用市场发展趋缓甚至下滑，受此拖累，电子元件行业整体表现疲软。但从 2020 年中国电子元件百强企业的总体表现来看，依然可圈可点。新一届电子元件百强共完成主营业务收入 5 899 亿元人民币，实现利润总额 402 亿元人民币。尽管由于下游市场低迷，2019 年我国电子元件行业的销售总额出现一定程度的下滑，但电子元件百强企业的表现却仍远超行业平均水平，保持了高速增长态势。本届元件百强的电子元件销售额与上年同期相比，增长 13.38%，达 4 312 亿元人民币，占本届电子元件百强主营业务收入总额的 73.09%。龙头企业的增速远高于全行业平均增速，这表明我国电子元件行业大者恒大的趋势将日益明显，行业集中度持续提升。本届元件百强中电子元件销售额超过 100 亿元人民币的大公司有 8 家，比上届减少一家，其中亨通集团和立讯精密两家公司的电子元件销售额均超过 600 亿元人民币，遥遥领先于其他企业。

第三十五章

中国电子元器件产业重点企业发展情况

第一节　立讯精密工业股份有限公司

立讯精密工业股份有限公司（简称立讯精密）成立于 2004 年 5 月 24 日，于 2010 年 9 月 15 日在深圳证券交易所成功挂牌上市，自上市以来，营业收入年复合增长率达 50%。立讯精密始终坚持以技术导向为核心，集产品研发和应用服务于一体，并逐步实现从传统制造向智能制造跨越。该公司始终专注于主业，深耕细作、锐意进取，不断通过纵向的垂直整合与横向的业务拓展占领市场先机，不断追求智能化研发设计、数字化运营管理、精细化成本控制、自动化生产制造的极致。该公司通过实践智能生产的顶层设计理念，从零件到配件，从模组到智能成品，提供消费电子产品全方位的设计制造整合服务；坚持突破从低速到高速、从有线到无线、从铜到光的技术性变革，并形成可持续发展的智能互联解决方案。

立讯精密公司产品、业务布局呈现多元化和垂直一体化的特点，综合覆盖零组件、模组与系统组装。精密零组件业务是该公司耕耘时间最长、沉淀最深的领域，主要制程包括精密模具设计与加工、智能自动化设计与实现、CNC、SMT、SiP、冲压、成型、电镀、导体抽引、裸线押出等，能够最大化确保产品品质及客户交付。同时，基础工艺能力的完整掌握也有助于该公司在新工艺、新制程方面的不断创新。该公司模组产品聚焦在声学、射频、触控、电源等功能领域，主要包括声学模块、天线、无线充电、震动马达等。此外，在通信及数据中心领域，该公司深度覆盖了包括高速互联、光模块、散热模块、基站天线、基站滤波器等产品。该公司通过技术深耕与“产、学、研”一体化的开展，目前已在部分细分领域实现了全球领先。在汽车领域，该公司具体产品包括整车线束、特种线束、新能源车高压线束和连接器、智能电气盒、RSU（路侧单元）、车载通信单元（TCU）及中央网关等。未来，该公司将实现从设备与设备的智能交互到设备与人的智能交互，并通过行业布局，依托体系化市场战略和全面的技术支撑网络。2020年，该公司在持续围绕主营业务，专注于研发投入、智能制造、体系优化及客户服务的同时，进一步完善和细化未来“两个五年”战略规划，从产业布局、人才储备、技术积累、公司治理等方面积极落实，持续提高战略规划可行性、增强公司核心竞争力，为公司2020年度高速成长及未来长期可持续发展奠定坚实基础。2020年该公司实现销售额为925.01亿元人民币，同比增长47.96%；实现利润额为81.36亿元人民币，同比增长44.37%；实现归属母公司所有者的净利润达72.25亿元人民币，同比增长53.28%。

第二节　歌尔股份有限公司

歌尔股份有限公司（简称歌尔）致力于服务全球科技和消费电子行业领先客户，为客户提供精密零组件和智能硬件的垂直整合的产品解决方案，以及相关设计研发和生产制造服务。该公司主营业务包括精密零组件业务、智能声学整机业务和智能硬件业务。其中，精密零组件业务聚焦声学、光学、微电子、结构件等产品方向，主要产品包括微型扬声器/受话器、扬声器模组、触觉器件（马达）、无线充电器件、天线、微型麦克风、传感器、SiP系统级封装模组、VR光学器件及模组、AR光学器件、AR光机模组、精密结构件等，上述产品广泛应用于智能手机、平板电脑、智能无线耳机、VR虚拟现实/AR增强现实、智能可穿戴、智能家居等产品中；智能声学整机业务聚焦与声学、语音交互、人工智能等技术相关的产品方向，主要产品包括智能无线耳机、有线/无线耳机、智能音箱等；智能硬件业务聚焦与娱乐、健康、智能家居等相关的产品方向，主要产品包括VR虚拟现实/AR增强现实产品、智能可穿戴产品、智能家用电子游戏机及配件产品、智能家居产品等。该公司在声学、光学、MEMS微电子、精密制造等领域内具有创新性的竞争优势，可以为客户提供包括声学、光学、微电子、结构件等精密零组件和智能硬件整机系统在内的垂直整合的产品解决方案，以及从ID设计、研发、测试到自动化生产制造在内的“一站式”服务。

歌尔在智能声学整机和智能硬件领域内通过“ODM”“JDM”等模式，

同行业领先客户合作进行产品研制，并积累了丰富的产品项目经验。该公司具有紧密的全球范围合作关系。未来，公司将继续深化在声学、光学、微电子、精密制造、智能制造等领域内的产业布局，推动业务持续增长。2020 年歌尔公司实现销售额为 577.4 亿元人民币，同比增长 64.29%。

第三节　江苏中天科技股份有限公司

江苏中天科技股份有限公司在光通信、电力传输、新能源、海缆主营业务基础上，延伸产业链，强化光通信“棒纤缆一体化”、电力“输配一体化”优势，分布式光伏、动力电池产业规模稳步提升，海缆国际总包工程、水下观测产品应用实现突破。2020 年，该公司实现销售额为 440.66 亿元人民币，同比增长 13.55%；净利润为 23.70 亿元人民币，同比增长 20.98%。在通信产业领域，该公司创新升级，全系列覆盖 5G 通信网络建设，为 5G 网络连接提供业务覆盖接入能力、多方案传送回传能力、物理基础设施能力服务，以分布系统的网关、pRRU、终端、室分漏缆、网管、光传送网及模块化数据中心产品，打造无源室分、皮基站+无源室分及有源室分等多种方式覆盖的 5G 通信网络解决方案，包括数据中心、5G 承载网、5G 物联网产品解决方案，在供给侧形成以数据中心、智慧暖通及动力等产品为核心的物理基础设施群，以特种预制棒、光纤、光缆、ODN、25/100G 高速率光模块及 10GPON 等业务为核心的承载网群，以 4/5G 天线、小基站及射频漏缆等产品为核心的无线网群和以智慧安防为核心的物联网综合平台等方向的产品群，共计近 300 种产品。该公司在电力传输行业保持领先地位，引领特种导线、高端电缆发展趋势，紧随电网发展，围绕低碳、节能、安全、智能，致力于为电网输配电建设提供全系列产品解决方案。该公司普通导线、特种导线、OPGW、ADSS、电力金具市场占有率名列前茅。该公司紧抓海上风电发展机遇，产业链持续高效增长。该公司通过储能系统持续打造核心竞争力，提升储能系统领域市场占有率。

第四节　瑞声科技控股有限公司

瑞声科技控股有限公司是全球领先的智能设备解决方案提供商，在声学、光学、电磁传动、精密结构件、射频天线等领域提供顶级专有技术解决方案。该公司引领市场创新，以专有技术解决方案，为客户提供性能卓越和质量超群的产品，持续为客户创造价值，共同实现用户体验创新。在光学方面，该公司塑胶镜头市场份额持续提升，高端项目推进顺利，毛利率逐季改善，WLG1G5P 混合镜头在 2021 年第一季度已正式量产出货，更高端项目也在和客户密切沟通中；在声学方面，该公司管理效率改善助力安卓声学毛利率大幅改善，2021 年小腔体标准化扬声器模块的推出，有助于优化成本结构，进一步提升声学的盈利水平；在电磁传动方面，该公司横向线性马达在安卓市场成功推广，实现对安卓高端旗舰机的覆盖。展望 2021 年，该公司计划继续积极推进产品下沉至中低端安卓机型，其出货量有望延续健康增长态势；在微机电系统器件业务方面，在 2020 年 MEMS 麦克风出货量同比实现大幅增长，MEMS 全面覆盖高中低端产品，目标在 2021 年通过分销模式继续下沉市场提升市场份额。未来，该公司将加强在光学业务的拓展及战略布局，推动业务的可持续增长，从而提升公司的整体价值。

作者简介

葛婕，中国电子信息产业发展研究院集成电路研究所副所长，1990 年 8 月出生，硕士研究生，重点研究领域为集成电路设计、产品及相关应用。本作者承担本书编写字数 2 817 字，电子邮箱为 gejie@ccidthinktank.com。

耿怡，中国电子信息产业发展研究院集成电路研究所光电子研究室主任、高级工程师，中国 OLED 产业联盟常务副秘书长，清华大学材料科学与工程博士毕业，主要从事光电子产业发展、政策规划与技术趋势等方面的研究工作，在新型显示领域具有深入研究。先后参与国家和地方相关产业发展规划的制定，在《科技日报》《中国电子报》《中国工业报》等报刊媒体上发表多篇产业分析文章。本作者承担本书编写字数 5 936 字，电子邮箱为 gengyi@ccidthinktank.com。

江华，中国电子信息产业发展研究院集成电路研究所光伏产业研究室主任、工程师，1983 年 11 月出生，硕士研究生，重点从事光伏产业的相关研究工作。本作者承担本书写作字数 9 847 字，电子邮箱为 jianghua@ccidthinktank.com。

史强，中国电子信息产业发展研究院集成电路研究所集成电路制造研究室主任、助理研究员，1986 年 11 月出生，博士研究生学历，重点研究集成电路制造产业链、传感器、超摩尔等领域，长期从事产业发展、政策及市场研究、投资评估等工作。本作者承担本书编写字数 3 674 字，电子邮箱为 shiqiang@ccidthinktank.com。

陈颖，中国电子信息产业发展研究院集成电路研究所研究人员，1992 年 12 月出生，博士研究生，重点方向为集成电路设备、新型显示等领域。本作者承担本书编写字数 5 844 字，电子邮箱为 chenying@ccidthinktank.com。

种丹丹，中国电子信息产业发展研究院集成电路所工程师，1992 年 12 月出生，博士研究生，重点研究集成电路设计、产品应用领域。本作者承担本书写作字数 2 962 字，电子邮箱为 chongdandan@ccidthinktank.com。

冯海玉，中国电子信息产业发展研究院集成电路研究所高级分析师，硕士研究生学历，工学硕士学位，重点研究集成电路、物联网芯片等领域，长期从事半导体领域产业研究、政府规划、投资评估、招商咨询等工作。本作者承担本书编写字数 7 108 字，电子邮箱为 fenghaiyu@ccidthinktank.com。

黄润坤，中国电子信息产业发展研究院集成电路研究所工程师，1993 年 10 月出生，博士研究生学历，重点研究集成电路材料、设备及新型显示等领域。本作者承担本书编写字数 4 274 字，电子邮箱为 huangrunkun@ccidthinktank.com。

黄阳棋，中国电子信息产业发展研究院工程师、博士。2014 年本科毕业于北京航空航天大学，2019 年博士毕业于北京航空航天大学。2019 年 9 月入职中国电子信息产业发展研究院集成电路研究所，拥有丰富的存储领域、微电子领域技术研究经验及集成电路市场研究经验，多次主持新型存储、集成电路制造、尽调项目及评估项目。

李明志，陕西省半导体行业协会产业研究部部长，1974 年 5 月出生，工学硕士。目前主要从事半导体产业的行业分析、政策建议、规划制定、调研分析等工作。本作者承担本书编写字数 1 373 字，电子邮箱为 limzr@sina.com。

刘超，中国电子信息产业发展研究院集成电路研究所咨询顾问，1985 年 11 月出生，硕士研究生，重点方向为集成电路产业人才等领域。本作者承担本书编写字数 4 214 字，电子邮箱为 liuchao@ccidthinktank.com。

麻尧斌，中国电子信息产业发展研究院集成电路所工程师，博士研究生，重点研究集成电路制造、CMOS 图像传感器、显示器件与芯片领域。本作者承担本书写作字数 9 877 字，电子邮箱为 mayaobin@ccidthinktank.com。

马蓓蓓，中国电子信息产业发展研究院集成电路研究所高级工程师，1986 年 10 月出生，清华大学化学系博士毕业，主要从事新型显示产业及上游材料、设备产业政策规划、技术趋势等方面的研究。本作者承担本书编写字数 4 048 字，电子邮箱为 mabeibei@ccidthinktank.com。

马晓凯，中国电子信息产业发展研究院集成电路所工程师，1991 年 3 月出生，博士研究生，重点研究宽禁带半导体、光通信芯片等集成电路产业领域。本作者承担本书编写字数 2 007 字，电子邮箱为 maxk@ccidthinktank.com。

吴頔，中国电子信息产业发展研究院集成电路研究所集成电路制造研究室员工，1985 年 10 月出生，博士研究生学历，重点研究集成电路制造、封测、人才等领域，长期从事产业发展、政策及市场研究、投资评估等工作。本作者承担本书编写字数 2 000 字，电子邮箱为 wudi@ccidthinktank.com。

王珺，中国电子信息产业发展研究院集成电路所工程师，毕业于南京理工大学、澳大利亚国立大学，硕士研究生，重点研究领域为集成电路产业供应链系统、竞争力分析、以及封装测试、专用装备等产业细分环节。本作者承担本书编写字数 4 829 字，电子邮箱为 wangjun@ccidthinktank.com。

王若达，中国电子信息产业发展研究院集成电路所工程师，1991 年 10 月出生，博士，重点研究领域为集成电路封装测试业、关键设备、材料及元器件领域。本作者承担本书编写字数 11 106 字，电子邮箱为 wangruoda@ccidthinktank.com。

席子祺，中国电子信息产业发展研究院集成电路研究所助理研究员，1994 年 8 月出生，硕士研究生。本作者承担本书编写字数 2 200 字，电子邮箱为 xiziqi@ccidthinktank.com。

夏梦阳，中国电子信息产业发展研究院集成电路研究所研究人员，1991 年 10 月出生，硕士研究生，重点研究集成电路、通信射频器件等领域。本作者承担本书编写字数 6 101 字，电子邮箱为 xiamengyang@ccidthinktank.com。

徐丰，中国电子信息产业发展研究院集成电路研究所副研究员，1983 年 10 月出生，中国科学院化学研究所博士研究生毕业。重点研究集成电路、LED、新型显示、电子元器件等，长期从事半导体领域产业研究、政府规划、投资评估、招商咨询等工作。本作者承担本书编写字数 13 354 字，电子邮箱为 xufeng@ccidthinktank.com。

叶雪琰，中国电子信息产业发展研究院集成电路研究所研究人员，1993 年 7 月出生，硕士研究生,重点研究集成电路产业运行分析、集成电路产品贸易及行业数据统计分析。本作者承担本书编写字数 2 500 字，电子邮箱为 yexueyan@ccidthinktank.com。

张天仪，中国电子信息产业发展研究院集成电路研究所工程师，1988 年 12 月出生，博士研究生，主要从事集成电路产业发展规划和研究工作，为中央部委、国家基金、中国半导体行业协会、重点省市和企业提供产业资讯研究服务。本作者承担本书编写字数 6 965 字。

赵聪鹏，中国电子信息产业发展研究院集成电路研究所工程师，1988 年 10 月出生，博士研究生，重点研究领域为集成电路材料，新型存储器 STT-MRAM，光伏产业及产品，5G 及人工智能器件芯片等。本作者承担本书编写字数 4 273 字，电子邮箱为 zhaocongpeng@ccidthinktank.com。

后　记

《2020—2021 年中国半导体产业发展蓝皮书》由中国电子信息产业发展研究院编撰完成，力求为中央及各级地方政府、相关企业及研究人员把握产业发展脉络、了解产业前沿趋势提供参考。

本书得到了工信部电子信息司领导，中国半导体行业协会、中国光伏行业协会、浙江省半导体行业协会等行业组织专家以及各地方工信部门领导的大力支持和指导。本书的出版还得到了中国电子信息产业发展研究院软科学处的大力支持，在此一并表示诚挚感谢。

本书由乔标担任主编，王世江担任副主编，徐丰负责统稿并撰写后记。参与编写人员如下：王珺编写前言；叶雪琰、黄阳棋、吴沛辰、马鹤霖编写第一章；麻尧斌、葛婕编写第二章；种丹丹、魏少芊、冯海玉编写第三、十五章；史强、席子琪编写第四章；王若达、吴頔编写第五、十七章；王珺、陈颖编写第六章；赵聪鹏、黄润坤编写第七、十九章；夏梦阳编写第八、九、十一章；马晓凯编写第十章；陈颖、李明志编写第十二、十三章；徐丰编写第十四、三十一至三十四章；张天仪编写第十六章；张天仪、王珺编写第十八章；冯海玉编写第二十章；史强、麻尧斌编写第二十一章；刘超编写第二十二章；江华编写第二十三至二十六章；马蓓蓓编写第二十七章；耿怡编写第二十八、三十章；耿怡、马蓓蓓编写第二十九章；王若达编写第三十五、三十六章。

本书虽经研究人员和专家的谨慎思考和不懈努力，但由于能力和水平所限，疏漏和不足之处在所难免，敬请广大读者和专家批评指正。同时，希望本书的出版，能为我国集成电路产业的健康发展提供有力支撑。